# Le droit
## pour dynamiser votre
# business

Éditions d'Organisation
1, rue Thénard
75240 Paris Cedex 05
www.editions-organisation.com

ISBN : 2-7081-3191-5

Thibault du Manoir de Juaye

Avocat à la Cour

# Le droit pour dynamiser votre business

- Stratégie judiciaire
- Stratégie de protection du patrimoine
- Stratégie d'alliances et de pouvoir

Éditions d'Organisation

# Remerciements

Je remercie tout particulièrement toutes les personnes, souvent investies de lourdes responsabilités, qui ont accepté de répondre à mes questions et m'ont soutenu de leurs encouragements et conseils, ou ont relu mon ouvrage.

Je pense notamment à :

Monsieur COURTOIS, directeur juridique de LA POSTE.

Monsieur Xavier DEFLANDRE, président de la SAS DUVAL et ancien magistrat au tribunal de commerce.

Monsieur Daniel DELOS, directeur de la propriété industrielle du groupe RHODIA.

Madame Béatrice FOURNIER-MICKIEWICZ, CEP ministère de l'Intérieur.

Mademoiselle Laure du MANOIR DE JUAYE, juriste, RHODIA.

Madame Sabine MARCELLIN, juriste, LA POSTE.

Monsieur Louis MARTIN, directeur juridique du groupe CORA.

Madame Nadine MONDET, directrice juridique, MBDA.

Le lieutenant-colonel Dominique MUSSEAU, ancien responsable des formations intelligence économique à l'IHEDN.

Monsieur Guy RENAULT, directeur du contentieux du CETELEM et du GIE NEUILLY Contentieux.

Monsieur Philippe de ROBERT HAUTEQUÈRE, directeur juridique de la société ABX HORIBA.

Monsieur Serge PERRINE, secrétaire général du conseil scientifique de FRANCE-TÉLÉCOM.

Je souhaite aussi remercier spécialement Monsieur Jean-Gratien BLONDEL qui, tout en poursuivant ses études, a effectué avec patience et efficacité les nombreuses recherches qu'a exigées cet ouvrage.

# Sommaire

## Deuxième partie

# STRATÉGIE DE PROTECTION DU PATRIMOINE

Troisième partie

## STRATÉGIE D'ALLIANCES ET DE POUVOIR

# Avertissement

Certains lecteurs de cet ouvrage pourront être choqués, offusqués, voire scandalisés, par certaines pratiques d'entreprises que je décris.

D'aucuns, les trouveront amorales.

Que le lecteur se rassure : mon objectif n'est nullement de légitimer ces pratiques, bien au contraire.

Je cherche simplement à les décrire pour que les entreprises qui sont confrontées à des situations identiques puissent se défendre correctement.

En d'autres termes, je me contente de décrire le glaive pour que le bouclier soit plus efficace, tout en étant conscient qu'il s'agit d'une course sans fin.

Nombre d'exemples de cet ouvrage sont issus de dossiers traités au cours de mes activités professionnelles. Il va de soit que sauf accord des sociétés ou des personnes intéressées, les noms et les activités ont été modifiés sans pour autant que les principes directeurs qui ont guidé le traitement des dossiers n'aient été altérés.

Parfois, et pour des raisons pédagogiques évidentes, l'issue d'un dossier a été remodelée et si elle n'était pas encore connue, elle a été extrapolée.

# Introduction

Au cours d'une conférence consacrée à l'intelligence économique, il y a près de deux ans, j'ai entendu un professeur de management, enseignant dans les plus grandes écoles de commerce françaises et dans des universités étrangères, insister longuement, en lassant presque l'auditoire, sur l'importance du droit dans la vie économique et sur la judiciarisation de la société.

Naïvement, et sans intention de le mettre en porte-à-faux, j'ai sollicité la parole. Un micro me fut apporté et je lui ai demandé quels changements en terme de management il constatait dans les entreprises face à la montée du droit.

Il est resté coi, muet, incapable de répondre.

J'ai su alors que je tenais le sujet de mon prochain ouvrage.

Ma première démarche fut de consulter les ouvrages existants de management, persuadé que je trouverais, au même titre que des informations sur la stratégie marketing ou financière, des renseignements sur le droit comme outil de stratégie et de management.

Je découvris ainsi que « la bible » en matière de stratégie d'entreprise, « Stratégor[1] », dans son introduction, présente le modèle de stratégie LCAG qui figure à la page suivante.

Force est de constater que dans ce modèle de stratégie, certes ancien, le droit n'a aucune importance.



1. Stratégor, Dunod, troisième édition 1997.

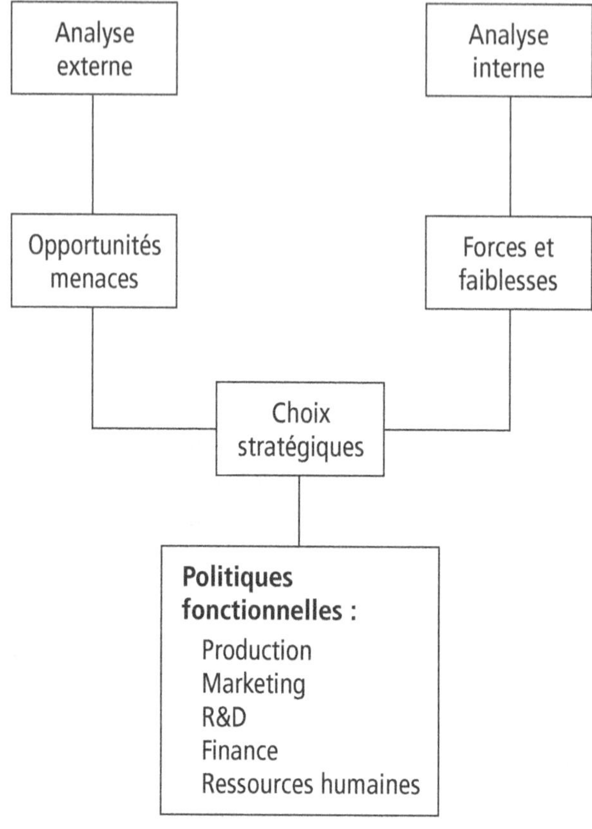


Ce constat pessimiste ou désabusé sur le management et le droit a été tempéré par la parution dans La Tribune d'un article en pleine page, du 3 février 2003, qui n'hésitait pas ainsi à titrer :

> « *Les juristes se hissent peu à peu au sommet des organigrammes* ».

Le sous-titre était tout aussi éloquent :

> « *Aujourd'hui, la majorité des directions juridiques est rattachée directement au président et au directeur général de la société. Placées sur un pied d'égalité avec les autres directions, elles sont parties prenantes de la stratégie d'entreprise* ».

Mais cette démarche a eu des difficultés à entrer dans les mœurs puisque bien souvent le juriste n'était consulté qu'à la fin du circuit décisionnel. Dès qu'il émettait une objection, on considérait qu'il mettait à néant le travail des autres membres de l'entreprise.

Finie l'époque où l'on confondait le juriste interne ou l'avocat avec un pompier, un ambulancier, voire parfois avec un fossoyeur. En effet, l'homme (ou la femme) de droit n'intervenait qu'en cas de difficultés ou de problèmes et bien souvent, trop tardivement pour pouvoir agir de manière efficace.

**Les juristes ne sont plus les parents pauvres de l'entreprise. Ils sont, dans les grandes entreprises, associés aux décisions stratégiques.**

La fonction n'en était guère valorisée et le juriste était bien peu populaire au sein des sociétés.

Des entreprises ont cependant découvert qu'associer un juriste aux décisions permet d'éviter des contentieux, ou à tout le moins les incertitudes qui pénalisent la marche des affaires. D'autres plus audacieuses ont même compris que le droit devient un outil de développement au même titre que les ressources humaines ou le marketing, et qu'il mérite un investissement conséquent.

Au moment où j'entreprenais ma démarche, apparaissait dans les cercles d'intelligence économique qui comportent comme chacun peut le constater très peu de juristes, une nouvelle notion, celle « d'intelligence juridique ».

**Une nouvelle notion est en train d'apparaître, celle de l'intelligence juridique.**

Ce concept est très proche de la notion de stratégie juridique.

Le MEDEF Paris a créé une commission sur ce thème, commission qui a été reprise par l'association IDEE dont le président est Monsieur GUILLAUMOT un des pionniers de l'intelligence économique en France[1].

Le CIGREF a également créé une commission de travail sur ce thème[2].

Le concept d'intelligence juridique a été toutefois faussé par quelques personnes qui ont eu une approche « coffre à jouets ».

Cette dernière approche consiste à regrouper sous une même notion des éléments qui n'ont qu'un faible rapport entre eux ; tout comme le bambin, sous prétexte de ranger, rassemble des jouets épars comme les voitures, les legos et les soldats.

Des zélateurs admirateurs de Prévert, certainement ; des professionnels de l'intelligence économique ou du droit non !

1. www.idee-institut.com.
2. www.cigref.fr.

Ce n'est pas parce qu'il existe un élément de droit que nous sommes en présence d'intelligence économique.

Or, l'intelligence juridique est la fille de l'intelligence économique. Elle ne peut donc se concevoir que comme la recherche, le traitement et la transformation d'informations à usage juridique en connaissances dont le but est :

- Premièrement : de permettre à l'entreprise d'éviter les contentieux, et à défaut d'obtenir gain de cause devant les tribunaux ;
- Deuxièmement : d'obtenir la reconnaissance et la protection juridique des droits incorporels et immatériels de l'entreprise ;
- Troisièmement : de venir en appui d'opérations d'intelligence économique.

En d'autres termes, l'intelligence économique n'a pas pour seul but de collecter et de traiter des informations stratégiques, elle doit aussi permettre à l'entreprise d'avoir juridiquement raison.

Il existe cependant deux domaines du droit où la stratégie est très développée et où une réelle réflexion a été engagée.

Le premier de ces domaines est le droit fiscal, notamment en droit international où l'on connaît le « tax treaty shopping », c'est-à-dire la recherche des meilleures conventions fiscales pour faire transiter des bénéfices.

**Les entreprises connaissent des éléments épars de stratégie juridique.**

Le second de ces domaines est le droit du travail où, sous l'influence de fortes et brillantes personnalités comme le professeur Barthélemy, le juriste joue un rôle d'organisateur. Le droit du travail est comme à chacun le sait, un droit très formaliste. Les directeurs des ressources humaines, aidés des juristes, ont donc fait des choix (par exemple, existence ou non d'une clause de non-concurrence).

Les autres branches du droit semblent avoir été négligées ou moins approfondies.

Pourquoi ?

La réponse réside certainement dans une approche financière : les impôts sont lourds, le montant d'un licenciement peut déstabiliser une société.

On sait maintenant que le droit peut représenter des profits importants comme des pertes abyssales.

Il y a donc un besoin urgent d'élaborer une stratégie juridique sur les autres branches du droit.

Il fallait donc apporter aux dirigeants des propositions concrètes d'utilisation du droit dans leur métier quotidien et qui correspondent au triple défi auquel l'entreprise est confrontée et qu'il va lui falloir relever.

- Premier défi : la judiciarisation de la société. Il faut organiser la circulation et le traitement de l'information pour qu'elle serve à gagner les procès. Par voie de conséquence, le traitement du procès avant, pendant et après est à prévoir. Ce défi constitue la première partie de cet ouvrage.
- Second défi : l'émergence du capital immatériel de l'entreprise qui va imposer de nouveaux modes de gestion. On ne gère pas un patrimoine composé de marques et de brevets de la même manière qu'un patrimoine immobilier ! Ce défi constitue la seconde partie de cet ouvrage.
- Troisième défi : la modification du périmètre de l'entreprise. Compte tenu de la mondialisation, l'entreprise est obligée de contracter des alliances. Or, le droit pour ces dernières est un formidable outil d'organisation. Ce défi constitue la dernière partie de cet ouvrage.

L'objectif de ce livre est donc de donner aux dirigeants d'entreprise un outil stratégique supplémentaire.

Le but ici n'est pas de faire du juridisme, mais de présenter le droit comme un formidable levier de développement de l'entreprise.

Plus qu'un ensemble de trucs et astuces ou de recettes, j'ai souhaité dans cet ouvrage, insuffler auprès des responsables la méthode qui leur permettra d'élaborer leur propre stratégie et de faire du droit un atout pour leur entreprise.

Première partie

# STRATÉGIE JUDICIAIRE

C'est aujourd'hui incroyablement banal de disserter sur la judiciarisation de la société et ses causes qui sont sans doute multiples.

Rapportée dans une optique de management, la judiciarisation de la société s'analyse comme un *« risque judiciaire »* que le dirigeant d'une entreprise doit prendre en compte au même titre que le risque social ou financier.

**Les causes de la judiciarisation de la société sont multiples. L'entreprise doit certes s'interroger sur ses causes mais surtout, mettre en place en réaction une organisation qui doit lui permettre d'assurer le risque juridique.**

Cette expression a fait et fait encore florès dans bien des journaux ou revues économiques.

Le journal *Le Monde* n'hésitait pas à titrer le 10 juillet 2003 : « Dirigeants et financiers font face à une hausse du risque judiciaire[1] ».

Le quotidien du soir citait alors les récentes mises en examen de Monsieur Daniel BOUTON de la SOCIÉTÉ GÉNÉRALE et de plusieurs de ses cadres, en ajoutant que désormais des équipes de juristes et d'avocats intervenaient pour tenter de les protéger.

Pour sa part, *La Tribune* dès le 24 décembre 2002 écrivait, « le risque judiciaire assombrit l'avenir de l'empire bancaire CITIGROUP », et le 30 avril de l'année suivante évoquait, « Les banques de Wall Street face à l'aléa judiciaire ».

Plus pragmatique, au cours d'un cycle d'intelligence économique et stratégique organisé par l'Institut des hautes études de défense nationale, le directeur juridique d'une société cotée n'hésitait pas à affirmer :

> *« Notre difficulté n'est pas de savoir si nous appliquons la règle de droit, car compte tenu de la multiplicité des textes et de leur contradiction nous serons toujours en infraction[2]. »*

On peut citer quelques-unes des causes de cet accroissement du risque juridique des entreprises :

- L'internationalisation des échanges conduit les entreprises à adopter les us et coutumes des pays dans lesquels elles évoluent. Les manières de vivre des États-Unis finissent par déteindre sur leurs partenaires commerciaux : la première puissance économique impose sa façon d'être.
- L'immixtion de la magistrature dans le monde des affaires, lorsqu'elle a été amenée à enquêter sur les différents scandales politico-financiers qui ont émaillé les rubriques des journaux ces dernières années.

1. Article écrit par Cécile DUCOURTIEUX et Anne MICHEL.
2. Intervention de 2003.

- La pénalisation du monde des affaires, et le nombre d'infractions qui ne cesse de croître avec des sanctions toujours plus importantes. Les chefs d'entreprise sont agacés de se retrouver au tribunal correctionnel et se sécurisent juridiquement. Un des grands cabinets d'audit américains, situé à Paris, a créé un département consacré au risque pénal, département qui est d'ailleurs dirigé par une ancienne magistrate du pôle financier de Paris.
- La croissance molle de ces dernières années (pour ne pas parler de la quasi-récession) : pour un chef d'entreprise toute décision conduit à analyser le retour sur investissement. En période de vaches grasses, il vaut donc mieux consacrer ses moyens financiers à produire et à vendre. En cas de crise, un procès enrichit plus qu'une action commerciale ! De plus, on va racler les fonds de tiroirs en recouvrant des créances de montant très faible, qui dans des temps prospères, auraient simplement été ignorées.
- La multiplication des normes auxquelles les entreprises doivent se plier sous peine de disparaître.
- Dans une économie dématérialisée, il est difficile d'appréhender ce qui est vendu, échangé. Il faut donc préciser dans des contrats les obligations des parties : à défaut, des contentieux naissent.

Le chef d'entreprise ne va pas se perdre, sauf peut-être mû par une démarche personnelle, en conjectures pour connaître et analyser l'origine de la judiciarisation de la société. Il va simplement devoir en tenir compte dans sa gestion quotidienne, dans son management à court ou moyen terme.

Une inflexion des pratiques stratégiques judiciaires devrait survenir avec l'instauration du plaider coupable issu de la loi PERBEN.

La plupart des entreprises vont tout mettre en œuvre pour échapper au procès, notamment en mettant en place une politique contractuelle (1).

Toutefois, sachant le procès inévitable, les entreprises doivent se demander comment mieux gagner leur procès. Or, indépendamment des qualités des juristes ou de la pertinence de l'argumentation, la plupart des dossiers se gagnent sur le terrain de la preuve. Il faut donc que l'entreprise organise un processus susceptible de les collecter (2).

Il n'est, par ailleurs, pas possible d'examiner la stratégie judiciaire d'une entreprise sans comprendre les récentes évolutions qui se sont produites en matière de responsabilité du dirigeant et de la responsabilité de l'entreprise (3). C'est notamment la mise en cause personnelle des dirigeants qui a conditionné ces évolutions.

Il faudra envisager le cas d'une instrumentalisation de la justice qui sera utilisée d'une manière que certains pourraient qualifier de dévoyée, en particulier lors de la recherche d'informations, ou dans l'unique objectif de déstabiliser un concurrent (4).

Enfin, un procès n'est pas un acte anodin dans la vie d'une entreprise qui ne se traduit pas par un simple décaissement ou un encaissement. Il y a toujours des leçons à tirer d'une telle situation (5).

Certains analystes vont plus loin que les propos qui seront développés dans les pages suivantes.

**Ne pas engager d'actions en justice dans certaines circonstances, peut entraîner une mise en jeu de la responsabilité d'une entreprise ou de ses dirigeants, il y a donc une obligation de procès !**

En effet, il convient de se demander si ne pèse pas, sur une entreprise ou sur son dirigeant, une véritable obligation de procès.

En d'autres termes, la responsabilité de personnes morales ou physiques pourrait-elle être engagée pour ne pas avoir intenté une action judiciaire ?

La question se pose réellement lorsque l'on voit par exemple des justiciables tenter d'engager la responsabilité de l'État pour ne pas avoir pris des mesures de sécurité empêchant un accident.

L'évolution du droit de la responsabilité montre une volonté de rechercher davantage un solvable économique, que le véritable responsable. Nous le constaterons ultérieurement.

Dès lors, il est tentant d'essayer de trouver une responsabilité à une personne solvable, notamment sur le fondement de l'article 1382 du code civil.

Ainsi, une entreprise qui laisserait contrefaire ses produits pourrait se voir poursuivie si les contrefaçons provoquent des accidents par niveau de sécurité inférieur aux produits originaux.

En effet, il pourrait être reproché à l'entreprise titulaire des produits originaux d'avoir laissé, par sa passivité des produits dangereux en circulation alors qu'elle avait la possibilité de les faire retirer du marché.

Il n'y a, à ma connaissance, aucune décision publiée sur un tel cas de responsabilité. Mais, tout vient à point à qui sait attendre !

En revanche, il est possible de trouver en jurisprudence et en droit quelques hypothèses où une obligation de procès s'impose.

# Chapitre 1

# Éviter le procès

Le contentieux c'est, notamment au niveau d'une petite ou moyenne structure, une affectation de moyens ou d'énergie qui n'est pas consacrée au développement de l'entreprise avec toutes les conséquences que cela entraîne.

Contrairement à ce que certains soutiennent, les entreprises sont loin d'être belliqueuses.

**L'énergie consacrée à un procès est souvent investie au détriment du développement de l'entreprise.**

**Il faut donc éviter au maximum les litiges. Le contentieux, c'est l'échec du contrat, de la négociation de la liberté contractuelle.**

Engager ou subir un procès demande souvent un gros travail de préparation et un investissement temps important au cours de son déroulement. Les honoraires des avocats sont élevés et le résultat définitif du procès n'est connu souvent que des années après le début de l'instance.

Dès lors, la plupart des entreprises souhaitent éviter le procès et préfèrent négocier, transiger, plutôt que d'utiliser le prétoire pour gagner des parts de marché.

Je me souviens de la remarque du dirigeant d'une société d'une cinquantaine de personnes, qui pour un litige à l'enjeu pourtant relativement modeste, me dit de manière brutale : *« ce dossier me ronge comme un cancer, je ne pense plus à rien d'autre »*.

Le chef d'entreprise raisonnable va donc considérer que le procès est une éventualité logique dans la croissance de sa société, mais va tout faire pour l'éviter avec en tête l'adage selon lequel *« un bon arrangement vaut mieux qu'un mauvais procès » ;* qu'il complète parfois d'une arrière-pensée caustique *« sauf pour les avocats ! »*.

Pour tenter d'éviter des litiges, le chef d'entreprise dispose de nombreux moyens. Certains relèvent du bon sens et ne représentent pas un investissement financier important.

- Les entreprises ont à élaborer des stratégies contractuelles valables (1).
- Les entreprises doivent former leurs non-juristes pour leur faire prendre conscience des enjeux (2).
- Les entreprises, dans l'idéal, ont le souci d'inclure la participation du juriste au cœur de leur démarche qualité (3).
- Les entreprises mettent en œuvre une veille juridique qui leur évite de commettre des impairs et leur permet de prévoir suffisamment à l'avance l'évolution de leurs produits et services (4).

## 1. L'élaboration d'une stratégie contractuelle

Les entreprises sont moins fragilisées si elles mettent en place une stratégie contractuelle qui les protège contre nombre de procès.

**Le travail du juriste est d'abord celui d'un maïeuticien : il va permettre à chaque partie de bien comprendre ce que souhaite l'autre.** ■

Les rappels qui suivent sembleront à certains évidents, triviaux. La pratique quotidienne des avocats d'affaires montre qu'il n'en est rien et ce quelle que soit la taille de l'entreprise.

C'est par exemple le service de communication d'une grande entreprise cotée en Bourse qui va décider de créer un journal de communication interne pour ses cadres. Il mandate à cet effet une agence spécialisée et oublie de s'assurer de la propriété du titre du journal, de sa présentation...

Une part importante des contentieux provient d'un mauvais choix des partenaires ou d'imprécisions, de flous dans la rédaction de contrats.

Il est vrai que des procès sont liés à des mauvais payeurs, etc.

Mais, une grande partie des procès peut être évitée si l'on sait se préserver contractuellement.

Dans le cas des PME, il n'est pas rare qu'un chef d'entreprise recule dans un premier temps devant l'investissement juridique que constitue un contrat.
Puis, échaudé par un incident, par exemple un impayé, il va se demander comment éviter à l'avenir une situation analogue.

Pour les profanes, la rédaction d'un contrat consiste à aligner des mots avec la connaissance que possède le juriste des lois et règlements.

Toutefois, il ne s'agit que d'un aperçu très superficiel.

En effet, le travail du juriste est d'abord celui d'un maïeuticien qui va aider les parties à définir leurs projets respectifs par une méthode de questionnement. Puis, instruit par ses expériences passées, il apporte des compléments en indiquant les domaines dans lesquels des points ont été omis, ou des aspects sont discutables.
Parfois, il peut aller au-delà en critiquant l'objet même du contrat comme le montre l'exemple suivant.

**Exemple du rôle d'un avocat**

Un groupement d'éditeurs vient voir son avocat au moment de l'ouverture de la bibliothèque François Mitterrand et lui demande de rédiger un contrat de mise en ligne des différents ouvrages que possède la bibliothèque, et un contrat destiné aux lecteurs à distance.

Les adhérents du groupement sont essentiellement des éditeurs techniques dont les ouvrages sont achetés parfois uniquement parce qu'un ou deux chapitres, ou quelques pages, intéressent le lecteur.

Mettre à disposition en ligne tous ces ouvrages va conduire naturellement les lecteurs à n'acheter que les quelques pages qui leur sont utiles.

L'équilibre économique des adhérents au groupement d'éditeurs peut alors être remis en cause.

L'avocat souligne donc qu'une distribution en ligne inciterait les lecteurs à ne plus acheter les ouvrages complets, d'où un important futur manque à gagner pour les éditeurs.

Sur la base de cette remarque, le groupement se lance dans une analyse fine des livres vendus.

Certains ouvrages font l'objet de réédition régulière, et d'autres, une fois parus et le stock épuisé, ne sont que très peu demandés et ne conduisent donc pas à des ventes.

En définitive le projet de contrat préparé par les éditeurs fut amendé, et seuls furent numérisés les livres qui, soit n'étaient plus vendus, soit étaient épuisés sans espoir de réédition.

En tout état de cause, toute stratégie contractuelle doit comprendre au moins cinq éléments :

- La recherche des lieux de conflits potentiels.
- Un choix stratégique des partenaires, qui est souvent dans les grandes entreprises l'apanage des risks managers.
- Une cohérence certaine entre les différents contrats de l'entreprise.
- L'organisation de l'évolution du contrat.
- La prévoyance de clauses exonératoires de responsabilité.

La mise en place de cette stratégie contractuelle pourra être classiquement contrôlée par des audits juridiques.

## 1.1. Déceler les sources de conflit pour les prévenir par la pratique contractuelle

L'entreprise, selon la définition classique des juristes, représente un faisceau d'intérêts divergents.

Il est évident que le salarié n'a pas le même intérêt que les actionnaires, comme l'ont montré par exemple les manifestations d'incompréhension générées par les licenciements opérés par un grand groupe coté en Bourse, alors qu'il était largement bénéficiaire.

Il existe cependant des zones de conflit qui sont parfois moins évidentes comme celles entre actionnaires ou associés dans les petites et moyennes structures.

Des conflits peuvent aussi exister entre des personnes qui *a priori* ont des intérêts similaires ou convergents.

**Le droit du travail impose une obligation de négociation annuelle dans l'entreprise.**

**L'objectif de cette mesure est de diminuer le nombre de conflits.**

**Ce principe devrait être retenu également dans les relations commerciales.** ■

Un prestataire de services dépendant à plus de 90 % de son fournisseur, réagira brutalement lors des négociations en raison de sa faible marge de manœuvre.

En fait, beaucoup de chefs d'entreprise n'ont pas su mettre en place cette recherche de conflits potentiels.

La pratique contractuelle veut que l'accord conclu s'organise autour des pôles suivants :

- Le rappel des objectifs de chaque partie. Par exemple, dans une convention entre associés ou actionnaires, un des investisseurs peut stipuler qu'il souhaite développer une synergie avec une de ses propres sociétés et expliquer ce qu'il attend de l'alliance.
- La liste des conflits potentiels. Par exemple, indiquer les conséquences au cas où un des actionnaires prend une participation dans une entreprise concurrente.
- La méthode de résolution des conflits. Par exemple, l'associé minoritaire en désaccord avec la gestion de l'entreprise, a la possibilité de faire acquérir ses actions par l'actionnaire majoritaire de la société.
- La sanction du non-respect des engagements. Par exemple, l'exclusion de la société.

- Les clauses organisant la gestion d'un éventuel conflit. Par exemple, une clause d'arbitrage, ou une clause décidant du tribunal compétent et de la loi applicable.

## 1.2. La vérification des parties contractantes

Dans certaines entreprises, les procédures pour vérifier la qualité de la partie contractante sont très structurées. Il n'est pas possible, par exemple, de traiter avec des fournisseurs qui ne sont pas agréés.

**Il faut, dans la plupart des relations contractuelles, s'assurer de la qualité de la personne qui contracte afin d'éviter des malfaçons, des impayés…**

Schématiquement, les parties contractantes sont, soit des clients, soit des fournisseurs.

Les critères de choix peuvent être techniques, financiers ou moraux.

Juridiquement, dans la fixation de ces critères, l'entreprise devra contourner deux écueils :

- Les textes régissant le refus de vente ;
- Le respect de la vie privée.

### *Le refus de vente*

De professionnel à professionnel, la règle de principe est simple. Il n'existe aucune interdiction du refus de vente. Toutefois, un refus de vente peut être sanctionné sur le fondement d'autres dispositions[1] :

**Sélectionner ses clients est nécessaire, mais il faut savoir passer sous les fourches caudines du droit de la consommation, ou du droit de la concurrence.**

- une entente interdite (C. com., art. L. 420-1) (Traité CE 25 mars 1957, art. 81-1 et 81-3) ;
- un abus de position (Traité CE 25 mars 1957, art. 82) (C. com., art. L. 420-2) ;
- une pratique discriminatoire injustifiée (C. com., art. L. 442-6) ;
- une rupture brutale de relations commerciales (C. com., art. L. 442-6).
- des textes particuliers : un diffuseur de presse a l'obligation de vendre toute la presse sans discrimination de titres (Cass. com., 3 oct. 2000, n° 97-20.520, Georges Agostini c/ Sté Messageries lyonnaises de presse-MLP).

1. Dictionnaire permanent de droit des affaires, étude sur le refus de vente.

De professionnel à consommateur la règle est plus complexe.

Elle est posée par l'article 122-1 du code de la consommation qui dispose qu'« il est interdit de refuser à un consommateur la vente d'un produit ou la prestation d'un service, sauf motif légitime… »

Toute la difficulté est donc de définir ce qu'est un motif légitime.

Traditionnellement, on retient comme motif légitime :

- L'indisponibilité du produit.
- L'impossibilité d'exécuter la prestation de service.
- La demande anormale du consommateur ou sa mauvaise foi.

La jurisprudence est pleine de décisions retraçant des situations parfois cocasses, parfois scandaleuses.

N'ont donc pas été considérés comme des motifs légitimes :

- Le refus pas un restaurateur de servir un repas à un handicapé ou à une personne qui refusait de consommer de l'alcool ;
- Le refus d'un hôtelier de donner une chambre pour deux personnes à une personne seule.

En revanche a été considéré comme légitime :

- Le refus d'un pharmacien de délivrer un médicament qui ne pouvait être prescrit que sur ordonnance.

### *La vie privée*

Si l'on contracte avec une société ou une association, sous réserve des dispositions de la loi informatique et libertés, il n'y a pas de problème de vie privée.

**Une entreprise, sous prétexte de mieux connaître ses clients, ne peut pas demander n'importe quel type d'information.**

En revanche, la problématique est tout autre si l'on contracte avec un particulier.

Quelles sont les informations que peut demander une société, par exemple, un établissement financier à une personne physique ?

Les établissements financiers se sont vu ainsi interdire par la CNIL la possibilité d'indiquer la nationalité des emprunteurs.

Leur demande était liée aux difficultés de recouvrement dans certains pays et consistait plus modestement à indiquer la zone géographique d'origine des emprunteurs par exemple, Europe, Asie, etc.

En définitive, le Conseil d'État a donné raison aux établissements financiers contre la CNIL[1].

### 1.2.1. Critères techniques

Une part importante des contentieux est liée à la mauvaise qualité des prestations rendues.

Le nombre de procès va donc aller en diminuant et compenser le surcoût lié au choix d'une entreprise techniquement performante.

Je me souviens d'une discussion à ce sujet avec un chef d'entreprise qui posait de manière imagée la problématique du surcoût lié à la qualité technique du prestataire : *« même si je conçois qu'une Rolls est une meilleure voiture qu'une deux chevaux, je n'achète que ce que je peux payer »*, ce à quoi je lui répondis qu'il avait choisi sa voiture sur des critères de sécurité, notamment avec un système de freinage ABS, et qu'il devait donc sélectionner ses clients ou prestataires avec un raisonnement identique !

**Une entreprise certifiée aura réfléchi le plus souvent sur son processus de production et sa relation clients.**

**Le taux de contentieux devrait donc diminuer si l'on traite avec de telles entreprises.** ■

En fonction des secteurs d'activité, il existe des labels techniques de qualité.

- Dans le secteur pétrolier, les grands donneurs d'ordre demandent à leurs fournisseurs d'être agréés MASE ;
- Dans le secteur automobile, les fournisseurs ont souvent un seuil de chiffre d'affaires à atteindre et doivent respecter les normes du A automobile.
- Dans le secteur nucléaire, les entreprises sous-traitantes ont l'obligation d'employer des salariés habilités à travailler en milieu ionisant. Il leur faut donc être agréées CEFRI.

La liste est longue. Les entreprises qui ne travaillent pas dans un secteur technique peuvent définir leur propre règle.

Les critères varient d'entreprise à entreprise. Mais le critère qui doit prédominer en matière de fournisseurs est celui de la vulnérabilité et de la disponibilité. Si mon fournisseur disparaît que vais-je devenir ?

À titre d'exemple, un cabinet d'avocats, sauf justification particulière, a décidé de ne pas prendre comme correspondant des cabinets comprenant moins de deux avocats et deux secrétaires.



1. Décision du mardi 30 octobre 2001.

En effet, ce cabinet avait constaté qu'en règle générale, un avocat isolé ne parvient pas à prendre le temps d'informer les confrères qui lui confiaient des démarches.

### 1.2.2. Critère de solvabilité

Le critère de solvabilité est aussi important pour un fournisseur que pour un client.

Que se passe-t-il si un fournisseur disparaît après avoir reçu un acompte ?

On connaît également l'impact d'un impayé client sur une situation financière saine.

Il est donc indispensable que le chef d'entreprise définisse ce qui est acceptable pour son entreprise, et procède à des vérifications élémentaires en interrogeant son propre banquier ou en consultant les données du greffe.

Plusieurs exemples :

> Les entreprises de crédit à la consommation n'acceptent un dossier qu'après de minutieuses vérifications aux fichiers des interdits bancaires de la Banque de France. Toute la difficulté, pour ce type d'entreprise, réside dans le fait de ne pas porter atteinte à la vie privée dans ses démarches. Le contentieux ayant opposé des entreprises de crédit à la consommation est à cet égard intéressant.
>
> Certaines entreprises vont se contenter d'interroger leur banquier, d'autres vont relever un état des nantissements et des privilèges.
>
> D'autres encore, vont avoir recours à des agences spécialisées, qui pour des montants initiaux de quelques centaines d'euros, peuvent limiter les risques de manière importante.[1]

### 1.2.3. Critères moraux

Des grandes entreprises ont fait la une de la presse car elles avaient contracté des « mariages contre nature ».

1. Voir l'excellent ouvrage de Michel BESSON et de Yolaine LALOUM, Tout savoir sur vos partenaires, Éditions d'Organisation.

Ces « mariages » étaient parfois même susceptibles d'incriminations pénales puisqu'ils conduisaient à des blanchiments d'argent. Dans l'affaire Reebok telle qu'elle est relatée sommairement sur un site internet[1], c'est le travail qui serait effectué par des enfants pour le compte de l'entreprise qui est mis en cause.

La plupart des grandes entreprises exportatrices françaises ont maintenant pris les moyens de vérifier la moralité de leurs partenaires étrangers, surtout lorsqu'ils appartiennent à des zones à risque, les pays de l'ancienne Union soviétique par exemple.

Désormais cette démarche s'inscrit même dans le cadre de la politique de développement durable des entreprises.

Au niveau des petites ou moyennes entreprises, il est difficile de demander à une personne physique son casier judiciaire !

Il existe cependant des indices, des feux clignotants, qui doivent alerter le chef d'entreprise.

Une personne qui ne voudrait pas apparaître dans un contrat et qui aurait recours à un prête-nom, une société de domiciliation, etc.[2] a sans doute un passé : par exemple une interdiction de gérer ou une lourde condamnation, d'où la nécessité pour elle « d'organiser » son insolvabilité et d'agir de façon dissimulée.

**Reebok a été piégé pour ne pas avoir respecté le critère moral**

« Reebok proclame à travers sa fondation qu'elle respecte les droits de l'homme et le travail des enfants, mais simultanément cette entreprise signe des sous-contrats avec des usines du sud de la Chine où là, ils exploitent des enfants.

Nous avons trouvé un article où il y a un témoignage d'une travailleuse d'une usine : « L'usine est en fait un camp de détention. Nous sommes prisonniers sans être criminels ».

À partir de ces accusations Reebok affirme qu'il « ne travaillera pas avec des partenaires économiques qui font appel au travail forcé ».



1. http://www.xtec.es/crle/02/webquests/cblanch/groupea/exploitation.htm.
2. Voir note précédente.

## 1.3. Mise en place d'une cohérence contractuelle

Le cloisonnement entre les différents services d'une entreprise, direction des ressources humaines d'un côté, direction de la propriété industrielle d'un autre, direction juridique d'un troisième, etc. conduit souvent à des contradictions, voire à des aberrations, dans le contenu des clauses contractuelles.

**Outre la rédaction du contrat, l'avocat ou le juriste va devoir comparer les contrats entre eux pour savoir s'ils ne se contredisent pas ou s'ils ne laissent pas des failles.**

**Cette recherche d'harmonisation des obligations est rarement menée compte tenu du cloisonnement existant entre les directions d'une même entreprise.**

**Il est rare qu'un directeur des ressources humaines tente de confronter ce qu'il a mis en place avec le juriste d'un service commercial.** ■

Il est ainsi fréquent de constater que l'on impose des clauses de non-concurrence drastiques aux salariés alors que l'obligation sera inexistante dans la convention organisant le détachement d'un employé d'une entreprise tierce lors d'un contrat d'assistance technique.

L'absence d'uniformité dans les clauses de non-concurrence pourrait permettre d'ailleurs à un salarié poursuivi de soutenir que la clause de non-concurrence n'est pas conclue dans l'intérêt de l'entreprise et d'en obtenir ainsi la nullité devant le tribunal compétent.

Il est donc de la responsabilité de la direction générale de l'entreprise de définir, avec l'aide de ses services juridiques ou d'un avocat, les obligations à retrouver dans toutes les conventions que passe l'entreprise.

Pour ce faire, la première des démarches est d'identifier les lieux de production de l'entreprise qui entretiennent des liens juridiques avec l'extérieur.

Trois secteurs au moins sont concernés :

- Les ressources humaines qui gèrent le contenu du contrat de travail.
- Les services généraux qui sont en lien avec les fournisseurs.
- Les services commerciaux.

À ces trois secteurs, en fonction de la taille de l'entreprise, il faut ajouter éventuellement la direction financière qui entretient les relations avec les banques, etc.

Une fois ces lieux identifiés, la seconde démarche consiste à repérer les personnes susceptibles d'engager l'entreprise ; ou en d'autres termes, devoir solutionner la délicate question des délégations de pouvoirs.

Une fois ces démarches accomplies, le chef d'entreprise sera à même de déterminer une politique commune contractuelle pour l'ensemble de ces producteurs de liens juridiques.

**Exemple de recherche cohérence**

Dans une société Internet d'hébergement, un avocat est contacté pour vérifier, modifier, amender les conditions générales de vente.

Il est reçu par le directeur administratif et financier qui lui remet les conditions tarifaires existantes, les principaux contrats, etc.

L'avocat lit les contrats, fronce les sourcils après avoir constaté que l'hébergeur s'engage à assurer un service 24 heures sur 24 et 7 jours sur 7.

À la grande surprise du directeur administratif et financier, il demande à voir les contrats de travail. Son interlocuteur hésite, puis lui remet les documents demandés.

L'avocat les examine, pose quelques questions techniques, notamment sur le nombre de techniciens nécessaire pour faire fonctionner le centre informatique de l'hébergeur.

Il dresse un rapide tableau qu'il montre à son client, et sur lequel apparaissent les disponibilités des techniciens en regard des obligations contractuelles.

La situation était d'autant plus compliquée que l'entreprise tentait tant bien que mal de comprendre quelles étaient ses obligations vis-à-vis de la loi sur les 35 heures.

La conclusion apparaît alors évidente : l'hébergeur ne peut pas répondre aux engagements pris dans ses contrats clients.

Les conséquences auraient pu être importantes puisqu'une partie de la campagne de publicité était lancée et que des poursuites pour publicité mensongère auraient pu être engagées.

Un conseil en organisation a alors été embauché. Il s'est mis en rapport avec le juriste pour parvenir à un système viable.

## 1.4. Prévoir l'évolution du contrat et organiser la remontée d'information

Une des causes fréquentes de contentieux entre les parties est l'évolution de la situation initiale qui a donné lieu à l'accord.

**Pour éviter un contentieux, il faut prendre conscience que les situations des parties ou de l'environnement, évoluent.**

En matière de logiciel ou de site Web par exemple, il est fréquent que des contentieux naissent suite aux demandes de clients d'ajouter de nouvelles fonctionnalités, parce que l'informaticien ou la Web agency qui réalise le travail, oublie d'évoquer la question du coût généré par ces nouvelles requêtes.

Dans de nombreux secteurs, par exemple l'aéronautique, le nucléaire, les contrats portent sur plusieurs années. Ceux concernant le secteur de l'eau, ont fréquemment une durée d'une douzaine ou d'une quinzaine d'années minimum.

**Le contrat aujourd'hui doit être un outil de maîtrise du changement. À l'exemple du secteur social, pour les contrats de longue durée il est à prévoir une obligation périodique pour les parties de se rencontrer pour réaménager ou renégocier le contrat.**

Or, en quelques années les techniques évoluent, l'opinion publique ou le politique ont des aspirations différentes, le marché s'agrandit ou se rétrécit ; les besoins et les contraintes de chacune des parties changent.

Il faut que le contrat devienne donc un outil de maîtrise du changement.

Certaines professions ont fort bien compris ce besoin d'adaptation. Il suffit d'observer ce qui se passe dans le secteur du bâtiment lors de travaux. À l'issue de chaque réunion de chantier, les différents corps de métiers étudient l'évolution de la demande initiale et exigent du maître d'ouvrage la signature d'un avenant écrit.

En revanche dans la plupart des cas, l'adaptation du contrat n'est évoquée qu'au travers de la clause de révision de prix. Il suffit, pour s'en convaincre de consulter n'importe quel ouvrage contenant des formulaires juridiques.

Outre la nécessaire sécurité au point de vue du droit, ces processus d'adaptation servent les intérêts des deux parties :

- Le fournisseur peut ainsi déceler les besoins de son client et lui proposer une solution avant d'être mis en concurrence avec d'autres.
- Le client a pour sa part un meilleur service et ne peut qu'en être satisfait.

Dès lors, à l'exemple de ce qui se fait dans le secteur social, les cocontractants en cas de relations qui durent dans le temps, devraient prévoir une clause les obligeant au minimum à adapter le contrat après discussions et à le renégocier.

Cette évolution du contrat suppose à la fois une organisation de la remontée d'information et de la négociation.

La remontée d'information est obligatoirement effectuée de manière bilatérale, chacune des parties s'engageant à se prévenir mutuellement des informations qu'elle pourrait obtenir sur le marché de l'autre partie contractante.

À titre d'exemple, dans un cas de livraison régulière de marchandises, il est possible de prévoir que le client s'engage à informer le fournisseur de l'évolution de ses besoins tant sur le volume et sur la nature des produits.

Le fournisseur peut s'engager à signaler au client l'arrivée sur le marché de produits capables de le concurrencer.

Le client, dans le cas d'une veille technologique opérationnelle, peut indiquer au fournisseur l'apparition de nouvelles technologies susceptibles de rendre caducs les produits qu'il achète.

La remontée de l'information est organisée lors de réunions ou par correspondance, notamment électronique.

La fréquence des réunions est à prévoir, soit de façon périodique, soit en fonction de l'avancement du contrat dans le cas d'une convention à exécution successive.

### 1.5. Les clauses exonératoires de responsabilité

Un des moyens évidents de diminuer le risque en cas de procès, réside dans l'élaboration de clauses exonératoires de responsabilité.

Le procédé peut paraître choquant : une entreprise s'engagerait à effectuer un service et s'exonérait par avance de toute responsabilité en cas de défaillance.

Dès lors, le législateur a interdit ce type de clause entre un professionnel et un particulier et les tribunaux se sont efforcés de limiter les effets des clauses de non-responsabilité et des clauses limitatives de responsabilité entre professionnels.

En effet, ce type de clause n'est pas considéré comme pouvant produire effet lorsqu'il y a dol ou faute lourde. Il en est de même lorsque le montant de l'indemnité proposée est dérisoire et lorsque la clause d'exonération vide le contrat de sa substance[1].

**Les conditions générales de ventes ou de services sont à comprendre tant comme un outil marketing de promotion d'une entreprise ou de ses produits, que comme un facteur de sécurisation juridique.**

**Il ne faut donc pas, à supposer que cette position soit licite, que l'entreprise cherche à s'exonérer de toute responsabilité.**



1. Cass. com., 22 oct. 1996, n° 93-18.632 : Bull. civ. IV, n° 261 ; D. 1997, somm. com., p. 175, n° 9, note Ph. DELEBECQUE.

**Exemple montrant l'utilité des clauses exonératives de responsabilité**

Il y a quelques années, une entreprise informatique avait pour principale activité la conception et la fabrication de CD-ROM.

Elle eut un jour la bonne fortune d'obtenir une commande d'une revue médicale diffusée auprès des médecins avec un abonnement d'environ 500 euros annuels.

La revue lança une importante campagne de publicité en expliquant qu'elle était une des premières à commercialiser un CD avec un magazine papier, ce qui à l'époque était particulièrement innovant.

Le bon de commande de la revue à la société informatique précisait simplement que le CD-ROM devait fonctionner sous Mac et PC.

Le CD-ROM fonctionna sur près de 99 % des configurations. Toutefois, 1 % des médecins qui reçurent un CD-ROM ne purent le faire fonctionner et résilièrent leur abonnement. La revue médicale subit donc un important préjudice qu'elle demanda à la société informatique de réparer.

La revue médicale se tourna ainsi vers l'entreprise informatique et lui réclama le montant des abonnements perdus sur une période de trois ans.

L'entreprise informatique fit alors l'objet d'une procédure de redressement judiciaire.

Un contrat, d'un coût pour l'entreprise de quelques milliers d'euros, lui aurait permis de préciser le type de configuration sur lequel devait fonctionner le CD-ROM et de prévoir une clause exonératoire ou limitative de responsabilité.

Ainsi armée, l'entreprise aurait pu « limiter les dégâts ».

## 2. La sensibilisation ou la formation

Les entreprises ont compris que le risque juridique provenait bien souvent de leurs propres salariés, qui n'ayant aucune formation juridique ou une formation insuffisante, prennent des risques considérables.

**Les entreprises doivent former leurs salariés aux conséquences juridiques de leurs actes.**

C'est le cas classique du commercial qui, en amendant le contrat type de son entreprise persuadé qu'il a décroché le marché du siècle, ne mesure pas que, compte tenu des contraintes juridiques qu'il a acceptées, son entreprise perdra en définitive des sommes importantes.

Beaucoup d'entreprises ou d'organismes ont donc mis au point des formations juridiques. Il n'est pas possible de les décrire par le menu.

Les besoins des entreprises ne sont pas identiques : ces formations peuvent s'adresser à des juristes pour les rendre « plus pointus » ou les initier à des contentieux particuliers. Elles peuvent être dispensées également à des non-juristes. C'est la tendance lourde des formations.

Il est possible d'évoquer deux expériences riches d'enseignement.

- La formation dispensée au sein de MBDA.
- Les séminaires de formation que l'entreprise CETELEM organise pour ses juristes ou partenaires qui travaillent pour elle.

## 2.1. L'exemple de la société MBDA[1]

La société MBDA qui a appartenu longtemps uniquement au groupe MATRA, a été amenée à former de manière active ses salariés non juristes sous la pression de plusieurs évènements.

Au début des années 1990, de nombreux articles de presse relatent des procès pour abus de biens sociaux, le plus souvent liés à des financements de partis politiques.

Bien que non visée par des poursuites, la direction de l'entreprise commence à s'interroger sur les risques juridiques qu'elle encourrait. Alors naturellement, elle fait appel à ses juristes internes et leur demande une formation pour l'ensemble de l'équipe dirigeante.

Cette formation, outre l'apport nécessaire de connaissances juridiques, a surtout permis à la direction de prendre conscience qu'il fallait former le maximum de salariés de l'entreprise aux risques juridiques encourus.

L'impulsion venant d'en haut, les juristes ont les « coudées franches » et le soutien souhaité pour mettre en place les formations.

Le besoin de formation s'accroît dramatiquement avec deux accidents mortels de salariés.

Dès lors, MBDA met au point plusieurs types de formation :

Celles liées à un événement ponctuel comme l'arrivée d'un nouveau texte, par exemple la loi NRE du 15 mai 2001 qui a modifié en profondeur le droit des sociétés ou la réforme des marchés publics.

Celles récurrentes liées aux besoins permanents de l'entreprise, comme par exemple la formation accident du travail, qui a connu une telle efficacité qu'elle est exposée au cours des cycles d'IES de l'Institut des Hautes Études de Défense.



1. Je remercie Madame Mondet, directrice juridique de MBDA pour son aide précieuse.

De préférence, les formations sont dispensées par les juristes internes de l'entreprise car connaissant le métier de MBDA, ils sont mieux placés qu'un personnel externe pour replacer le droit au cœur des pratiques professionnelles des salariés.

Il est difficile dans une entreprise comme MBDA de mesurer l'efficacité d'une formation juridique.

En effet, de par son métier, l'armement, ses clients sont essentiellement des États ou des sociétés dans leur mouvance. Les problèmes se résolvent donc à l'amiable et de façon discrète.

## 2.2. L'exemple du CETELEM

Le CETELEM est une société de crédit à la consommation implantée en France et à l'étranger. Son expérience est intéressante car elle a élaboré un programme de formation pour bien sûr ses salariés, mais également au profit des intervenants de la chaîne judiciaire.

Les dossiers contentieux du CETELEM sont en grande partie du recouvrement de créances. Compte tenu du nombre de clients de cette société, plusieurs milliers, le nombre d'affaires passant en jugement est proportionnel.

La formation des intervenants dans la chaîne judiciaire, juristes internes, avocats, huissiers, est donc cruciale pour cette entreprise.

Le CETELEM organise deux modules de formation et de partage d'expérience.

- Une « grand-messe annuelle » où sont invités des conférenciers comme des professeurs de droit, des praticiens, par exemple le président national de la chambre des huissiers, qui expliquent les évolutions de la jurisprudence et la manière d'interpréter les nouveaux textes, donnent des conseils pratiques, etc.
  Les avocats et huissiers travaillant pour le CETELEM sont fortement incités à participer à cette manifestation.
- Les ateliers régionaux dont le but est d'organiser un partage d'expérience entre tous les intervenants de la chaîne judiciaire et avec les inspecteurs du contentieux de la société.

Cette initiative est rare car chaque catégorie d'auxiliaires de justice toise les autres avec une certaine distance. Pour les avocats seuls comptent les jugements obtenus et ils n'ont parfois qu'une piètre considération pour les huissiers, qui exécutent selon eux des tâches subalternes. Ces derniers rendent bien la pareille aux membres du barreau à qui ils reprochent une totale ignorance des procédures des voies d'exécution.

Pour obtenir une condamnation judiciaire, le CETELEM fait donc d'abord appel à un avocat qui une fois la décision obtenue, va la transmettre ensuite à l'huissier.

En cas de problèmes au cours de l'exécution, le débiteur peut saisir le juge de l'exécution (JEX). Le dossier repasse alors par l'avocat.

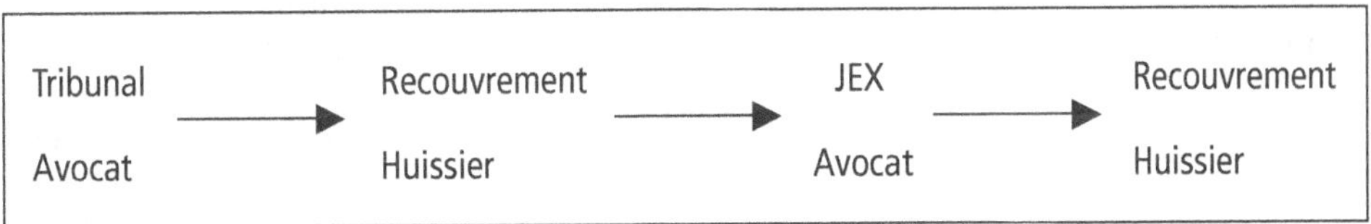


En règle générale, il n'existe aucune concertation entre l'avocat et l'huissier.

Les ateliers régionaux du CETELEM permettent donc une concertation harmonieuse sans parti pris catégoriel.

À ma question impertinente suivante : « *Continuez-vous à travailler avec les avocats et les huissiers qui ne suivent pas vos formations ?* », il m'a été simplement répondu que même des avocats ayant très peu de dossiers pour le CETELEM viennent aux formations car ils en tirent profit pour leurs autres activités.

## 3. Participation du juriste au processus qualité

Une fois formés aux enjeux du droit, les salariés de l'entreprise doivent acquérir le réflexe juridique qui consiste le plus souvent, non pas à se substituer à l'avocat ou au juriste, mais à prendre l'habitude de le consulter.

Il me semble inutile de présenter ce qu'est la démarche qualité au sein d'une entreprise.

Elle présente cependant d'importantes similitudes avec le droit qui est également une science de l'organisation.

Certains voient, dans cette démarche, un important challenge de groupe susceptible d'unir et de fédérer une équipe, d'autres un atout marketing lié à l'obtention d'un label qui figurera sur tous les documents commerciaux de l'entreprise.

**L'aspect juridique fait partie intégrante du référentiel qualité d'une entreprise.**

**Par exemple, prévoir que toutes les propositions commerciales soient soumises avant envoi aux juristes internes.**

D'autres encore y voient un excellent moyen d'améliorer la compétitivité et la performance de l'entreprise. C'est dans cette optique que s'inscrit l'alliance du qualiticien et du juriste.

Les juristes ont, pendant des années, ignoré la mise en place du processus qualité.

Ils commencent à évoluer si l'on en croit le nombre de cabinet d'avocats qui, entrant dans une démarche qualité, souhaitent être certifiés ISO 9000.

Toutefois, l'étape suivante qui consiste, pour un cabinet d'avocats à demander, à proposer à ses clients d'être associé, d'être consulté dans le cadre de la démarche qualité est limitée voire inexistante, sauf dans le cas de la norme ISO 14 000 sur l'environnement.

L'objectif n'est pas de rajouter des processus supplémentaires, mais de faire comprendre aux salariés que le droit s'inscrit dans le processus productif de l'entreprise.

La sécurisation juridique passe par la consultation du juriste à toutes les étapes du processus où l'entreprise va être en relation avec un tiers.

Ainsi, le processus qualité peut prévoir que toute proposition commerciale, établie par l'entreprise, doit être soumise aux services juridiques ou à l'avocat de la société avant d'être adressée au client.

Il peut en être de même dans les relations fournisseurs.

La société ABX HORIBA diagnostics fait partie de ces start-up innovantes qui évoluent dans un marché très sensible juridiquement.

Elle est spécialisée dans la fabrication de machines et produits destinés à analyser des échantillons sanguins. Elle emploie près de 500 salariés en France.

Ses machines sont commercialisées, soit sous son propre nom, soit sous le nom de tiers qui achètent la technologie de pointe que ABX HORIBA a su développer (contrat EOM).

Les besoins juridiques de ABX HORIBA sont nombreux, outre ceux habituels d'une entreprise classique :

- La protection de ses inventions avec la poursuite de ses éventuels contrefacteurs.
- Le respect des normes drastiques et d'une sévérité extrême qui existe dans le domaine de la santé.
- La réglementation différente d'un pays à l'autre, les États-Unis étant certainement le pays le plus coercitif.

Son dynamique directeur juridique, Monsieur Philippe de Robert Hautequere a très vite compris que le meilleur moyen d'éviter des contentieux était d'organiser une remontée de l'information vers le service juridique. Il a d'ailleurs suivi à cette fin, une formation en intelligence économique.

Cette remontée d'information repose selon lui sur deux principes simples :

- Les processus mis au point dans la charte qualité : un commercial qui n'utilise pas le contrat standard de vente doit soumettre ses propositions commerciales au service juridique ; au sein de chaque service est désigné un correspondant du service juridique que l'on tient informé de la stratégie juridique de l'entreprise et qui rapporte à la direction juridique tous les événements susceptibles d'engager la responsabilité de l'entreprise, et tous les changements par rapport au processus prévu au manuel de qualité pour tout engagement contractuel.
- La confiance : Monsieur Philippe de Robert Hautequere ne craint pas d'affirmer que la direction juridique doit montrer qu'elle a pour vocation d'assister les différents services de l'entreprise, et qu'elle n'est pas là pour sanctionner, mais faire du préventif.

## 4. La veille juridique

Selon certains auteurs, la veille est la mère nourricière de l'intelligence économique.

Mais, l'évocation des besoins d'une veille devant des juristes provoquent des sourires narquois et plein de commisération qui précèdent simplement des remarques caustiques, *« il ne faut pas réinventer l'eau chaude ou le fil à couper le beurre »*.

**La veille juridique, c'est ce qui va permettre la capacité d'anticipation de l'entreprise.**

**Elle ne peut se concevoir sans une surveillance de l'environnement sociétal.**

**En effet, le droit va souvent répondre aux besoins exprimés à l'occasion d'une affaire ou d'un courant sociologique.**

En effet, la veille est pratiquée depuis des années par tous les juristes professionnels, qui reçoivent entre autres, différentes revues d'informations et peuvent mettre ainsi à jour leurs connaissances.

De même, la plupart des entreprises, soit directement, soit par le biais de syndicats professionnels ou d'organismes consulaires, ont accès à des informations sur les évolutions légales, réglementaires et jurisprudentielles.

Dans le domaine juridique, par essence, tout est accessible : ainsi un texte réglementaire non publié ne peut avoir d'effet. Les décisions de justice sont publiques.

La veille juridique présente cependant une caractéristique : pour plagier la Maxime de Chamfort sur le devoir, *« le plus difficile ce n'est pas de chercher l'information juridique, c'est savoir quelle information chercher »*.

De plus, il n'y a pas eu d'innovation technologique majeure, la plupart des bases de données étaient accessibles sur Minitel et le passage sur Internet n'a fait que faciliter les modes de recherche.

L'innovation dans la veille juridique réside dans son champ d'action qui va fluctuer sous la pression de trois facteurs :

- L'internationalisation.
- Les courants de société et le risque technologique.
- L'apparition de nouvelles sources du droit (se reporter au paragraphe 5.2).

### 4.1. *L'internationalisation*

La globalisation, la mondialisation, n'est pas seulement économique, mais également juridique : toute veille qui se veut anticipatrice prend en compte le facteur international et pas seulement européen.

**La globalisation de l'économie entraîne une globalisation du droit.**

**L'entreprise doit donc mettre en place un système de veille juridique portant sur la législation des principaux pays industrialisés.**

**Cette veille peut être effectuée pour le compte des entreprises par des fédérations professionnelles.**

De plus en plus de règles proviennent non pas du législateur français ni des différents règlements, mais aussi d'autres sources du droit (cf. chapitre 5 – paragraphe 2).

Cette veille doit s'affranchir de la traditionnelle hiérarchie des normes et avoir une approche transversale et géographique.

En effet, il n'est pas possible d'imaginer, dans une économie sans frontière, qu'un pays adopte une législation qui ne soit pas compatible ou en symbiose avec la législation des principaux pays concurrents.

Les actions engagées aux États-Unis contre les fabricants de tabac ont été suivies de procédures sur le même fondement de fait en France et dans les pays européens, et ce, même si les systèmes juridiques sont différents.

La veille de droit européen s'impose avec d'autant plus d'acuité que les directives vont modifier la législation française un, deux ans, voire plus, après leur parution.

La mise en place d'un réseau de distribution commerciale qui doit durer plusieurs années ne se fera pas sans examen des textes en préparation dans l'Union.

Une société en informatique il y a quelques années avait développé un logiciel de cryptage. Elle avait fait preuve de veille et d'anticipation en se conformant avant qu'elles ne soient adoptées, aux règles françaises sur le cryptage et en développant un algorithme sur une base 40 bits.

Naturellement, elle avait effectué toutes les démarches nécessaires auprès d'un tiers de confiance comme la loi l'exigeait alors. À son échelle, l'investissement était considérable puisqu'elle était devenue quasiment mono-produit.

Brutalement le gouvernement JOSPIN a décidé de libéraliser à 128 bits le cryptage.

Le produit de cryptage est devenu brutalement obsolète et la société a dû déposer son bilan.

La veille juridique de l'entreprise aurait dû porter sur le droit des pays industrialisés, ce qui aurait permis au chef d'entreprise de déceler que la France éprouverait rapidement le besoin de changer sa réglementation pour pouvoir lutter à armes égales avec ses concurrents étrangers.

## 4.2. Les courants sociologiques et le risque technologique

Les magistrats et les tribunaux, et c'est tout à leur honneur, ne restent pas insensibles aux sujets de société, aux préoccupations du justiciable.

Le nombre trop important de délits définis dans le code pénal rend impossible la poursuite de la plupart d'entre eux.

Le ministère public, ou des émanations de l'État comme l'inspection du travail, vont donc élaborer, définir une politique de répression en choisissant de poursuivre tel ou tel délit. Cela n'exclut pas que des personnes morales ou physiques portent plainte sur des points particuliers.

Il est d'ailleurs admis que le ministère de la Justice donne des instructions globales à l'ensemble des procureurs, leur demandant des diligences accrues et une sévérité exemplaire. Depuis quelques années, en principe, l'intervention dans une affaire particulière est prohibée. Un procureur de sa propre initiative peut parfois chercher à limiter les abus d'une profession. Un parquet de la région parisienne s'est ainsi attaqué à tous les syndics d'immeuble.

**Toute la difficulté pour le veilleur juridique, imbu de prospective, va être de déceler le péril qui, aujourd'hui toléré par tous, va devenir intolérable demain et donner lieu à de lourdes condamnations des entreprises.**

**Aujourd'hui l'amiante et demain ?**

**La démarche du juriste est alors une véritable démarche d'intelligence économique telle qu'elle a été définie par Monsieur Bernard BESSON[1].**

1. Regards sur l'IE, n° 1 Définitions de Monsieur BESSON.

La veille va donc tenter de déceler ces courants de société pour essayer de prévenir les politiques pénales futures des parquets et pouvoir adapter l'organisation de l'entreprise en conséquence.

Toute la difficulté pour le veilleur juridique imbu de prospective consiste à déceler le péril qui aujourd'hui toléré par tous, va devenir intolérable demain et donner lieu à de lourdes condamnations des entreprises. La démarche de développement durable que s'efforcent d'engager certaines entreprises diminuera certainement ce risque et facilitera la tâche du veilleur. L'intelligence économique sera également d'un grand secours.

La nocivité de l'amiante était connue depuis plusieurs décennies. Aucun gouvernement, sauf récemment, n'ayant pris la décision de l'interdire, les entreprises continuaient de l'utiliser en toute connaissance des risques encourus par leurs salariés. Il est normal que des responsabilités soient engagées.

Des questions identiques peuvent se poser, par exemple au niveau des éthers de glycol.

La tâche n'est souvent pas aisée pour le juriste qui, tirant la sonnette d'alarme, s'entendra le plus souvent répondre que tout le monde faisant ainsi il n'y a pas de raison de s'arrêter de produire ; que la pression concurrentielle est telle qu'il n'est pas possible de faire autrement, qu'il faut avoir conscience des surcoûts, etc.

Deux exemples de courants de société sont choisis parmi d'autres pour illustrer les évolutions de la législation et le comportement des entreprises :

- La discrimination.
- La vie privée.

### 4.2.1. La discrimination

Compte tenu des qualifications acquises par les immigrés de deuxième ou troisième génération, de leur importance numérique, de la frilosité des entreprises françaises, le nombre de contentieux sur la discrimination devrait se multiplier dans les prochaines années.

Le médiateur de la République, Monsieur STASI s'est ainsi prononcé le lundi 16 février 2004, dans un rapport remis au Premier ministre pour la création d'une haute autorité indépendante chargée de lutter contre les discriminations. Il a également justifié ce projet par le fait que *« le sentiment d'être victime ou témoin d'une discrimination se répand de plus en plus depuis une dizaine d'années en France*[1] ».

1. Source Reuters.

Le Medef a d'ailleurs tenté de sensibiliser ses adhérents en organisant lors de son université d'été d'août 2003, une séance plénière consacrée à l'intégration des populations d'origine immigrée, avec une intervention de Monsieur Malek BOUTIH à la sincérité émouvante.

Les entreprises ont à tenir compte de ce courant de société en donnant des instructions dans ce sens à leur service de ressources humaines. Les risques sont importants à faire des discriminations. Il est souhaitable d'établir des procédures écrites.

### 4.2.2. La vie privée

Les moyens technologiques numériques permettent une atteinte à la vie privée beaucoup plus facile.

Ne tombons pas dans le scénario des écoutes téléphoniques illégales ou des caméras cachées susceptibles d'espionner les salariés.

Évoquons plutôt la simple photographie du salarié prise par son employeur, parfois avec l'accord tacite du premier et qui est reproduite sur le site internet de l'entreprise, dans un trombinoscope ou sur un autre support. L'autorisation tacite ne suffisant pas, des contentieux naissent.

Face à la multiplication de ces contentieux, les tribunaux sanctionnent de plus en plus lourdement. Une entreprise a ainsi dû verser à son salarié une somme de 38 000 euros pour avoir publié sa photographie !

**L'émergence de nouvelles technologies permet des intrusions plus faciles dans la sphère de la vie privée. En conséquence, les tribunaux sanctionnent de plus en plus lourdement les entreprises.**

Parallèlement des discussions s'engagent sur la protection des données personnelles, l'anonymat sur le Net, etc.

Les pouvoirs de la CNIL ont été aménagés par la récente loi sur l'économie numérique.

La législation sur la vie privée va se durcir, les sanctions s'alourdiront en cas d'atteinte à la vie privée, etc.

L'entreprise se doit donc d'anticiper tous ces changements.

## Chapitre 2

# Un procès se gagne par la preuve

La meilleure réponse de l'entreprise face à une judiciarisation accrue de la société est de gagner devant les tribunaux.

Or, le succès d'un procès passe par les mesures d'organisation qu'elle a prises parfois des années auparavant.

En effet, de nombreux dossiers se gagnent ou se perdent uniquement sur le terrain de la preuve.

Le Nouveau code de procédure est en effet clair à son sujet : *« Il incombe à chaque partie de prouver conformément à la loi les faits nécessaires au succès de sa prétention. »*

Les entreprises doivent donc dans toutes leurs opérations, penser à collecter des preuves.

En d'autres termes, le système d'intelligence économique de l'entreprise a non seulement comme une finalité la conquête de marché, mais également la collecte d'informations, de faits, pour pouvoir gagner un dossier.

**La collecte de preuves pour gagner un dossier ou leur « mémorisation » est un problème type d'intelligence économique.**

**En s'imprégnant du système d'intelligence économique, les juristes sauront comment collecter l'information, et la conserver pour les besoins éventuels de procès futurs.**

Toute la difficulté va, en pratique, constituer à gérer la mémoire de l'entreprise dans le temps. Elle a l'obligation de conserver, le temps de la prescription, les documents comme les contrats.

En revanche, si le litige intervient, par exemple à la fin d'une prescription trentenaire, les personnes qui ont traité le dossier, ont peut-être quitté l'entreprise et avec eux leurs souvenirs du dossier.

En outre, on considère qu'un dossier est oublié[1] au bout de trois à cinq ans.

En matière commerciale la preuve est libre[2]. La règle est donc beaucoup plus souple que pour les particuliers, le code civil consacrant dans ses articles 1315 à 1369 de longs et intéressants développements sur la charge de la preuve.

Dès lors, les entreprises mettent en place des processus agençant la remontée d'information.

De nouveaux processus d'organisation sont donc à prévoir qui peuvent être organisés autour de quatre axes :

- La mise en place d'une politique de traçabilité (1) ;
- La légalité de la collecte des preuves (2) ;
- Le renversement de la charge de la preuve (3) ;
- La collecte de la preuve auprès de tiers (4).

## 1. La stratégie de la preuve passe par la gestion de la traçabilité

**Un juriste, d'humeur folâtre, a affirmé un jour que le succès dans un procès relevait de la même gestion que les difficultés rencontrées pour la vache folle un problème de traçabilité.**

**Derrière le trait d'humour, il y a un propos plein de bon sens : sans preuve, il est impossible de gagner un procès. L'entreprise doit donc mettre en place une organisation pour remonter de quoi soutenir son argumentation, organisation proche de celle mise en place pour suivre la traçabilité de la viande bovine.** ■

De nombreux textes, notamment dans le domaine de la sécurité alimentaire, imposent déjà l'obligation de connaître l'origine des produits fabriqués (usine, chaîne de production etc.). Cette traçabilité rend également possible le retrait des produits en application de la loi sur la sécurité des produits.

L'entreprise qui se veut dynamique va donc au-delà des obligations légales.

Le chef d'entreprise, après analyse des risques de procès, identifie les éléments qui lui permettront de gagner devant les tribunaux.

Il n'est pas possible d'évoquer la mise en place des différents processus de remontée de la preuve dans les entreprises. Chacune d'entre elles est organisée différemment, a ses propres caractéristiques.

1. Entretien avec Madame Marie-Anne CHABIN, auteur de « Management de l'archive » aux Éditions Hermes.
2. Article L. 110-3 du Code de commerce : « À l'égard des commerçants, les actes de commerce peuvent se prouver par tous moyens à moins qu'il n'en soit autrement disposé par la loi ».

Plusieurs exemples sont choisis :

- Le premier sur les bases de données ;
- Le deuxième sur les logiciels ;
- Le troisième sur l'intrusion dans un système informatique.

Le but de ces exemples est d'inviter le lecteur à imaginer son propre système de mise en place d'une traçabilité.

## 1.1. Stratégie de la preuve sur les bases de données

Il est conseillé de mettre dans une base de données, ou dans des fichiers de données, « des informations qui n'ont pas lieu d'être, par exemple une fausse référence dans un fichier de clients, de façon à permettre les poursuites en cas de vol de cette base de données ». La loi du 1er juillet 1998 a transposé dans notre droit la directive européenne sur les bases de données. Son principe est simple : dès qu'une base de données est la résultante d'un *« effort substantiel humain, ou matériel ou financier »*, son producteur peut prétendre à une protection[1].

Aux termes de la loi une base de données est « un recueil d'œuvres, de données ou d'autres éléments indépendants, disposés de manière systématique ou méthodique, et individuellement accessibles par des moyens électroniques ou par tout autre moyen[2]. »

La loi vise donc aussi bien les données sur support papier que sur support numérique. L'exigence d'une méthode d'organisation ou d'un système exclut à l'évidence la simple juxtaposition d'information, comme par exemple une compilation musicale.

Un producteur de base de données qui souhaite intenter une action en contrefaçon va donc devoir montrer que des informations qui sont dans sa base ont bien été collectées.

1. Code de la propriété intellectuelle Article L. 341-1 : Le producteur d'une base de données, entendu comme la personne qui prend l'initiative et le risque des investissements correspondants, bénéficie d'une protection du contenu de la base lorsque la constitution, la vérification ou la présentation de celui-ci atteste d'un investissement financier, matériel ou humain substantiel.
   Cette protection est indépendante et s'exerce sans préjudice de celles résultant du droit d'auteur ou d'un autre droit sur la base de données ou un de ses éléments constitutifs.
2. Article L. 112-3 du code de la propriété intellectuelle.

Or, apporter la preuve d'une telle opération est aisée dans certains cas, pas dans d'autres :

Un opérateur de téléphonie qui a les numéros de ses abonnés peut expliquer comment il a constitué sa base de données.

Une personne qui a glané des informations sur le Net et les a enregistrées, si sa base est contrefaite, aura beaucoup de mal à se défendre d'un pillage de sa base car le contrefacteur n'hésitera pas à soutenir qu'il a obtenu les informations en surfant également.

La seule solution passe donc par l'enregistrement dans la base de données d'informations fausses qui personnalisent la base comme le montre l'exemple de la société zingueurs[1].

Les cafés étaient autrefois des lieux de socialisation naturelle. Maintenant, nombre d'entre eux ont été obligés de se lancer dans des animations pour conserver une clientèle. C'est ainsi que l'on a vu apparaître des cafés philosophiques, des cafés accueillant des chanteurs, des groupes de théâtre, etc.

La difficulté pour ces cafés est d'assurer la promotion de leur animation alors que souvent des contretemps de dernière minute les conduisent à modifier le programme d'animation.

Le fondateur de la société zingueurs et associés eut donc l'idée de créer une base de données pour recenser ces activités.

Il créa un service Minitel et dès l'apparition d'Internet mit en ligne son propre site, qui connut un rapide succès avec plusieurs milliers de connections par jour.

Le schéma économique du site était simple : les données collectées étaient, soit mises à la libre disposition sur le site, soit revendues à d'autres sites ou à des journaux parisiens.

Ce site ne tarda pas à susciter la convoitise de concurrents dont certains indélicats n'hésitaient pas à aller sur le site pour recopier les informations s'y trouvant.

Certains concurrents, encore à l'âge artisanal de la grivèlerie électronique, se contentaient de faire une succession de « copier/coller ».

D'autres, plus modernes, utilisaient des aspirateurs à Web.

La question de la protection juridique du site s'était alors rapidement posée.

Les informations en elles-mêmes n'étaient pas susceptibles de protection car ni confidentielles, ni relevant du droit d'auteur.

En revanche, la loi sur les bases de données trouvait à s'appliquer.

Toutefois, rien n'est plus anodin qu'une information sur un événement dans un bistrot.

Il fallait donc montrer ce transfert d'information.

La société zingueurs inclut alors régulièrement dans sa base de données des erreurs minimes.

1. www.zingueurs.com.

Celles-ci étaient de deux ordres :

- Des coquilles de frappe.
- Une erreur sur le numéro de la rue où était situé le bistrot. La différence était minime pour permettre à l'internaute noctambule de retrouver le café. Par exemple, le numéro 8 devenait le numéro 12, ou l'inverse.

Le dirigeant de la société zingueurs fit procéder lors d'un premier constat par huissier ces erreurs et leur occurrence.

Lorsque sa base de données fut pillée, le dirigeant fit procéder à un second constat. Évidemment, l'huissier trouva dans la base de données contrefaisantes les erreurs qui avaient fait l'objet du premier constat.

Le tribunal sanctionna alors sans aucun problème le second contrefacteur.

## 1.2. Stratégie de la preuve pour éviter la contrefaçon de logiciels ou de sites Internet

En matière de logiciels la situation est identique à celle des bases de données, c'est pourquoi la mise en place de marqueurs pour constater la contrefaçon est indispensable.

Ces marqueurs peuvent être des marqueurs directs sous forme de lignes inutiles de programmes.

Pour aller plus loin dans la démarche, on peut essayer de marquer les productions issues du logiciel.

**En matière de logiciels, outre un classique dépôt à l'agence de protection des programmes, il est possible d'insérer des lignes de codes servant à identifier le programme.**

**Faire de même sur les sites Internet est réalisable.**

Prenons un exemple simple : si l'on édite un logiciel concurrent de celui de PowerPoint ou d'un traitement de texte, il ne faut pas hésiter à livrer une bibliothèque d'images.

L'utilisation de ces images sous-entendra l'usage du logiciel et l'on pourra poursuivre le contrefacteur.

C'est grâce à des éléments comparables que des poursuites en contrefaçon sont engagées par le titulaire des droits d'Unix contre Linux.

### Exemple de marqueurs pour un logiciel[1]

La société SCO affirme que la licence GPL est contraire à la loi sur le copyright américain. Elle entend exposer ses arguments au cours du procès intenté à IBM, qu'elle accuse d'avoir intégré illégalement des lignes de code Unix dans le noyau du système Linux.

SCO n'en finit plus d'étaler sur la place publique son différend avec IBM. Au cours d'une conférence rassemblant partenaires et clients le 18 août 2003, les responsables de la société ont surtout plus consacré leur temps à développer leurs argumentations juridiques qu'à présenter leurs futurs produits.

La société a tellement développé les justifications juridiques que la partie concernant la présentation de ses futurs produits a été réduite à la portion congrue.

Le patron de SCO, Darl Mc BRIDE, a réitéré ses affirmations selon lesquelles des lignes du code Unix, dont sa société détient le copyright, ont été illégalement intégrées dans le kernel (noyau) Linux par l'entremise d'IBM et d'autres compagnies. Il réclame donc trois milliards de dollars de dommages et intérêts au constructeur informatique, et entend imposer une licence à tout distributeur de solution GNU/Linux, ainsi qu'à leurs clients (voir l'ensemble des documents juridiques (en anglais) sur le site de SCO, et notre dossier spécial mis à jour régulièrement).

Les experts engagés par Darl Mc BRIDE pour scruter ce code auraient découvert que « l'ADN de Linux provient en fait d'Unix ». Chris SONTAG, un des directeurs de SCO, a montré au cours de cette conférence, un certain nombre de documents censés prouver les accusations de la société, en désignant quelles lignes de code dans le kernel Linux étaient visées : Ce que réclament depuis le début de l'affaire les défenseurs des solutions GNU/Linux comme IBM, tout comme le père de ce noyau Linus TORVALDS.

Selon Chris SONTAG, celles-ci sont facilement repérables, puisque même des erreurs typographiques et des commentaires associés ont été intégralement copiés. Seulement, sur les transparents présentés, SCO a pris soin d'obscurcir lesdites lignes de code Unix, arguant qu'il lui fallait protéger sa propriété intellectuelle. Toute personne intéressée pour avoir un accès total aux documents doit au préalable signer un accord de non-divulgation.

1. Mardi 19 août 2003 Znet.

## 1.3. L'intrusion informatique

La loi[1] dite « Godfrain » (figurant maintenant dans le code pénal) du nom de l'homme politique qui poussa à son adoption est bien plus large que ce que l'on peut imaginer initialement puisqu'elle vise aussi bien l'intrusion dans un système de traitement automatisé que l'altération de son fonctionnement.

Il s'agit d'un délit intentionnel. Il faut donc montrer que « l'intrus » a volontairement pénétré dans le système informatique.

**Une intrusion dans un système informatique ne peut être poursuivie que si l'intention de l'auteur est démontrée.**

**Il faut donc au sein des entreprises, pour chaque salarié, définir les informations auxquelles il peut avoir accès et mettre en place une traçabilité des accès.**

Or, s'il n'y a pas de règles d'accès au système informatique et aux données sensibles de l'entreprise, cette dernière ne pourra jamais prouver l'intention délictueuse et intenter des poursuites judiciaires.

C'est pourquoi, le chef d'entreprise doit élaborer une « règle de jeu » claire qui peut être rappelée, notamment sur le système informatique de l'entreprise, avec des messages indiquant par exemple que les données sont confidentielles et que seules les personnes habilitées à y accéder peuvent les consulter.

Pour le juriste, toute la difficulté consiste à définir ce qu'est un système informatique et ce qu'est une intrusion informatique.

Pour le chef d'entreprise, toute la difficulté consiste à combiner la mise en place de mesures matérielles avec la définition et l'application de règles sécuritaires.

1. Code pénal Article 323-1 : Le fait d'accéder ou de se maintenir, frauduleusement, dans tout ou partie d'un système de traitement automatisé de données est puni d'un an d'emprisonnement et de 15 000 euros d'amende.
Lorsqu'il en est résulté, soit la suppression ou la modification de données contenues dans le système, soit une altération du fonctionnement de ce système, la peine est de deux ans d'emprisonnement et de 30 000 euros d'amende.

### 1.3.1. Notion de système informatique

La loi ne définit pas le système informatique. Mais la jurisprudence judiciaire est large dans ce domaine au sens où tout système comprenant un logiciel semble concerné. Des juridictions ont sanctionné des affaires relevant aussi bien du domaine du Minitel que de celui des standards téléphoniques. Un individu avait relevé des numéros de cartes de téléphone et appelait à l'étranger. Il a été condamné[1].

**Cette définition peut prendre la forme d'une charte informatique ou de dispositions dans le règlement intérieur.**

**Le suivi de la traçabilité des accès, comme toute surveillance des salariés, doit être portée à leur connaissance préalablement et faire l'objet d'une information auprès des représentants du personnel.** ▪

Le jeu du solitaire, présent sur de nombreux ordinateurs, n'est pas un système de traitement informatisé de données au sens de la loi. Ne peut donc être poursuivi sur ce fondement un salarié qui aurait joué en dehors de ses heures de travail sur un tel logiciel[2].

**Exemple sur la problématique d'intrusion dans un système informatique**

L'excellent film de Laurent CANTET, « Ressources humaines » a le mérite pour un juriste de poser clairement le problème de l'intrusion dans un système informatique.

Étudiant dans une école de commerce parisienne, Frank, âgé de vingt-deux ans, revient dans sa ville natale pour effectuer un stage.

Il est affecté au service des ressources humaines où il doit mener à bien les négociations concernant les 35 heures.

Voulant rédiger un courrier, il cherche un ordinateur de libre dans l'entreprise et s'installe sur celui du chef du personnel.

Son premier clic lui permet de faire disparaître l'économiseur d'écran et laisse apparaître un plan de licenciement de nombreux salariés dont le père du héros.

Frank s'empresse bien sûr de divulguer la nouvelle, des grèves s'ensuivent, etc.

La question que pose, pour le juriste, cet épisode est de savoir si Frank avait commis le délit d'intrusion dans un système informatique.

1. TGI, Paris, 12 décembre 1995.
2. Cour d'appel, Montpellier, chambre sociale – Décision du mardi 6 mars 2001 – Numéro Juris Data 2001-139618.

On aurait même pu imaginer un scénario autre et une fin différente si l'entreprise avait pu poursuivre le stagiaire en correctionnelle, avec le cas échéant une garde à vue.

Une telle réaction l'aurait discrédité aux yeux des autres salariés qui auraient alors perdu leur leader, etc.

Or, le délit d'intrusion dans un système informatique est un délit intentionnel. Pour changer le cours du film, il aurait fallu montrer que Franck avait volontairement cherché à obtenir cette information.

Tel n'était pas manifestement le cas.

Ce qui a manqué à l'entreprise en question, c'est une charte informatique définissant les règles d'accès aux ordinateurs de l'entreprise.

### 1.3.2. Notion d'intrusion

À l'évidence, le hacker, le pirate informatique qui n'appartient pas à l'entreprise et qui pénètre dans son site est condamné. La jurisprudence définit ainsi l'introduction frauduleuse : accéder à un système sans autorisation et en parfaite connaissance de cause.

Cet accès peut s'effectuer à distance ou directement sur le poste. Qu'un système ne soit pas défendu par un mot de passe ou par une procédure d'entrée ne signifie pas pour autant qu'existe une autorisation implicite d'y pénétrer.

Tel est le cas d'un salarié, licencié, qui s'est introduit dans le système informatique de son ancienne entreprise.

Son contrat de travail terminé, il ne disposait plus du droit d'accéder au système, le défaut d'annulation de son code d'entrée ne représentant pas une autorisation expresse de son ex-employeur.

**En organisant des règles d'accès à son information, l'entreprise en cas de violation de ces règles, pourra se fonder sur la loi sur les intrusions informatiques pour intenter des poursuites.**

**Si la personne qui a commis l'infraction est un salarié, licencié pour ce motif, les poursuites pénales suspendront une éventuelle instance devant le conseil de prud'hommes.**

Enfin, l'absence de dispositif de sécurité est indifférente[1], tout comme n'est pas pris en considération le but recherché. Ce but est-il soumis à des raisons ludiques ? Entre-t-il dans le cadre de l'espionnage ? Est-ce une simple malveillance ?

Toutefois il semblerait qu'il existe une exception pour les personnes qui ont agi pour simplement démonter les failles dans la protection d'un système.

1. CA, Toulouse, ch. correctionnelle 3, 21 janvier 1999, Juris Data n° 040 054.

C'est la fameuse affaire kitetoa.com narrée par le journal du Net[1], qui selon les uns est une décision d'espèce, et selon les autres un arrêt de jurisprudence majeur.

*« Le webmaster en charge du site Kitetoa.com, spécialisé dans la révélation de failles de sécurité sur les sites, en reste estomaqué : il a été condamné mercredi dernier à une amende de 1 000 euros avec sursis à la suite d'une plainte déposée par la chaîne de magasins d'habillement Tati. Motif officiel : « intrusion et maintien frauduleux dans un système de traitement automatisé de données ». En clair : piratage informatique.*

*Rappel des faits : en 1999, le webmaster de Kitetoa.com repère une première faille de sécurité sur le site Tati.fr. Il en avertit par mail l'administrateur du site (la web agency Ogilvy en l'occurrence, qui a pour client Tati). Un an plus tard, alors que le site du marchand de vêtements à prix discount s'est enrichi, le responsable de Kitetoa.com trouve à nouveau une faille dans le système de gestion de base de données. « En consultant le site de Tati, on pouvait accéder à l'index des fichiers en cliquant simplement sur une option proposée par le navigateur Netscape », explique-t-il. Bref, une manipulation qui ne requiert pas de connaissances très pointues en terme d'intrusion informatique. Il contacte à nouveau l'administrateur du site Tati.fr pour lui révéler la faille. « Ce n'est qu'après avoir averti l'administrateur que j'ai écrit un article à ce sujet », indique le responsable de Kitetoa.com.*

*Cette décision a cependant été infirmée par la cour d'appel de Paris par une décision en date du 6 novembre 2002[2] ».*

La cour a, en effet considéré que les auteurs avaient utilisé des fonctionnalités grand public d'un navigateur et qu'ils ne pouvaient être poursuivis.

La preuve de l'intrusion est parfois difficile à apporter si l'on en croit les décisions de jurisprudence éparses sur le sujet :

Ainsi, doit être relaxé de l'infraction d'accès frauduleux dans un système de traitement de données automatique, le prévenu informaticien, auteur du logiciel. Sa qualité de professionnel et le fait qu'il ait possédé le matériel nécessaire à l'infraction ne constituant pas des éléments de preuve suffisants, de nombreuses autres personnes disposant des mêmes connaissances et pos-

1. Jdn du lundi 18 février 2002.
2. http://www.kitetoa.com/Pages/Textes/Les_Dossiers/Tati_versus_Kitetoa/arret-cour-appel.shtml.

sibilités matérielles. L'enquête de la brigade financière, bien que minutieuse, n'a pu déterminer l'auteur du délit[1].

L'intrusion informatique pourra alors conduire à un licenciement, voire à une instruction pénale.

Il n'est pas inutile de rappeler qu'une instruction pénale sur l'objet même du licenciement interdit à toute juridiction civile comme le conseil de prud'hommes de statuer sur l'objet du litige[2].

## 2. L'entreprise doit être en mesure de pouvoir produire ses preuves devant les tribunaux

Les règles de production des preuves ne sont pas les mêmes en matière pénale et en matière civile.

Il faut donc les examiner successivement.

### 2.1. Légalité de la preuve en matière pénale

Il résulte de **l'article 427 du CPP** que « hors les cas où la loi en dispose autrement, les infractions peuvent être établies par tout mode de preuve et le juge décide d'après son intime conviction ».

L'alinéa 2 précise que « le juge ne peut fonder sa décision que sur des preuves qui lui sont apportées au cours des débats et contradictoirement discutées devant lui ».

**En droit pénal, la production de preuves illicites est admise.**

La Cour de cassation applique sans restriction ce principe en retenant que « les juges répressifs ne peuvent écarter les moyens de preuve produits par les parties au seul motif qu'ils auraient été obtenus de façon illicite ou déloyale. Il leur appartient seulement d'en apprécier la valeur probante[3] ».

1. Cour d'appel, Paris, chambre 13 section A – Décision du mercredi 5 octobre 1994 – Numéro Juris Data : 1994-023667.
2. Code de procédure pénale Article 4 :
   L'action civile peut être aussi exercée séparément de l'action publique.
   Toutefois, il est sursis au jugement de cette action exercée devant la juridiction civile tant qu'il n'a pas été prononcé définitivement sur l'action publique lorsque celle-ci a été mise en mouvement.
   Et
   Conseil de prud'hommes, Paris, service du départage – Décision du lundi 27 janvier 1997 – Numéro Juris Data : 1997-057541.
3. Crim. 6 avril 1994.

Ainsi, par exemple, l'employeur peut rapporter, devant le tribunal correctionnel la preuve d'un abus de confiance commis par ses salariés à l'aide d'une caméra vidéo installée à leur insu dans l'entreprise[1].

Est aussi admis comme preuve l'enregistrement à l'insu de son interlocuteur d'une conversation téléphonique, au moyen d'un magnétophone, par un particulier désireux de rapporter la preuve de diverses irrégularités commises par un maire dans la gestion d'associations et la passation de marchés publics[2].

Par ailleurs, à la suite de l'obtention illicite et déloyale d'un moyen de preuve produit par la partie civile, a été toutefois prononcée la relaxe du chef de discrimination raciale dès lors qu'il est établi que l'emploi du mot « black » sur les fiches établies par une agence immobilière pour classer les clients acheteurs ne correspond pas à des personnes de race noire mais désigne seulement les acheteurs non intéressés[3].

**Exemple de production de preuves[4]**

Des membres d'une association de lutte contre le racisme avaient organisé une opération, dite « testing ». Répartis en plusieurs groupes, ils se sont présentés à l'entrée d'une discothèque. Ils ont ainsi pu mettre en évidence que les personnes d'origine nord-africaine s'étaient vu interdire l'entrée.

Une cour d'appel avait refusé de condamner l'exploitant de la discothèque et les portiers, en retenant que « ce procédé de « testing » est illicite, qu'il n'offre aucune transparence, ne respecte pas la loyauté nécessaire dans la recherche des preuves, et porte atteinte aux droits de la défense ainsi qu'au droit à un procès équitable ».

La Cour de cassation n'a pas admis ce motif. « *En se prononçant ainsi, la cour d'appel a méconnu les dispositions de l'**article 427** du code de **procédure pénale,** qui ne permet pas aux juges d'écarter les moyens de preuves au seul motif qu'ils auraient été obtenus de manière illicite ou déloyale. Il leur appartient seulement d'en apprécier la valeur probante après les avoir soumis à discussion contradictoire* ».

## 2.2. Légalité en matière civile

Aux termes de l'article 9 du nouveau code de procédure civile, « *il incombe à chaque partie de prouver conformément à la loi les faits nécessaires au succès de sa prétention* ».

1. Cass. crim., 6 avril 1994, Bull. n° 136.
2. CA Aix-en-Provence 28 mai 1998.
3. CA Limoges 20 décembre 1996.
4. Cass. crim., 11 juin 2002.

L'expression *« conformément à la loi »* signifie qu'un mode de preuve n'est pas admissible lorsqu'il est prohibé par la loi ou par un principe général.

Il n'est donc pas possible de recourir à des moyens frauduleux ou contraires à l'ordre public pour démontrer les faits propres à fonder les prétentions des parties[1].

Par exemple, sont écartés les documents obtenus au prix d'une infraction pénale.

C'est notamment le cas d'un salarié qui subtiliserait des pièces appartenant à son employeur pour régler en sa faveur un litige prud'homal, quoique cette hypothèse puisse subir des atténuations s'il a pu obtenir les pièces dans le cadre de l'exercice normal de la profession.

Certaines solutions trouvent directement leur fondement dans la loi.

Par exemple, en matière de divorce, sont écartés des débats les constats dressés en violation du domicile ou par atteinte illicite à l'intimité de la vie privée, ainsi que les lettres obtenues par violence ou fraude[2].

En droit du travail, les preuves obtenues au moyen d'outils technologiquement avancés sont licites si :

- Les institutions représentatives du personnel ont été préalablement informées de leur mise en place,
- L'outil n'a pas été détourné de sa finalité,
- Une déclaration préalable a été déposée à la CNIL en cas d'utilisation d'un traitement automatisé de données.

Par un arrêt du 20 novembre 1991, la chambre sociale de la Cour de cassation a considéré que :

> « Si l'employeur a le droit de contrôler et de surveiller ses salariés pendant le temps de travail, tout enregistrement, quels qu'en soient les motifs, d'images ou de paroles à leur insu constitue un mode de preuve illicite ».
>
> « Une cour d'appel ne peut donc, sans violer l'article 9 du nouveau code de procédure civile, retenir à l'encontre d'une salariée l'existence d'une faute grave, en se fondant sur un enregistrement effectué par l'employeur, au moyen d'une caméra, du comportement et des paroles de la salariée, tandis qu'il résulte du procès-verbal de transport sur les lieux effectué par les juges du second degré que la caméra était dissimulée dans une caisse, de manière à surveiller le comportement des salariés sans qu'ils s'en doutent ».

1. Dalloz Action « droit et pratique de la procédure civile » 2002-2003.
2. Articles 259-1 et 259-2 du code civil.

Par un autre arrêt du 22 mai 1995, elle a confirmé cette solution en l'élargissant à tout dispositif de contrôle ou de surveillance :

> « Si l'employeur a le droit de contrôler et de surveiller l'activité de son personnel durant le temps de travail, il ne peut mettre en œuvre un dispositif de contrôle qui n'a pas été porté préalablement à la connaissance des salariés ».

Toutefois, par un arrêt du 31 janvier 2001, la Cour de cassation a estimé qu'une vidéo installée dans un dépôt où les salariés n'exercent pas d'activité permettait d'établir leur participation à des vols, même si la caméra avait été mise en place à l'insu des salariés.

Sur la question de la filature d'un salarié par son employeur :

> L'employeur peut être tenté de recourir aux services d'un détective privé pour surveiller l'un de ses salariés, en particulier, lorsque celui-ci ne travaille pas dans les locaux de l'entreprise.
>
> Une filature organisée par l'employeur pour contrôler et surveiller l'activité d'un salarié constitue toutefois un moyen de preuve illicite dès lors qu'elle porte atteinte à la vie privée de ce dernier, et qu'elle est disproportionnée, eu égard aux intérêts légitimes de l'employeur.

L'arrêt de la Cour de cassation du 22 mai 1995 retient « qu'ayant relevé que l'employeur avait fait suivre par un détective privé le salarié (...), la cour d'appel a décidé, à bon droit, que les comptes rendus de filature constituaient un moyen de preuve illicite[1] ».

Tout comme l'employeur, une caisse de sécurité sociale n'est pas fondée à invoquer les résultats d'une filature, pour supprimer par exemple les indemnités journalières à un salarié qui, en congé maladie, se livrerait à une activité interdite par le règlement des malades[2] ».

## 3. L'entreprise, responsable mais pas coupable

Un principe de morale et de droit voulait que l'on ne puisse être condamné sans avoir commis une faute, le cas échéant par le biais d'un de ses préposés. C'était la situation courante de la vie des affaires où lorsqu'un défaut de sécurité exis-

1. Confirmation par Soc., 26 novembre 2002.
2. Cass. soc., 24 janvier 2002.

tait, le code de la consommation exigeait la présence d'une faute[1]. Il appartenait à la victime de prouver la faute de l'auteur de l'acte litigieux.

De plus en plus, le principe est battu en brèche dans de nombreux domaines qui intéressent la vie de l'entreprise comme celle du simple citoyen.

Désormais, dans bien des cas, l'entreprise est présumée coupable. C'est à elle de montrer qu'elle n'a pas commis de faute si elle ne veut pas être mécaniquement condamnée.

Elle est en cela à peine mieux servie que l'automobiliste qui n'a commis aucune faute, aucune imprudence, et qui par une extraordinaire malchance renverse un piéton et doit l'indemniser

**De plus en plus souvent, les textes imposent à l'entreprise de montrer qu'elle n'est pas en tort.**

**L'entreprise est donc contrainte de justifier ses choix, et de formaliser ce qui a conduit à la prise de décision.**

Pour reprendre l'expression fameuse d'un ministre en difficulté, l'entreprise est *« responsable mais pas coupable »*.

Il est toujours beaucoup plus difficile de prouver que l'on n'a pas commis de faute que l'inverse.

Les répercussions sont redoutables pour l'entreprise qui va devoir s'organiser en conséquence.

Compte tenu du fait que les lois qui régissent le renversement de la charge de la preuve sont des textes ponctuels sans aucun lien entre eux, il est impossible d'établir une liste de toutes les mesures qui pourraient être prises.

Ce qu'il faut retenir c'est que l'entreprise doit formaliser de plus en plus pour pouvoir diminuer les risques de procès.

Des exemples sont donc pris en droit social. On assiste, en effet, à un véritable partage de la charge de la preuve.

C'est à l'une ou à l'autre des parties, salarié ou employeur, de fournir dans le cadre du procès les éléments de preuve.

La conséquence de cette règle est la suivante :

> Le juge ne saurait se contenter de constater l'insuffisance des preuves apportées par le salarié. De son côté, l'employeur ne peut pas se contenter de contester ces éléments.
>
> Il doit être en mesure d'apporter lui-même les preuves étayant sa position.

1. Code de la consommation Articles 231-1 et suivants.

### 3.1. Les heures supplémentaires et le travail dissimulé

Le code du travail[1], ainsi que la jurisprudence[2], ont institué un véritable partage de la charge de la preuve en matière de temps de travail.

Dans ces conditions, les entreprises ne sauraient se dispenser de mécanismes de contrôle des horaires afin de se réserver la preuve des heures effectuées en cas de contestation.

**C'est à l'entreprise de prouver qu'elle respecte la législation sur le temps de travail.**

**Dans les grandes ou moyennes entreprises, cette preuve peut être apportée par la mise en place d'un système automatisé de pointage.**

**Dans les petites entreprises, il est possible de se contenter de faire signer les salariés sur un registre ou un agenda dédié.**

Tout d'abord, si un horaire collectif est pratiqué dans l'entreprise, il convient conformément aux dispositions légales applicables en la matière d'afficher ces horaires.

En dehors des obligations légales et conventionnelles de contrôle des horaires, l'entreprise peut imaginer mettre en place des feuilles de pointage ou feuilles de temps que le salarié complète en indiquant ses temps de travail et de pause.

En revanche, afin d'éviter les risques de contestations et de falsification, il est conseillé de contrôler étroitement et de manière régulière ces relevés d'heures.

1. Article L. 212-1-1 du code du travail :
« En cas de litige relatif à l'existence ou au nombre d'heures de travail effectuées, l'employeur doit fournir au juge les éléments de nature à justifier les horaires effectivement réalisés par le salarié. Au vu de ces éléments et de ceux fournis par le salarié à l'appui de sa demande, le juge forme sa conviction après avoir ordonné, en cas de besoin, toutes les mesures d'instruction qu'il estime utiles. »
2. Décisions citées dans le navis social de Françis LEBFEVRE :
Cass. soc., 3 juillet 1996 n° 3114 PB, Zunigo c/ Sté Le Tisonnier : RJS 8-9/96 n° 929, Bull. civ. V p. 185 n° 261.
Cass. soc., 18 décembre 1996 n° 4888 D, Regnard c/ SARL Sodigrif : RJS 2/97 n° 148, non publié au Bull. civ.
Cass. soc., 16 juin 1998 n° 3059 PB, Cuguali c/ SARL Setas la Trattoria : RJS 8-9/98 n° 980, Bull. civ. V p. 249 n° 328.
Cass. soc., 27 octobre 1998 n° 3339 D, Schmitt c/ SARL Hôtel de Metz Campanile : RJS 12/98 n° 1493, non publié au Bull. civ.
Cass. soc., 23 mars 1999 n° 1396 D, Turmel c/ SARL Fardoux : RJS 5/99 n° 677.
Dans le même sens, dans le cas d'un litige portant sur le nombre d'heures complémentaires effectuées par un salarié à temps partiel :
Cass. soc. 13 décembre 2000 n° 5014 FD, Pépin c/ Villani et autres : non publié au Bull. civ.
Cass. soc., 28 février 2001 n° 770 F-D, Bonk c/ SA La Voix des Médias : RJS 6/01 n° 803.

En effet, lorsque l'employeur charge le salarié de décompter sa durée du travail, ce décompte a la même force probante qu'un enregistrement effectué par l'employeur lui-même (Circ. DRT 9 du 17-3-1993). Le juge peut se fonder sur ces décomptes pour estimer que la preuve des heures supplémentaires est rapportée (Cass. soc., 19-1-1999 n° 299 : RJS 3/99 n° 376).

Il est donc préférable de demander au salarié de signer les décomptes et de les faire contresigner par l'employeur qui doit impérativement procéder à un contrôle étroit des feuilles d'heures.

L'existence de feuilles d'heures signées par les deux parties est parfois indispensable afin d'éviter une condamnation pour travail dissimulé.

Il s'agit d'un délit qui peut donner lieu, en outre sur le plan civil, à la condamnation de l'entreprise à verser une indemnité conséquence au salarié.

L'article L. 324-10 du code du travail prévoit plusieurs cas de travail dissimulé dont celui de la dissimulation d'heures. « La mention sur le bulletin de paie d'un nombre d'heures de travail inférieur à celui réellement effectué constitue, si cette mention ne résulte pas d'une convention ou d'un accord conclu en application du chapitre II du titre Ier du livre II du présent code, une dissimulation d'emploi salarié. »

La chambre criminelle de la Cour de cassation, ainsi que la chambre sociale exigent que soit rapporté le caractère intentionnel de l'infraction (22 février 2000 n° 99-846423 D RJS 5/00 n° 562 et cass. soc., 21 mai 2002 n° 1694 RJS 8-9/2002 n° 983).

### 3.2. La loi sur la discrimination

Les textes (se reporter à l'annexe 1 à la fin de l'ouvrage) sur la discrimination en matière d'embauche sont clairs : Art. L. 122-45 (L. n° 2001-1066, 16 nov. 2001). Après avoir rappelé le principe de l'interdiction d'une discrimination fondée sur des critères comme la race ou le sexe, il est demandé à l'entreprise de montrer que les décisions qu'elle a pu prendre, en matière par exemple de rémunération ou d'embauche, l'ont été de manière objective.

**L'entreprise doit naturellement fournir les preuves de la manière et des raisons de sa prise de décision.**

L'entreprise doit naturellement fournir les preuves de la manière dont sa décision a été prise.

La sanction est lourde : deux ans d'emprisonnement et 30 000 euros.

Les conséquences pratiques pour l'entreprise sont évidentes.

Il va lui falloir formaliser toute prise de décision dans le domaine des ressources humaines de telle sorte qu'il y ait toujours une trace des raisons pour lesquelles les choix sont opérés.

### 3.2.1. La loi sur le harcèlement moral

En matière de harcèlement moral ou sexuel, les textes ont, en partie, procédé à un renversement de la charge de la preuve.

L'article L. 122-52 prévoit que « dès lors que le salarié concerné établit des faits qui permettent de présumer l'existence d'un harcèlement, il incombe à la partie défenderesse, au vu de ces éléments, de prouver que ces agissements ne sont pas constitutifs d'un tel harcèlement et que sa décision est justifiée par des éléments objectifs étrangers à tout harcèlement. Le juge forme sa conviction après avoir ordonné, en cas de besoin, toutes les mesures d'instruction qu'il estime utiles. »

L'employeur doit être en mesure de prouver que ses agissements ne sont pas constitutifs d'actes de harcèlement et que ses décisions sont fondées sur des éléments objectifs.

Toute la difficulté réside dans le fait d'avoir à fournir une preuve négative : l'absence d'acte de harcèlement.

## 4. Stratégie pour collecter des preuves à l'extérieur

La collecte de preuve s'exerce soit par la mise en place de dispositions astucieuses lors des contrats, soit par l'utilisation de toutes les ressources du droit procédural français.

En tout état de cause, la collecte de preuve doit être l'affaire de la majorité des salariés de l'entreprise.

C'est ainsi que les commerciaux d'une entreprise peuvent être utilisés à l'occasion de leurs tournées, et sous réserve d'avoir suivi une formation initiale même sommaire, pour repérer des contrefaçons ou des agissements de concurrence déloyale. C'est ce qu'aurait fait l'entreprise Palladium[1].

1. Cité dans Les stratégies juridiques des entreprises de Messieurs Côme et Rouet, Éditions Vuibert, 1997.

## 4.1. Stratégie contractuelle de la remontée des preuves

Il ne faut pas croire que dans chaque relation contractuelle, un partenaire essaye de flouer l'autre. Le monde des affaires a besoin de confiance pour fonctionner.

> **Dès qu'une chaîne de contrats existe, par exemple de sous-traitants, il faut penser à utiliser les différentes parties au contrat pour qu'elles se contrôlent les unes les autres.**

Cependant ne nous leurrons pas sur la nature humaine. S'il n'existe aucun contrôle et que la fraude est facile, les risques de dérapage sont grands.

Par exemple, un distributeur qui se sait pas contrôlé et qui a la possibilité de dupliquer facilement les logiciels, les films et les CD qu'il vend, aura peut-être tendance à les dupliquer.

Dès lors, et notamment dans le domaine informatique où il existe parfois une cascade de vendeurs, il est possible de mettre en place des contrôles dans le réseau de distribution.

C'est par exemple le sous-distributeur qui devra adresser une copie de l'état de ses ventes, aussi bien au distributeur, qu'au fabricant qui a conclu avec ce dernier.

Le fabricant contrôlera ainsi le distributeur.

On peut imaginer de créer des besoins artificiels dans le domaine en sortant des mises à jour régulières et gratuites qui n'ont comme objet que de permettre d'identifier les utilisateurs, etc.

La société Wsoftware fait partie de ces sociétés françaises innovantes dans le domaine informatique qui font l'envie de nombre de contemporains. Plus sage que d'autres et préférant sans doute une aventure industrielle à une vente ou une cotation en Bourse, le dirigeant de l'entreprise n'a pas voulu céder sa société ou s'associer à des partenaires financiers lors de la folle époque des start-up.

Cette taille humaine constitue la force comme la vulnérabilité de la société.

L'activité de la société Wsoftware apparaît comme banale.

Wsoftware a créé un système qui accroît considérablement le débit des informations transmises ou reçues d'Internet. Le principe de fonctionnement est assez simple.

Un logiciel est chargé sur une carte de traitement du signal.

Cette carte est une carte multi-usage et elle est commercialisée chez des nombreux revendeurs.L'alliance du logiciel de Wsoftware et de la carte permet à l'ordinateur sur lequel le système est installé d'envoyer des codes informatiques.

Ces codes ont été créés par Wsoftware et viennent en réalité compléter les commandes de type Atm déjà existantes. Si l'on prend une comparaison simple, Wsoftware, à un alphabet existant de 26 lettres, a ajouté différentes lettres, ce qui multiplie les combinaisons possibles.

Wsoftware commercialise partout en Europe avec succès ses produits. Son mode de distribution est assez simple, la société a dans chaque pays de l'Union un revendeur agréé qui distribue ses produits.

De plus, Wsoftware, compte tenu de sa taille, ne peut pas préparer elle-même les produits qu'elle vend. Elle a donc confié à son distributeur hollandais cette mission qui consiste à glisser une carte chargée avec le logiciel dans un emballage préimprimé et d'y ajouter un manuel d'instructions dans la langue du pays de l'utilisateur.

Comme toute les petites structures, Wsoftware a tenté d'analyser dans une démarche « très intelligence économique », ses vulnérabilités et ses atouts.

La principale force de Wsoftware ce sont les codes informatiques qu'elle a créés et qui sont devenus une véritable référence dans le monde entier, un standard dans le domaine.

Ses concurrents se sont donc mis à utiliser les mêmes codes.

Il existe certes une directive sur la protection des logiciels, mais compte tenu des différences de transposition d'un pays à l'autre, la suite de codes était protégeable dans certains pays de l'Union et pas dans d'autres.

En outre, lorsque Wsoftware a commencé son activité, la société ne disposait pas des fonds nécessaires pour déposer un brevet aux États-Unis.

Une des craintes majeures de Wsoftware c'était qu'un distributeur, et pourquoi pas le hollandais qui maîtrisait en plus les commandes, vende sans l'avertir ses logiciels.

Elle s'est donc interrogée sur la façon de contrôler les flux de distribution.

Elle a mis au point un système obligeant toute personne qui souhaitait obtenir une mise à jour à la télécharger sur son site.

Le téléchargement n'était possible que si l'internaute donnait ses codes d'achats qui naturellement ne pouvaient servir qu'une fois.

## 4.2. Stratégie judiciaire de la collecte des preuves

À défaut d'avoir pu se ménager des preuves en interne, l'entreprise pourra tenter d'en obtenir en externe.

**Pour collecter des preuves, il est préférable de recourir, dans la mesure du possible, à une procédure contradictoire.**

Toutefois, plus le temps court, plus la collecte d'informations est difficile. Il lui faut donc agir le plus rapidement possible.

Les moyens d'obtention sont très variés ; certains sont légaux, d'autres pas.

Un des moyens d'éviter tout problème est d'obtenir « la bénédiction » de la Justice.

Dès la Révolution française, le législateur a posé les principes qui régissent le procès.

Un des principes fondamentaux est le principe du contradictoire.

Un magistrat ne peut examiner un document, une pièce, sans que chacune des parties au procès n'en ait connaissance[1].

**Il faut également essayer de connaître le lieu physique où sont les informations détenues par des tiers qui intéressent l'entreprise.**

Ce principe est excellent et ne doit souffrir d'aucune exception. Dès lors, certaines personnes à l'occasion d'un procès vont tenter d'obtenir de l'information.

Cette acquisition d'information peut l'être dans un but tout à fait normal dans le cadre d'un procès. Ainsi, un salarié congédié pour faute et qui soutient qu'il s'agit d'un licenciement économique déguisé exigera la communication du livre d'entrées sorties du personnel pour montrer qu'il n'a pas été remplacé.

Mais le demandeur peut aussi avoir comme objectif d'obtenir des informations sur un concurrent.

Le plus souvent ces deux motivations s'entremêlent : à l'occasion d'une procédure judiciaire, une des parties en profite pour obtenir de l'information.

Lorsqu'une des parties va exiger du juge une information confidentielle de l'autre partie, cette dernière va tenter de se retrancher derrière le secret des affaires.

Le juge a alors l'extrême difficulté de démêler le vrai du faux. C'est à lui de déceler la bonne ou la mauvaise foi du demandeur. Les magistrats abordent donc ces dossiers avec une grande prudence, et une non moins grande circonspection.

Le juge procède dans ce cas aux vérifications en son pouvoir, en demandant le plus de précisions et de preuves possible.

Les moyens sont nombreux d'obtenir une communication de pièces ; ils ont déjà été exposés dans le précédent ouvrage de l'auteur[2].

1. Article 16 du nouveau code de procédure civile.
   « Le juge doit, en toutes circonstances, faire observer et observer lui-même le principe de la contradiction.
   Il ne peut retenir, dans sa décision, les moyens, les explications et les documents invoqués ou produits par les parties que si celles-ci ont été à même d'en débattre contradictoirement.
   Il ne peut fonder sa décision sur les moyens de droit qu'il a relevés d'office sans avoir au préalable invité les parties à présenter leurs observations. »
2. Cf. Intelligence économique, utilisez toutes les ressources du droit, Éditions d'Organisation, 2000.

On peut cependant en citer quelques-uns :

- L'article 145 du nouveau code de procédure civile ;
- La saisie contrefaçon ;
- L'expertise de minorité pour une contestation de la gestion d'une société ;
- La production de pièces en cours de procès ;
- La saisine de juridiction spécialisée comme le conseil de la concurrence ;
- Etc.

Nous ne pouvons pas reprendre ici en détail ces procédures. Évoquons alors simplement la première.

L'article 145[1] du nouveau code de procédure civile a pour objectif de permettre la collecte de preuves avant procès. Il suffit que le demandeur puisse montrer qu'il dispose d'un motif légitime et qu'il n'a pas d'autres moyens d'obtenir les informations dont il a besoin[2].

Le demandeur dispose de deux voies procédurales pour obtenir gain de cause :

- La requête ;
- Le référé.

La requête est une procédure unilatérale où le demandeur est tout d'abord entendu seul par le magistrat.

L'avantage est important puisque le demandeur bénéficie d'un effet de surprise et que la « société cible » ne peut pas faire disparaître les éventuelles preuves compromettantes.

La partie, qui s'estimerait lésée par la décision rendue par le juge, peut en obtenir l'annulation en saisissant le juge sous forme de référé. Ce type de référé est désigné sous le nom de référé rétractation.

1. Article 145 du nouveau code de procédure civile :
« S'il existe un motif légitime de conserver ou d'établir avant tout procès la preuve de faits dont pourrait dépendre la solution d'un litige, les mesures d'instruction légalement admissibles peuvent être ordonnées à la demande de tout intéressé, sur requête ou en référé. »
2. Article 146 du nouveau code de procédure civile :
« Une mesure d'instruction ne peut être ordonnée sur un fait que si la partie qui l'allègue ne dispose pas d'éléments suffisants pour le prouver.
En aucun cas une mesure d'instruction ne peut être ordonnée en vue de suppléer la carence de la partie dans l'administration de la preuve. »

Le référé est une procédure d'urgence qui permet en quelques jours au justiciable d'obtenir une décision. Lors d'une procédure de référé, la décision n'est prise par le juge qu'après audition des deux parties.

Que la décision du juge soit rendue à l'issue d'un référé rétractation ou d'un référé fondé *ab initio* sur l'article 145 du nouveau code de procédure civile, il est possible à toute partie d'en faire appel.

Une partie qui aurait comme objectif de collecter des preuves et voudrait éviter l'étape d'un référé rétractation fera sans doute mieux d'assigner en référé plutôt que de choisir la voie de la requête.

Pour collecter des preuves, il est préférable de recourir, dans la mesure du possible, à une procédure contradictoire.

Il faut également essayer de connaître le lieu physique où sont les informations détenues par des tiers qui intéressent l'entreprise.

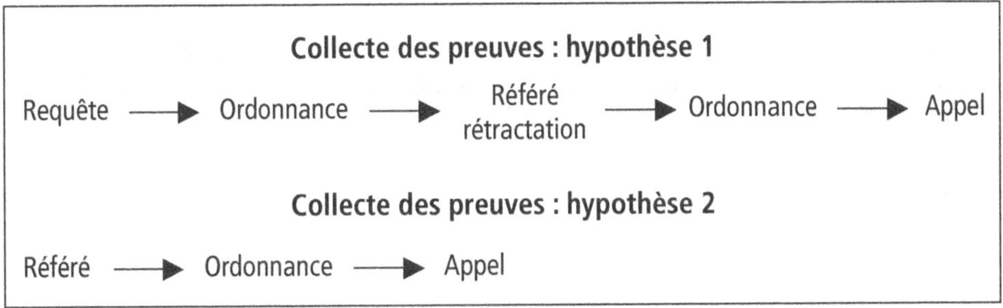

La société CYRNATH a pour activité le conseil en informatique et comprend une vingtaine de salariés. La commercialisation est surtout assurée par un dénommé FRANSA, commercial hors pair, mais avec une mentalité de mercenaire comme cela se voit parfois.

Il quitte donc son employeur en respectant son préavis.

Le dirigeant de la société CYRNATH constate après le départ de son salarié que « le ménage » a été fait dans les dossiers commerciaux essentiels. Dans les semaines qui suivent le départ de Monsieur FRANSA, la société CYRNATH voit son chiffre d'affaires baisser de près de 20 %.

Il n'y a pas besoin de longues études pour établir une corrélation entre le départ du commercial et la baisse du chiffre d'affaires.

Monsieur FRANSA était bien sûr tenu d'une obligation de non-concurrence, non indemnisable puisqu'il n'existait aucune obligation de ce type dans la convention collective dont dépendait la société CYRNATH.

Toutefois, à la suite d'une récente évolution de la jurisprudence de la Cour de cassation, cette clause se trouvait invalidée.

Il fallait donc montrer un vol de documents, un emport de fichiers.

Le dirigeant de la société CYRNATH se précipite alors au commissariat de police et dépose une plainte.

Les forces de l'ordre se contentent de convoquer son ancien salarié qui nie bien évidemment tout agissement frauduleux.

Le dirigeant de la société CYRNATH se tourne alors vers son avocat qui lui suggère une procédure sur le fondement de l'article 145 du nouveau code de procédure civile.

La société CYRNATH se décide à saisir le juge sur requête. Le magistrat se montre très sourcilleux et consciencieux : il demande à la société CYRNATH toutes sortes de preuves :

- Attestation de l'expert-comptable de la société sur l'évolution du chiffre d'affaires ;
- Contrat de travail de monsieur FRANSA, sa lettre de démission ;
- Statuts de la nouvelle entreprise de Monsieur FRANSA pour savoir si les activités sont identiques ;
- Etc.

Il rend en définitive une décision d'autorisation de saisie de la comptabilité et des disques durs de la nouvelle entreprise.

Toutefois, le conseil de la société FRANSA saisit le magistrat dans le cadre d'un référé rétractation et obtient gain de cause.

La cour d'appel, saisie à son tour par la société CYRNATH, donne gain de cause à Monsieur FRANSA en considérant que l'article 145 du nouveau code de procédure civile ne peut s'analyser en un véritable droit de perquisition privée.

## CHAPITRE 3

# Un facteur d'évolution de la stratégie judiciaire, la responsabilité de l'entreprise et de ses acteurs

Le philosophe Alain Etchegoyen[1] a su poser le problème du risque pénal des entreprises, de leurs dirigeants et de leurs salariés, et formulait des souhaits tant à l'égard des responsables de société qu'à l'encontre des magistrats.

« Le contexte judiciaire actuel conduit à craindre qu'il existe un hiatus croissant entre « être un responsable » et « être responsable ».

(...) Comme l'écrivait Jean JAURÈS, « dirige celui qui risque ce que les dirigés ne veulent pas risquer », formule dont la CGPME a fait sa devise. Le risque fait donc partie intégrante de la responsabilité propre à tout dirigeant. Mais le risque est dans ce cas conçu comme une initiative, une entreprise, un engagement : lui correspond d'ailleurs un verbe d'action (risquer) alors que le mot « danger » n'a pas d'équivalent.

Le risque est un mouvement du sujet acteur, tandis que le danger est une menace objective qui ne dépend guère de ce même sujet. Ainsi, le fou du volant constitue-t-il un danger pour moi, qui conduit cette voiture sans même avoir pris le moindre risque...

Puisque, pour tout dirigeant, il est plus efficace d'agir que de se lamenter, gageons que la psychose du « risque pénal » produira des effets secondaires positifs en corrigeant quelques négligences. Gageons aussi que nos magistrats feront le nécessaire pour que les aléas de la jurisprudence ne transforment plus la contrainte légale légitime en un « danger pénal » insupportable pour tout responsable. Il dépend de chacun que la responsabilité retrouve son contenu positif – politique, moral et managérial – et que s'éloigne le spectre d'une responsabilité réduite aux seuls aspects négatifs de son acception juridique ».

1. *Les Échos* du 1er juillet 2003.

Une des sources de la judiciarisation de la société résulte certainement de l'évolution des régimes de responsabilité.

Cette évolution qui continuera dans les prochaines années va elle-même entraîner une modification notable des stratégies judiciaires et juridiques des entreprises.

Face à cette évolution, les dirigeants de sociétés sont donc contraints de mettre en place des véritables stratégies judiciaires pour se protéger.

Ainsi, depuis 1994, l'entreprise est responsable pénalement, même si à l'évidence, des peines comme celle d'emprisonnement ne peuvent lui être appliquées. Cette responsabilité pénale des personnes morales a été étendue par une loi du 9 mars 2004[1], à l'ensemble des infractions alors qu'à l'origine, un texte spécial pour incriminer un groupement, une association ou une société était nécessaire.

**L'évolution du droit de la responsabilité doit conduire les entreprises à se réorganiser pour que les véritables responsables d'éventuels faits délictueux soient sanctionnés et non les dirigeants.**

De façon concomitante, la responsabilité des membres de l'entreprise engagée à titre personnel est apparue.

Qui n'a pas en mémoire ces images de chefs d'entreprise les menottes aux poignets ?

La réaction ne s'est pas fait attendre. Les entreprises ont organisé tous les systèmes qui mettaient en première ligne les salariés. C'est ainsi que la délégation de pouvoir, hier exceptionnelle, tend aujourd'hui à se généraliser.

Cette responsabilité des salariés se trouve accrue par l'application de textes comme celui du droit de la presse aux nouvelles technologies.

Comment s'est dessinée cette évolution de la responsabilité à la fois au niveau de l'entreprise et celui de ses acteurs ?

Successivement sont analysées l'évolution de la responsabilité de l'entreprise et celle de ses acteurs.

1. Loi n° 2004-204 du 9 mars 2004.

# 1. La responsabilité générale de l'entreprise

Le schéma classique de la responsabilité est modifié par différents textes.

Notre droit de la responsabilité reposait sur la notion de faute : je suis responsable parce que fautif car il y a un lien de causalité entre le dommage et la faute.

C'est plus maintenant le fait d'agir que de commettre une faute, qui entraîne une responsabilité.

Il ne convient pas d'épiloguer sur les conséquences d'une telle évolution du droit, ni sur son fondement moral.

**Le seul fait d'avoir une activité économique entraîne une responsabilité pour l'entreprise.**

**C'est pousser à l'extrême la notion d'entreprise citoyenne.**

Cette nouvelle approche de la responsabilité de l'entreprise transparaît notamment dans la législation sur la sécurité des produits, dans certains textes applicables en matière d'environnement, et enfin dans le développement de la notion de recel.

## *1.1. La sécurité des produits défectueux*

Les obligations imposées par la directive européenne du 25 juillet 1985 sur la responsabilité du fait des produits défectueux ont été transposées en droit français par la loi n° 98-389 du 19 mai 1998 (JO, 21 mai). Le code civil a été ainsi complété par plusieurs articles à la suite des dispositions relatives à la responsabilité délictuelle (C. civ, art 1386-1 à 1386-18) (se reporter à l'annexe 2 à la fin de l'ouvrage).

Le temps important de transposition s'explique par l'affaire du sang contaminé en France, le sang étant considéré comme un produit.

**Aux termes de cette loi, et sous réserve de quelques exceptions le seul fait qu'un produit provoque un dommage engage la responsabilité du producteur.**

Le mécanisme prévu par la directive et la loi française subséquente est assez simple : la responsabilité d'une entreprise du fait de ses produits défectueux est engagée dès lors que trois éléments sont réunis :

- un produit défectueux ;
- un dommage ;
- un lien de causalité entre le défaut du produit et le dommage.

Il n' y a plus à montrer la moindre faute, contrairement aux dispositions classiques de la responsabilité civile connues depuis l'époque napoléonienne[1].

Les causes d'exonération de la responsabilité sont très limitées et si l'entreprise veut en bénéficier, elle devra apporter la preuve qu'elle remplit bien les conditions posées par la loi.

Comment s'articule donc le texte qui révolutionne notre droit de la responsabilité ?

### 1.1.1. Notion de « produit défectueux mis en circulation »

Seuls les « produits » sont soumis à l'application de la loi de 1998.

Le produit est tout bien meuble (téléviseur, véhicule automobile, etc.) même incorporé dans un immeuble (tapisserie, etc.).

La loi précise que le produit n'a pas besoin d'être fini comme, par exemple, l'électricité.

Sont également soumis à la loi les produits du sol, de l'élevage, de la pêche et de la chasse.[2]

La question s'est posée pour les OGM qui, pour certains, apparaissent défectueux par nature en raison de leur modification.

Toutefois, l'OGM ne serait défectueux que s'il commet un dommage au consommateur.

La « défectuosité » du produit est appréciée objectivement. Dire qu'un produit est défectueux signifie que le produit ne présente pas la sécurité à laquelle on peut légitimement s'attendre.

Cette appréciation n'est possible que si l'on tient compte de toutes les circonstances et notamment de la présentation du produit, de l'usage qui peut être raisonnablement attendu et du moment de sa mise en circulation[3].

Il faut prendre garde qu'un produit n'est pas considéré comme défectueux par le seul fait qu'un autre plus perfectionné, ait été mis postérieurement en circulation.

1. Article 1382 :
   « Tout fait quelconque de l'homme, qui cause à autrui un dommage, oblige celui par la faute duquel il est arrivé, à le réparer. »
2. Article 1386-3 du code civil.
3. Article 1386-4 du code civil.

Quant à la « mise en circulation », elle n'est effective que lorsque le producteur s'en est dessaisi volontairement.[1].

Celle-ci constitue le point de départ de la mise en jeu éventuelle de la responsabilité de l'entreprise productrice, ainsi que de son obligation de suivi pendant 10 ans[2].

### 1.1.2. Les acteurs de la responsabilité

Force est de constater que la loi organise « un choix multiple », eu égard à la pluralité de responsables que pourra assigner la victime.

Par exemple, un producteur vend un produit informatique à un fournisseur qui le revend à une société chargée par un client de l'intégrer dans son système. Le client peut mettre en jeu la responsabilité du producteur, du fournisseur ou de l'intégration du produit défectueux. Chaque acteur est potentiellement un responsable.

La loi ne vise que le « producteur ».

Toutefois, est producteur, lorsqu'il agit à titre professionnel, le fabricant d'un produit fini, le producteur d'une matière première et le fabricant d'une partie composante.

Sont également assimilées à un producteur les personnes qui, à titre professionnel, se présentent comme tels en apposant sur le produit leur nom, leur marque ou tout autre signe distinctif, tout comme les personnes, qui importent un produit dans la Communauté européenne en vue d'une vente, d'une location, ou sous toute autre forme de distribution.

Le vendeur, le loueur et tout fournisseur professionnel sont également responsables du défaut de sécurité du produit dans les mêmes conditions que le producteur.[3]

La responsabilité du fournisseur est le plus souvent mise en jeu puisqu'il est en général le plus proche de la victime.

Toutefois, avant d'être tenue responsable, l'entreprise a la possibilité de prévenir ce risque.

1. Article 1386-5 du code civil.
2. Article 1386-16 du code civil.
3. Article 1386-7 du code civil.

Son obligation légale de suivi pendant 10 ans lui impose de tenir informée la clientèle de la moindre défectuosité du produit. Elle dispose, d'un court délai à partir de la découverte du défaut, pour prendre toutes mesures adéquates.

C'est par exemple souvent le cas en matière de pièces automobiles où les fabricants sont obligés parfois de rappeler un grand nombre de véhicules à cause d'un défaut technique.

### 1.1.3. Exonération et limitation de la responsabilité des producteurs

À titre de remarque préliminaire, le seul fait que le produit soit créé dans le respect des normes de sécurité n'a aucune incidence sur l'action en responsabilité[1].

La loi vise cinq causes d'exonération totale de responsabilité du producteur qui doit naturellement en rapporter la preuve[2] :

1. Le producteur ne s'est pas dessaisi volontairement du produit pour le mettre sur le marché.
2. Le défaut n'est pas non plus le fait du producteur dans la mesure où il n'existait pas au moment de la mise en circulation du produit ou que le défaut est né postérieurement.
3. Le produit n'est pas destiné à la vente ou à toute autre forme de distribution.
4. L'état des connaissances scientifiques et techniques, au moment où le produit est mis en circulation, n'a pas permis de déceler l'existence du défaut. Cette cause d'exonération, a pour ambition d'éviter que le producteur soit une victime du progrès (dit risque de développement).
5. La conformité du produit avec des règles impératives d'ordre législatif ou réglementaire.

Enfin, le producteur de la partie composante est exonéré s'il prouve le défaut dans la conception du produit dans lequel cette partie a été incorporée.

Par ailleurs, s'est posée la question de savoir si l'entreprise, qui vend ses produits, peut, dans le cadre de ses relations contractuelles, limiter sa responsabilité par une clause particulière.

1. Article 1386-10 du code civil.
2. Article 1386-11 du code civil.

La réponse est bien sûr négative, aucune liberté contractuelle n'est laissée aux parties. Les clauses qui viseraient à écarter ou à limiter la responsabilité du fait de produits défectueux sont interdites et réputées non écrites[1].

Toutefois, la loi admet de telles clauses pour les dommages causés aux biens et dans la mesure où ces derniers ne sont pas utilisés par la victime, principalement pour son usage ou sa consommation privée.

Tableau suggérant les mesures à prendre par l'entreprise dans le cadre de la loi sur la sécurité des produits

| Causes exonératoires | Mesures que pourrait prendre l'entreprise |
|---|---|
| Preuve du défaut de mise en circulation volontaire du produit | Surveillance des stocks, inventaire permanent |
| Preuve de l'absence de défaut au moment de la mise sur le marché | Conservation des échantillons |
| Preuve d'un produit non destiné à la vente ou à la mise en circulation | Obligations contractuelles libellées de manière claire et non équivoque |
| État des connaissances scientifiques et techniques | Constitution de bases de données, liens avec la communauté scientifique<br>Veille scientifique |
| Textes imposant des contraintes juridiques | Veille juridique |
| Prévention des dommages pendant 10 ans | Suivi des produits et des clients les ayant acquis<br>Transférer les mesures ci-dessus sur son fournisseur ou son client en contrôlant qu'elles soient correctement mises en œuvre |

### 1.2. Le principe pollueur-payeur

Ici encore, la responsabilité sans faute de l'entreprise peut être mise en jeu au seul motif que le dommage causé à l'environnement résulte de son fait ou de son omission.

Le principe pollueur-payeur n'a d'autre objet que de désigner un payeur, et non pas nécessairement un responsable !

1. Article 1386-15 du code civil.

Les exemples de dommages environnementaux liés au comportement des entreprises ne sont pas limités à la France.

Ainsi, en 1976, à Seveso, en Italie, 750 personnes ont dû être évacuées en raison du rejet d'un nuage de dioxine par une entreprise de produits chimiques.

**Le principe pollueur-payeur implique que l'entreprise qui occasionne des dommages à l'environnement est dans l'obligation de prendre en charge le coût des réparations des dommages causés par elle.**

C'est également le cas, en 1984 à Bhopal en Inde, où 25 000 personnes sont décédées à cause, à nouveau, d'émanations de gaz toxiques provenant d'une entreprise.

En France, les lois de 1975 sur l'élimination des déchets, et de 1976 sur les installations classées ont fondé le droit de l'environnement.

Mais le principe de pollueur-payeur résulte de la loi du 2 février 1995 (dite loi BARNIER), qui a pour objet de responsabiliser les acteurs économiques. Celle-ci est modifiée en 2002, et le principe pollueur-payeur est codifié à l'article L. 110-1 du code de l'environnement[1].

1. Article L. 110-1 :
   - I. - Les espaces, ressources et milieux naturels, les sites et paysages, la qualité de l'air, les espèces animales et végétales, la diversité et les équilibres biologiques auxquels ils participent font partie du patrimoine commun de la nation.
   - II. - Leur protection, leur mise en valeur, leur restauration, leur remise en état et leur gestion sont d'intérêt général et concourent à l'objectif de développement durable qui vise à satisfaire les besoins de développement et la santé des générations présentes sans compromettre la capacité des générations futures à répondre aux leurs. Elles s'inspirent, dans le cadre des lois qui en définissent la portée, des principes suivants :
     - 1° Le principe de précaution, selon lequel l'absence de certitudes, compte tenu des connaissances scientifiques et techniques du moment, ne doit pas retarder l'adoption de mesures effectives et proportionnées visant à prévenir un risque de dommages graves et irréversibles à l'environnement à un coût économiquement acceptable ;
     - 2° Le principe d'action préventive et de correction, par priorité à la source, des atteintes à l'environnement, en utilisant les meilleures techniques disponibles à un coût économiquement acceptable ;
     - 3° Le principe pollueur-payeur, selon lequel les frais résultant des mesures de prévention, de réduction de la pollution et de lutte contre celle-ci doivent être supportés par le pollueur ;
     - 4° Le principe de participation, selon lequel chacun a accès aux informations relatives à l'environnement, y compris celles relatives aux substances et activités dangereuses, et le public est associé au processus d'élaboration des projets ayant une incidence importante sur l'environnement ou l'aménagement du territoire.

Un industriel pollueur peut ainsi voir engagée sa responsabilité alors même qu'il s'est conformé à la réglementation administrative en vigueur, à condition qu'il ait créé des nuisances à des tiers.

Pour que le principe de responsabilité puisse être appliqué, il faut que :

- les pollueurs soient identifiables ;
- les dommages soient quantifiables ;
- un lien soit établi entre le pollueur et les dommages.

Il suffit alors de prouver le fait ou l'omission qui a causé le dommage pour engager la responsabilité de l'entreprise.

Dans les projets à venir, le champ d'application du principe s'étendrait à toutes les pollutions portant atteinte à la biodiversité, aux eaux, au sol et sous-sol ainsi qu'à leurs conséquences sur la santé humaine par rejets de substances, incendies, explosions, etc.

## 1.3. Le recel

Les personnes morales peuvent donc être déclarées responsables pénalement pour recel dès lors que cette infraction a été commise, pour leur compte, par leurs organes ou représentants[1].

Aux termes de l'article 321-1 du code pénal[2], le recel est le fait de dissimuler, de détenir ou de transmettre une chose, ou de faire office d'intermédiaire afin de la transmettre, en sachant que cette chose provient d'un crime ou d'un délit.

**Compte tenu de l'élargissement de la notion de recel, les entreprises devraient former tout particulièrement les membres de leur service achat.**

Le recel est également constitué par le fait de bénéficier, par tout moyen, en connaissance de cause du produit d'un crime ou d'un délit.

Il est consécutif à une infraction préalable, un crime ou un délit, commis par une autre personne.

1. Articles 121-2 et 321-12 du code pénal.
2. Article 321-1 du code pénal.
(Ordonnance n° 2000-916 du 19 septembre 2000 art. 3 Journal Officiel du 22 septembre 2000 en vigueur le 1er janvier 2002)
« Le recel est le fait de dissimuler, de détenir ou de transmettre une chose, ou de faire office d'intermédiaire afin de la transmettre, en sachant que cette chose provient d'un crime ou d'un délit.
Constitue également un recel le fait, en connaissance de cause, de bénéficier, par tout moyen, du produit d'un crime ou d'un délit.
Le recel est puni de cinq ans d'emprisonnement et de 375000 euros d'amende. »

La chose recelée peut ainsi provenir d'infractions très diverses : vol, abus de confiance, escroquerie, délit d'initié, abus de biens sociaux, usage de faux, contrefaçon...

Le recel n'est blâmable que parce que sa source l'est d'abord.

Rien ne s'oppose toutefois à ce que le receleur soit également complice de l'infraction d'origine.

## A. Élément matériel du recel

Il peut être constitué par :

- la détention provisoire ou définitive du bien provenant d'un délit ou d'un crime, ou la dissimulation de ce bien.
  Le délit de recel est aussi constitué dès lors que le receleur joue les intermédiaires.
  Aussi, il importe peu que le receleur ait acquis la chose à titre gratuit (don) ou à titre onéreux (achat) ; il importe également peu que la détention soit personnelle (les choses recelées peuvent être détenues par un mandataire).
  Enfin, la durée de la détention n'a aucune influence sur la commission de l'infraction. Elle peut être de courte durée lorsque le receleur sert d'intermédiaire, comme de longue durée lorsque celui-ci conserve la chose pour son usage.
  Ainsi, est coupable de recel celui qui s'approprie en connaissance de cause des actions dont la valeur s'est appréciée par l'incorporation d'actifs provenant d'abus de biens sociaux, ou encore celui qui accepte en paiement des fonds dont il sait provenir d'un délit.
  Les organes ou représentants de l'entreprise doivent donc être très vigilants car il suffit de peu pour que leur responsabilité ainsi que celle de l'entreprise soit mise en cause.

- le profit tiré du crime ou du délit.
  C'est le cas, par exemple, du recel lié à un délit d'initié ou du recel de violation du secret professionnel, ou encore du recel de l'argent provenant de la vente d'objets volés.

## B. L'élément intentionnel

N'est receleur que celui qui sait que la chose qu'il détient ou dont il tire profit a une origine frauduleuse.

Il n'est pas nécessaire qu'il sache exactement quelle infraction a été commise, ni par qui.

Il suffit qu'il y ait intention dolosive ou simple mauvaise foi.

Par exemple, l'intention coupable s'induit souvent des circonstances suivantes : l'acquisition de biens à des prix anormalement bas, l'absence de factures et de pièces justificatives, la mise en place d'artifices comptables, la dissimulation du bien, peuvent caractériser l'élément intentionnel du recel.

La sanction du recel : pour les personnes physiques, c'est-à-dire les organes ou représentants de la société, le recel est puni de 5 ans d'emprisonnement et de 375 000 euros d'amende.

L'entreprise poursuivie pour recel risque, quant à elle, une amende égale au quintuple de celle prévue pour les personnes physiques.

Elle risque également de subir des peines complémentaires comme la dissolution, l'exclusion des marchés publics à titre définitif ou pour une durée de 5 ans au plus, l'interdiction de faire appel public à l'épargne, l'interdiction d'émettre des chèques, etc.

Cette multiplication des risques de nature pénale cherche bien sûr à prévenir les dirigeants ainsi que les salariés sur leur comportement souvent répréhensible.

La personne morale est donc aussi responsable et vulnérable que ses dirigeants.

## 2. L'évolution de la responsabilité des acteurs de l'entreprise

La pénalisation de la fonction de dirigeant a permis la diminution sensible de véritables fléaux sociaux

C'est par exemple le cas des accidents du travail qui ont été divisés par 10 !

Toutefois, cette pénalisation devrait être limitée à des cas graves et apparaît excessive dans bien des cas.

Par exemple, est-il normal qu'en cas d'erreur d'étiquetage par un salarié, le chef d'entreprise engage sa responsabilité ? Comment un dirigeant peut-il éviter de voir sa responsabilité personnelle engagée ?

Un des moyens, classiquement utilisé, est de montrer que le président ou le gérant de l'entreprise a mis tout en œuvre pour que l'infraction ne se produise pas.

C'est une des raisons pour lesquelles des chartes apparaissent dans les entreprises sur les sujets de contentieux émergents : vie privée, droit de propriété intellectuelle, etc.

C'est aussi une des raisons des formations juridiques qui sont dispensées, nous l'avons vu précédemment.

En outre, le dirigeant de l'entreprise peut consentir des délégations de pouvoirs qui responsabiliseront les salariés.

Cette responsabilité par délégation sera complétée par des textes spéciaux comme ceux existant en matière de presse.

En revanche, le salarié pourra être tenté d'invoquer qu'il a agi sous la contrainte.

## 2.1. La délégation de pouvoirs

Ce mécanisme juridique permet au chef d'entreprise de s'exonérer de sa responsabilité pénale en la déplaçant sur la tête du salarié.

Le texte de loi, qui en disposerait autrement, s'impose évidemment au chef d'entreprise qui ne pourrait plus invoquer une quelconque délégation pour s'exonérer[1].

La délégation de pouvoirs participe en plus à la bonne gestion interne des tâches ; le dirigeant ne pouvant pas tout faire !

Par cet acte, le dirigeant délègue au salarié le pouvoir d'accomplir, au nom de la société, certains actes déterminés, tels que ceux qui relèveraient de la direction technique, comptable ou financière.

Le salarié qui se voit confier des fonctions particulières en vertu d'une délégation devient le seul responsable en cas de poursuites pénales à son encontre.

### 2.1.1. Conditions générales de la délégation de pouvoirs

Au préalable, notons que le chef d'entreprise ne peut pas déléguer l'intégralité de ses pouvoirs. Il ne peut, dans le même ordre, déléguer que les pouvoirs qui lui appartiennent.

Il ne peut pas, non plus, déléguer ses pouvoirs à plusieurs personnes pour l'exécution d'un même travail. Pour un secteur déterminé, un seul délégataire est désigné[2].

Dès lors, la délégation de pouvoirs doit retranscrire un nombre limité de tâches, déterminées avec précision, et pour une durée préfixée.

1. Cass. crim., 11 mars 1993.
2. Cass. crim., 26 juin 1990.

Cette délégation de pouvoirs doit être certaine et exempte de toute ambiguïté. Elle ne se présume pas.

Si l'écrit n'est pas une condition de validité de la délégation de pouvoirs, il est cependant fortement conseillé d'en rédiger un.

En effet, pour que le dirigeant s'exonère de toute responsabilité, il doit rapporter la preuve de la délégation.

Par ailleurs, la délégation de pouvoirs doit être conforme aux stipulations des statuts de la société, du moins si ces derniers prévoient des conditions déterminées, par exemple, l'agrément des associés pour toute délégation.

### 2.1.2. Conditions propres au délégataire

Le délégataire doit être salarié de l'entreprise ou appartenir au même Groupe[1].

Il doit exister un lien de subordination ou hiérarchique entre le représentant légal et le délégataire.

Par exemple, il est admis que des sociétés qui constituent une société en participation en vue de la réalisation d'un chantier, puissent convenir de déléguer à un directeur de chantier unique, salarié de l'une des sociétés, leurs pouvoirs en matière d'hygiène et de sécurité[2].

Par ailleurs, la délégation implique que le salarié bénéficie des moyens, de la compétence, et de l'autorité pour exercer *les missions qui lui ont été confiées.*

Il doit également être totalement autonome dans l'exercice de ses missions.

Par exemple, le chef d'entreprise ou un supérieur hiérarchique qui viendrait s'immiscer dans l'accomplissement de la mission confiée au délégataire fait perdre toute efficacité à la délégation de pouvoirs[3].

En outre, pour que la délégation soit conforme, le salarié délégataire doit être apte à exercer les missions qui lui ont été confiées.

À défaut, le dirigeant ou le supérieur hiérarchique engagerait sa propre responsabilité.



1. Cass. crim., 26 mai 1994.
2. Cass. crim., 14 décembre 1999.
3. Cass. soc., 21 novembre 2000.

Par exemple, une délégation n'a pas été reconnue valable car le responsable de l'usine n'avait pas les connaissances techniques suffisantes[1].

> « Un salarié avait été tué et trois autres blessés lors d'un accident survenu dans des silos de stockage appartenant à un groupe possédant plusieurs unités de production. La cause était clairement établie : un taux d'empoussièrement des locaux trop important. Le chef d'entreprise refusait d'en assumer la responsabilité, arguant d'une délégation de pouvoirs tacite donnée au directeur de l'usine. Les juges ont écarté l'argument parce que le délégataire n'avait pas les compétences techniques nécessaires pour veiller efficacement à l'observation de la réglementation en matière de sécurité. Ils ont aussi constaté que l'état de l'usine était tellement dégradé qu'il impliquait des travaux de mise en conformité et d'amélioration des systèmes de nettoyage de 2,7 millions de francs environ. Un investissement qui relevait de la compétence du chef d'entreprise, dépassant largement les prérogatives du directeur du site[2]. »

### 2.1.3. Effets de la délégation de pouvoirs

Le préposé qui bénéficie d'une délégation de pouvoirs engage donc sa responsabilité pénale pour tous les actes qu'il accomplit au nom de la société dans le cadre de sa délégation.

Le dirigeant ne peut toutefois pas échapper à sa responsabilité pénale en invoquant cette délégation, s'il a pris part personnellement à la réalisation de l'infraction.

Par exemple, lorsque le dirigeant confie à un représentant le soin de présider le comité d'entreprise, le chef d'entreprise doit s'assurer, avant d'adopter une mesure entrant dans le champ de compétence du comité, que ce dernier a été régulièrement consulté[3].

En tout état de cause, le chef d'entreprise reste civilement responsable des condamnations prononcées contre ses directeurs, gérants ou salariés[4].

La responsabilité pénale de la société, personne morale, peut également être mise en cause malgré la délégation s'il est démontré que le délégataire a agi pour le compte de celle-ci ; mais uniquement si la délégation est valable.

1. Exemple tiré du site l'entreprise.com.
2. Cour de cassation du 30 octobre 1996.
3. Cass. crim., 3 mars 1998.
4. Cass. crim., 3 mars 1981.

#### 2.1.4. Cas où la délégation de pouvoirs est sans effet

Certains délits, commis par le salarié, peuvent engager la responsabilité du chef d'entreprise, malgré la délégation de pouvoirs :

- pour les délits de pollution : le chef d'entreprise est tenu de payer les amendes ;
- pour les entreprises de petite taille : le chef d'entreprise conserve tous ses pouvoirs car il est à même de contrôler l'ensemble de ses salariés ;
- pour certaines infractions pénales lorsque la loi interdit la délégation : abus de biens sociaux, délit d'initié, etc ;
- en cas d'homicide ou de blessures involontaires lors d'un accident du travail.

### 2.2. Responsabilité directe des salariés

En droit civil, le commettant – terme désuet pour désigner l'employeur – est responsable des agissements de ses préposés[1].

**Des textes qui étaient naguère applicables à quelques entreprises, sont, compte tenu de la diffusion des nouvelles technologies, applicables à la plupart d'entre elles.**

**En conséquence, des salariés se retrouvent responsables de plein droit.**

**L'entreprise doit donc les former et les informer.**

En droit pénal, le salarié reste responsable directement de ses actes. Des salariés ont ainsi été poursuivis pour atteinte à la vie privée et violation des correspondances[2]. Ils avaient pourtant agi à la demande de leur employeur (en l'espèce une administration).

De plus, certains textes prévoient la mise en cause de la responsabilité de certains acteurs de l'entreprise, autres que le dirigeant de droit.

En effet, l'évolution des nouvelles technologies a entraîné une application de textes, autrefois d'application relativement rare, comme le droit de la presse à de nombreux salariés.

1. Article 1384 du code civil :
« On est responsable non seulement du dommage que l'on cause par son propre fait, mais encore de celui qui est causé par le fait des personnes dont on doit répondre, ou des choses que l'on a sous sa garde...
Le père et la mère, en tant qu'ils exercent l'autorité parentale, sont solidairement responsables du dommage causé par leurs enfants mineurs habitant avec eux.
Les maîtres et les commettants, du dommage causé par leurs domestiques et préposés dans les fonctions auxquelles ils les ont employés ; ... »
2. Tribunal de grande instance, Paris, chambre 17 – Décision du jeudi 2 novembre 2000.

Il n'est pas normal que des entreprises fassent supporter à des salariés une responsabilité lourde, sans les informer correctement de leurs obligations et de la manière de les remplir.

Deux exemples seront retenus : le premier sur les responsables de site internet ou de forum, et le second sur les administrateurs de réseaux.

### 2.2.1. Le salarié assimilé au directeur de publication

L'arrivée des technologies de l'information a amené l'application du droit de la presse dans beaucoup d'entreprises, faisant supporter une lourde responsabilité à des salariés qui pour la plupart ne savent pas ce à quoi ils s'engagent.

En effet, un salarié peut être assimilé au directeur de publication comme en témoignent les décisions suivantes :

- L'association des Scouts d'Europe a obtenu la condamnation, le 27 mai 2002 des webmasters d'un site ayant assimilé les membres de cette association à des nazis.
- La même semaine, les webmasters d'un site de consommateurs ont été condamnés au paiement d'une somme de 80 000 euros. Ce site avait recueilli des propos de clients mécontents de la société perenoel.fr.

La loi de 1881 prévoit que le directeur de publication est responsable des délits commis dans son journal.

Il n'est pas possible d'énumérer tous les délits possibles, cependant chacun pense immédiatement aux infractions suivantes :

- diffamation ou injures,
- atteinte au respect des morts,
- offense au président de la République ou à tout autre chef d'État et agent diplomatique étranger,
- incitation à la commission de crimes ou délits,
- diffusion d'actes d'accusation et tous autres actes de procédure criminelle ou correctionnelle (décision de justice non anonymisée par exemple), etc.

**Exemple de mise en jeu de la responsabilité d'un directeur de publication**

Des tracts publicitaires prenant, sur une face, la forme de faux avis de contravention de stationnement et faisant, sur l'autre face, la promotion d'un article de magazine, ont été distribués sur la voie publique. Plusieurs personnes ont envoyé l'avis trouvé sur le pare-brise de leur véhicule après y avoir apposé un timbre fiscal de paiement d'une amende. Le directeur de publication du magazine se rend coupable de falsification des marques de l'autorité, pour fabrication et distribution d'imprimés présentant avec les imprimés officiels une ressemblance de nature à causer une méprise dans l'esprit du public. En effet, le recto du tract publicitaire présente, avec les imprimés officiels utilisés pour verbaliser les conducteurs, une ressemblance étroite, qui est de nature à causer une telle méprise. La publicité ainsi réalisée tendait à créer une confusion, ne fût-ce que momentanée, avec les documents officiels[1].

### 2.2.2. La responsabilité de l'administrateur de réseaux

Le salarié nommé administrateur réseaux est devenu un acteur incontournable de la sécurité de l'entreprise.

Les juges rappellent qu'il est dans la fonction des administrateurs de réseaux d'assurer le fonctionnement normal de ceux-ci ainsi que leur sécurité.

Par sa fonction, il peut avoir accès à l'ensemble des informations relatives aux utilisateurs (messagerie, fichiers logs ou de journalisation, etc.) y compris celles qui sont enregistrées sur le disque dur du poste de travail.

Si l'administrateur réseaux peut « accéder » aux messages électroniques, il ne peut pas les intercepter, conformément à l'alinéa 2 de l'article 432-9 du code pénal.

L'administrateur réseaux est tenu au secret professionnel.

Sous peine d'engager sa propre responsabilité, il ne peut divulguer les informations qu'il aurait été amené à connaître dans le cadre de ses fonctions.

Elles sont d'autant plus couvertes par le secret lorsqu'elles relèvent de la vie privée des utilisateurs.



1. Cass. crim., 9 mars 2004 : Juris-Data n° 2004-022956.

Toutefois, que se passe-t-il lorsqu'il est porté à sa connaissance des faits ou des abus portant une atteinte grave aux intérêts de l'entreprise ?

Les juges considèrent qu'il est dans les fonctions de l'administrateur réseaux de prendre des mesures « que la sécurité impose ».

Or, la divulgation d'informations et de contenus de messages à son chef d'entreprise n'est-elle pas une mesure que « la sécurité impose » en cas d'atteinte grave, aux intérêts de l'entreprise par un autre salarié ?

La Commission nationale informatique et libertés est venue préciser le rôle de l'administrateur réseaux (rapport du 11 février 2002).

Il résulte du rapport de la CNIL que celui-ci ne peut, en aucun cas, être contraint de divulguer les informations litigieuses.

Il n'existe que deux situations où il n'est plus tenu au secret professionnel :

- en cas de mise en cause du bon fonctionnement des systèmes et de l'intérêt de l'entreprise ;
- si des dispositions légales particulières le contraignent à le faire.

Un administrateur réseaux doit-il également répondre à la demande qui lui est faite de surveiller les courriers électroniques ou les fichiers des salariés ?

Même s'il a accès à l'ensemble des données de l'entreprise dans l'exercice de ses fonctions, l'administrateur réseaux n'est pas libre de leur usage. Il ne peut divulguer le contenu d'un courrier personnel d'un salarié, y compris à la demande de l'employeur, au risque d'engager sa responsabilité pénale sur le fondement de l'article 226-15 du code pénal (détournement de correspondances).

Ainsi, le chef d'entreprise ou le supérieur hiérarchique qui emploierait des moyens de répression pour contraindre son salarié à divulguer des informations peut voir sa responsabilité personnelle engagée et exonérer le salarié.

## 2.3. *L'exception de contrainte*

Le salarié qui engagerait sa responsabilité pénale sous quelque titre que ce soit, peut toutefois utiliser un moyen de défense juridique utile pour s'exonérer.

En effet, le code pénal est venu préciser que le salarié « n'est pas pénalement responsable lorsqu'il a agi sous l'empire d'une force ou d'une contrainte à laquelle il n'a pu résister » (article 122-2 du code pénal).

La contrainte implique l'existence d'un événement supprimant toute liberté d'agir qui aurait fait que le salarié n'aurait pu que commettre l'infraction.

Par exemple, c'est le cas du salarié qui violerait le secret professionnel dans sa fonction d'administrateur de réseaux.

Par ailleurs, la contrainte doit être extérieure au salarié, imprévisible et irrésistible.

Plusieurs variétés de contraintes pourraient être invoquées par le salarié :

- La contrainte physique externe c'est-à-dire, la violence d'une tierce personne, qui aurait alors été mandatée par le dirigeant ;
- La contrainte physique interne ;
- La contrainte morale externe c'est-à-dire, la menace déterminante d'un tiers sous laquelle l'acte a été commis ;
- La contrainte morale interne c'est-à-dire, un état maladif ou passionnel qui a dicté la conduite de l'agent, et seulement si cet état aboutit à la perte de libre arbitre.

***Le Monde informatique*[1] a publié un dossier intitulé « risques juridiques, le guide pratique des bonnes pratiques du DSI ».**

**Son premier conseil : *« Éviter votre mise en cause ».***

**Un des moyens classiques de défense du salarié est de soutenir qu'il a agi sur ordre, qu'il n'a pas eu le choix, qu'il ne pouvait que perdre son emploi.**

**Ce moyen de défense a-t-il des chances d'être entendu par les tribunaux ?**

1. *Le Monde informatique* du 27 février 2004.

CHAPITRE 4

# Le procès dévoyé

L'entreprise ou une organisation est parfois conduite au procès pour des causes que tout à chacun connaît : impayé, litige avec un salarié, action en responsabilité...

Les chefs d'entreprise essayent généralement d'éviter ce type de procès, nous l'avons vu précédemment.

Toutefois, il convient de se demander si, à partir d'un certain moment, des justiciables ne vont pas adopter une stratégie judiciaire agressive et saisir les tribunaux de manière systématique.

Le journal *Libération* se faisait l'écho de pratiques syndicales similaires.

Les spécialistes de l'intelligence économique ne craignent pas de soutenir que la Justice est parfois utilisée pour déstabiliser un concurrent, voire faire retirer un produit du marché (1), ou dans le but d'épuiser ses adversaires qui arriveraient au procès en ordre dispersé, le système des « class actions » n'existant pas en droit français (2).

En effet, le procès doit également s'analyser comme un événement médiatique qui conduira certainement les agences de communication à s'appuyer sur les avocats et *vice versa* (3).

D'autres situations judiciaires auraient pu être évoquées comme la guerre que se livrent les entreprises des opérateurs de télécommunications.

Nombre d'entre elles ont été condamnées pour des pratiques anti-concurrentielles.

Pourtant, ces pratiques leur ont permis certainement de gagner des parts de marché.

**Libération du 1er décembre 2003**

**LE JUGE PLUTÔT QUE LA MANIF**

Contester un accord ou un plan social : les syndicats ont aussi recours à la justice.

Accord sur les 35 heures, plan social ou restructuration :

Les syndicats utilisent eux aussi, l'arme judiciaire. Prud'hommes, civil, pénal, le droit est entré dans la gamme des moyens d'action pour contester une décision patronale. Longtemps méfiantes face à une justice qualifiée de « bourgeoise », les organisations s'en remettent plus volontiers au droit. Pour certaines, c'est même devenu une stratégie pour mener un syndicalisme offensif.

Sociologue à l'université de Marne-la-Vallée, Jean-Michel DENIS a particulièrement étudié le cas SUD-PTT, créé en 1998. « Le recours devant les tribunaux est un mode d'action fréquent de ce syndicat (...) Cette instrumentalisation du droit peut être vue comme une arme supplémentaire utilisée dans une stratégie de contestation et d'opposition. »

Un syndicat comme SUD ne se contente pas d'organiser l'arbre de Noël, il veut peser sur les choix stratégiques de l'entreprise, ce que les directions n'apprécient guère. Le droit est alors un précieux outil pour tenter de modifier un accord ou un nouveau statut.

« SUD-PTT a intégré le droit dans sa pratique syndicale, remarque Jean-Michel DENIS. Il l'utilise comme ressource dans ses combats. »

Faire appel au juge présente l'avantage de contourner la difficulté de mener des actions collectives dans un milieu du travail de plus en plus individualisé, précarisé. Une action en justice ne nécessite pas de mobiliser des centaines de salariés comme pour une manifestation. « La judiciarisation est venue, symboliquement, pallier la diminution des conflits ouverts, estime Gilles BELIER, avocat plaidant pour les entreprises. La grève permettait aux salariés de s'extraire de leur subordination quotidienne pour s'exprimer. Devant le juge, désormais, dans le décorum d'une cour, l'avocat qui les défend parle pour eux, attaque durement l'entreprise : l'effet de catharsis est le même ». Autre atout pour les syndicats : justifier un conflit au yeux d'une société qui fait de plus en plus confiance au droit, au détriment du politique. « Pour beaucoup, dans l'opinion, et notamment pour les journalistes, c'est désormais le droit, la décision juridique, qui légitime une mobilisation », estime Pascal MOUSSY, juriste à la CGT.

## 1. Stratégie judiciaire de déstabilisation

Sans tomber dans une dramaturgie que les tenants d'une guerre économique dressent, les entreprises vont parfois se livrer à des coups bas afin de déstabiliser leurs concurrents. Certaines personnes n'hésitent par à parler d'une instrumentalisation de la justice qui est alors détournée de son but initial.

Un des coups bas consisterait à intenter un procès pour obtenir, non pas que justice soit faite, mais parce que cela va procurer un gain de temps, un avantage économique ponctuel, ou avoir une résonance médiatique.

On raconte l'histoire de telle entreprise contre qui une plainte pour corruption a été déposée, plainte qui n'a jamais abouti, mais qui a été utilisée par son concurrent dans une campagne de dénigrement sur le registre, *« ne contractez pas avec l'entreprise X, elle est poursuivie pour corruption »*.

> ***« On m'a demandé de déstabiliser MATRA au profit de THOMSON.***
>
> ***J'ai donc utilisé ma meilleure arme possible, en tout cas celle que je connaissais le mieux, le droit. »***
>
> **William LEE, avocat cité par Monsieur Jean-Pierre THIERRY dans Taiwan Connection.**

De même, on prétend que des plaintes, pour abus de bien sociaux, ont été déposées contre des dirigeants d'entreprises cotées dans le seul but de faire baisser le cours de Bourse.

On évoque également la pratique qui avait cours un temps dans la grande distribution qui consistait à assigner en contrefaçon une société concurrente, le faire savoir aux distributeurs qui, ne voulant pas prendre le risque d'être poursuivis pour complicité, déréférençaient le produit litigieux.

La liste des actions pourrait être sans fin et de tels procédés doivent être condamnés dans une société démocratique.

Il existe cependant d'importants retours de balanciers comme l'a montré l'affaire MATRA HACHETTE ainsi que le rapportait le journal *Libération*.

Cette affaire serait liée à la vente des frégates à Taiwan et au procès fleuve où ont été mis en cause notamment Roland DUMAS, Alfred SIRVEN, etc.

**MATRA-HACHETTE vaut une mise en examen à GOMEZ**

**L'ex-PDG de THOMSON aurait tenté de contrer la fusion.**

Alain GOMEZ, l'ancien PDG du groupe THOMSON durant quatorze ans, a été mis en examen hier, pour avoir voulu « *couper les ailes de l'oiseau* ». Ce nom de code, retrouvé dans les petits papiers de THOMSON (aujourd'hui THALES), aurait couvert une opération de déstabilisation menée contre le groupe MATRA-HACHETTE entre 1992 et 1996. Placé en garde à vue, lundi, dans les locaux de la section de recherches de la gendarmerie, l'ancien grand patron a été conduit, mardi soir, menottes aux poignets, dans le bureau de la juge d'instruction Marie-Pierre MALIGNIER-PEYRON qui l'a mis en examen pour « *complicité de tentative d'extorsion de fonds et abus de biens sociaux* », ainsi qu'un ancien avocat du groupe THOMSON, Me William LEE. Alain GOMEZ est soupçonné d'avoir organisé un complot visant à contester la fusion MATRA-HACHETTE en 1992 et d'avoir tenté, en 1996, de monnayer l'arrêt des procédures.

*Missiles.* Au démarrage, une guerre a effectivement eu lieu, en 1992, du côté de Taiwan, entre THOMSON et MATRA. Elle avait pour objet les contrats de vente d'équipements des mirages 2000-5. Au grand dam d'Alain GOMEZ qui fournit du matériel de contre-mesure, Jean-Luc LAGARDERE fait le plein de commandes.

« *MATRA* a vendu l'armement et a essayé d'en tirer le maximum, raconte un ancien de THOMSON. Le nombre de missiles (air-air Mica) a été multiplié par dix. MATRA a récupéré la moitié du contrat. Cette affaire a sauvé financièrement LAGARDERE, qui était au bord de la faillite à cause de la 5 ». Ce contrat est signé en novembre 1992.

Un mois plus tard, la fusion MATRA-HACHETTE est votée par les actionnaires ; mais quelques juristes avisés de THOMSON, dont William LEE, s'aperçoivent que le fabuleux contrat des missiles taiwanais – 12 milliards de francs – a été occulté dans les comptes présentés au moment de la fusion. Début 1993, LEE mobilise des petits actionnaires, prend attache avec un fonds de pension américain et déclenche une bataille judiciaire qui va durer quatre ans. Un règlement de comptes, selon MATRA. « *GOMEZ est un violent, explique l'un de ses cadres. MATRA a fait quelque chose qu'il n'a pas pardonné.* »

En 1996, alors que GOMEZ quitte THOMSON, le groupe LAGARDERE sort néanmoins gagnant des procédures commerciales engagées. La fusion est validée. Mais en novembre, les petits actionnaires décident d'attaquer au pénal pour « *escroquerie, faux et recel* » contre LAGARDERE, qui riposte dès le lendemain en déposant une plainte pour « *tentative d'extorsion de fonds* ». Des fonds auraient été demandés par les petits télégraphistes de THOMSON en échange de l'arrêt des hostilités. L'un d'eux avait déjà été mis en examen en juin 2000.

*Factures.* Depuis, la juge MALIGNIER-PEYRON a multiplié les perquisitions chez THALES et l'ancien directeur juridique du groupe. Des factures détaillées à en-tête d'une société de William LEE – portant l'intitulé « *couper les ailes de l'oiseau* » – ont été retrouvées. Elles concernent la prise en charge des procédures contre MATRA.

L'ancien avocat de THOMSON a indiqué aux gendarmes qu'il s'agissait, selon lui, de documents falsifiés.

## 2. Le refus de s'acquitter de multiples obligations

Il est intéressant d'essayer de décrypter la manière dont les dirigeants vont analyser le rapport coût-procès notamment lorsqu'à la suite d'une erreur, l'entreprise risque de se trouver condamnée à de très nombreuses reprises pour une même cause.

**L'absence de « class action » c'est-à-dire la possibilité pour plusieurs personnes de se grouper pour intenter une action, peut amener les entreprises à élaborer une stratégie judiciaire conduisant à une multiplicité de procès.**

C'est ce que l'on pourrait qualifier d'une peur de l'effet boule de neige.

Cette situation se produit, par exemple, lorsque l'entreprise a souscrit une obligation, qui prise isolément n'est pas lourde, mais qui multipliée par un grand nombre, se révèle constituer un fardeau disproportionné par rapport à ses possibilités.

Elle espère décourager ses adversaires en les contraignant à aller un à un au procès ou parfois bénéficier d'une évolution des textes ou de la jurisprudence.

Il y a parfois le secret espoir que l'adversaire n'aura pas les moyens de soutenir un procès et qu'il s'épuisera et cherchera alors à négocier.

Il n'est pas rare que des chefs d'entreprise refusent d'accéder spontanément à des obligations qu'ils savent légitimes de leurs employés. Toutefois, ils résistent jusqu'au dernier moment, poursuivent l'instance en cour d'appel, puis devant la Cour de cassation. Leur objectif : gagner du temps, en espérant qu'une partie des salariés attendront l'issue du procès pour se déclarer.

Ces salariés verront alors prescrite une partie de leur demande et économiquement l'entreprise sera gagnante, même si elle a dû payer des frais de procès, voire des dommages-intérêts pour résistance ou procès abusif.

La société MOFFETOT est une société d'édition qui a pignon sur rue depuis de nombreuses années.

Elle est même souvent citée en exemple comme une réussite française dans le domaine des publications professionnelles.

Les auteurs de renom se bousculent pour publier chez elle. Avoir un livre publié chez MOFFETOT correspond à un brevet, à un diplôme d'intelligence qui vaut à son auteur une grande notoriété.

La société MOFFETOT décide un jour de publier une encyclopédie du management qui devrait faire autorité sur le marché et éclipser les rares éditions concurrentes.

Le dirigeant de la société fait alors appel à deux « pontes » du management qui enseignent dans les plus grandes écoles de commerce françaises,dans des MBA.

Pour séduire « ces divas » de l'enseignement, la société leur octroie une confortable avance sur les droits d'auteur et un taux de rémunération sur les ventes important.

Puis, fort élégamment elle se propose d'offrir à chacun d'eux cinq exemplaires de l'encyclopédie à paraître.

Séduits, les enseignants acceptent.

Les mois passent et le projet évolue. Les universitaires s'aperçoivent que l'éditeur a mal calibré le projet. Il faut faire appel à d'autres rédacteurs avec l'accord de l'éditeur.

La société MOFFETOT accepte en prenant bien soin de ne pas accorder une somptueuse avance sur droit d'auteur et consent un commissionnement d'un montant usuel. Elle reprend le même contrat que pour les deux premiers auteurs.

Le nombre d'auteurs finit par atteindre la centaine.

L'encyclopédie est mise sur le marché et obtient, compte tenu de la qualité des deux premiers auteurs un succès d'estime immédiat. La présentation est d'ailleurs fort luxueuse ; couverture en simili cuir, coffret cartonné, papier épais, etc.

Fort correctement, elle verse les différents droits d'auteur.

Quelques semaines plus tard, elle a la surprise de recevoir un courrier d'un des auteurs qui réclame bien naturellement les cinq encyclopédies qui contractuellement lui revenaient.

La société réalise alors la bévue qu'elle a commise en s'engageant à donner cinq encyclopédies à chaque auteur.

Le nombre d'encyclopédies données aux auteurs allait être supérieur au nombre d'encyclopédies vendues.

Elle prend contact immédiatement avec son avocat pour savoir comment se sortir de ce mauvais pas.

L'examen du contrat n'ouvre aucune porte de sortie. Bien rédigé, il n'est pas possible de soutenir la moindre nullité.

Pendant le temps consacré à la durée de l'examen, quelques auteurs s'impatientent, et passent du stade de la lettre simple à la lettre recommandée, puis à un courrier comminatoire de leur avocat.

Dès lors, la société se doit d'adopter une stratégie face aux procès à venir.

Outre l'enjeu financier, la société d'édition a l'obligation de prendre en compte un paramètre important ; ses relations avec les auteurs. Il ne faut pas qu'elle se coupe d'eux.

Finalement, elle décide de ne livrer les encyclopédies que du jour où elle reçoit une assignation.

Elle espère que beaucoup d'auteurs estiment que saisir la justice entraîne des frais d'avocat, et que cette dépense les dissuadera d'agir.

À ce jour, la société MOFFETOT n'a reçu que deux assignations.

Son pari est gagné.

## 3. Le procès, outil de communication et la communication, outil de procès

La presse est un moyen condamnable d'exercer des pressions sur le magistrat instructeur, comme l'a fort bien expliqué dans un excellent article Monsieur Jean-Jacques BOZONNET[1].

« Insensiblement, affirment les syndicats de magistrats, les stratégies de défense ont changé de terrain, glissant du contenu du dossier aux attaques sur la procédure, puis sur le juge. L'un de leurs avocats, Me Pierre HAÏK, ne le cache pas : “Nous ne jouons pas la procédure ou le juge, nous jouons sur tous les tableaux. C'est assez récent, car le barreau était jusque-là très consensuel.” Ce n'est pas une révélation pour Dominique BARELLA, président de l'Union des syndicats de magistrats (USM) : “En pénal financier, les avocats – souvent d'anciens avocats d'affaires – ont une conception purement communicative de la procédure pénale. Quand les mis en cause sont des personnes de grand pouvoir, nous ne sommes plus dans une défense classique, mais dans la communication institutionnelle, cela se rapproche des méthodes de déstabilisation commerciale contre un concurrent.” Désormais, “le juge est dans le ring, résume Philippe COURROYE. On recherche dans sa vie privée, ses engagements, son comportement et celui de ses proches pour tenter de mettre en cause son impartialité, pour essayer de le faire craquer.” Il se souvient des pressions subies, voilà une dizaine d'années, lorsqu'il instruisait les affaires NOIR-BOTTON ou CARIGNON : “On a fait courir des bruits, on m'a cherché querelle sur les cours que je donnais à l'université.” »

1. *Le Monde* du 17 juin 2003.

Un procès a souvent une ampleur médiatique qu'il faut savoir gérer comme le montre l'affaire BUFFALO GRILL (3.2).

Toutefois, certains praticiens vont plus loin et n'hésitent pas à utiliser certains arcanes de la procédure pour dénigrer ou diffamer (3.1).

Des entreprises notamment aux États-Unis utilisent ce que l'on appelle la publicité « advocacy » : utiliser un procès en le médiatisant pour se faire connaître.

## 3.1. L'immunité de prétoire[1]

Derrière le terme barbare d'« immunité de prétoire » se cache le mariage d'un des fondements de la liberté de la presse avec le principe source d'une justice équitable, de la publicité des procès (à de rares exceptions comme les affaires familiales, ou ceux concernant les mineurs) avec le droit que toute personne a de présenter sa défense devant les tribunaux.

**À l'occasion des procès contre les révisionnistes certains justiciables ont pris conscience qu'il n'était pas possible de poursuivre pour diffamation les parties et les journalistes qui rédigent les comptes rendus d'audience.**

**Ils ont donc utilisé ce moyen pour lancer des allégations contre des concurrents.**

L'article 41 de la loi de 1881 sur la presse précise que ne peuvent donner lieu à aucune action en diffamation, injures ou outrages, les discours prononcés devant les tribunaux.

Cette impunité permet d'assurer une défense équitable puisque, sauf quelques rares cas, un avocat ne peut être poursuivi pour ce qu'il a exprimé pour la défense d'un de ses clients. Il en est de même pour un journaliste qui ferait un compte rendu détaillé du procès.

L'immunité de prétoire a été fortement contestée au début des années 90, à la suite des procès négationnistes engagés sur le fondement de la loi GAYSSOT de juillet 1990 interdisant la remise en cause de l'existence des chambres à gaz.

Les faits sont simples : le professeur FAURISSON a été interviewé en septembre 1990 dans une revue confidentielle « le choc du mois ». Il en profitait pour développer ses thèses sur l'inexistence des chambres à gaz.

Dès l'ouverture du procès, les avocats des onze associations parties civiles avaient lancé un avertissement. Si le professeur FAURISSON, pour sa défense, continuait à soutenir les thèses négationnistes, il serait poursuivi de nouveau.

1. Je remercie Monsieur Rémy KAUFFER auteur de nombreux livres dont *L'arme de la désinformation* aux Éditions Grasset pour son aide pour la rédaction de cette partie.

Nullement impressionné par ces rodomontades, le professeur, qui avait apporté pour se justifier les 41 tomes du procès de Nuremberg, développa ses thèses.

Les avocats des parties civiles quittèrent alors l'audience et l'un d'entre eux aurait longuement confessé avoir longuement hésité à offrir ainsi une nouvelle caisse de résonance aux négationnistes.

Ce phénomène caisse de résonance était d'autant plus accentué que le jugement reprenait l'interview litigieuse. Des publications dans différents journaux étaient également ordonnées. Le journal *Le Monde* évoquait un piège que se seraient ainsi tendus eux-mêmes les anti-négationnistes[1].

Habile ou habilement conseillé, le professeur FAURISSON a utilisé ensuite son droit de réponse pour répondre à ses détracteurs. Un directeur de publication fut même condamné pour ne pas avoir publié l'intégralité du texte préparé par Monsieur FAURISSON[2].

Il n'en demeure pas moins que, comme l'a fait le professeur, des entreprises et des syndicats n'hésitent pas, à l'occasion d'un procès, à utiliser la tribune qui leur est ainsi offerte.

Le droit régissant l'immunité de prétoire est en effet fort simple

Le bénéfice de l'immunité de prétoire est cependant restreint à quelques personnes. Son domaine est limité et il existe plusieurs restrictions à son application.

**Personnes pouvant invoquer le bénéfice de l'immunité de prétoire :**

- Les parties elles-mêmes ou leur représentant légal tel que le directeur général d'une société.
- Les avocats, de par le mandat, bénéficient de l'immunité judiciaire, comme les avoués ou toute autre personne qui viendrait à représenter une personne en justice, par exemple un délégué ou représentant syndical devant un conseil de prud'hommes.
- La situation des témoins est beaucoup plus ambiguë puisqu'ils bénéficient d'une protection dans certains cas, et pas dans d'autres.
- Les journalistes qui se contentent de relater le procès bénéficient de la même immunité.

1. *Le Monde* du 24 mars 1992.
2. *Le Monde* du 14 octobre 2000.

Seuls sont couverts par l'immunité, les discours prononcés dans la salle d'audience. C'est-à-dire, tant les plaidoiries, que les différentes observations qui sont faites au cours des débats.

En revanche, ne sont pas couverts par l'immunité, les propos tenus à l'extérieur du prétoire.

Un avocat a ainsi été condamné pour des propos qu'il avait tenus sur le parvis du palais de justice, propos pourtant en lien avec l'affaire qu'il venait de plaider !

**Utilisation de prétoire par un syndicat**

Le syndicat Y est en mauvaise posture face au syndicat Z concurrent qui détient depuis longtemps le comité d'entreprise de cette filiale d'une grande société nationalisée.

Il est persuadé que le syndicat Z utilise le comité d'entreprise qui a plusieurs millions d'euros de budget de fonctionnement comme « vache à lait », comme source de financement occulte.

Le syndicat Y n'a, bien sûr, aucune preuve de ce qu'il avance, seulement de très fortes certitudes.

Il lui faut pourtant agir vite, les élections approchent et il doit les gagner.

Il rédige alors et diffuse un tract aux termes plus qu'énergiques puisqu'il évoque « les pratiques douteuses, les procédés de voyous ».

À la lecture de ce tract, le syndicat Z n'hésite pas et assigne en diffamation.

Le jour de l'audience, le syndicat Y demande au plus grand nombre de salariés possible de se rendre au tribunal. Il a sollicité surtout les relais d'opinion à l'intérieur de l'entreprise.

La salle d'audience est comble, plusieurs dizaines de personnes s'y pressent, leur nombre excède certainement la centaine.

Comme il est d'usage et prévu par la loi, l'avocat du syndicat Z prend le premier la parole. C'est en effet, à la partie qui est en demande de plaider avant celle qui est en défense.

Puis, le conseil du syndicat Y commence à son tour la plaidoirie. À la stupeur des personnes présentes dans la salle, loin de présenter des excuses, l'avocat devient incisif, va au-delà de ce qui était écrit dans le tract, explique que son client dès qu'il sera élu fera le ménage de ces écuries d'Augias, que son client n'a pas comme objectif lui « de s'en mettre plein les poches ».

Les salariés présents écoutent médusés ce qui se dit dans le prétoire et commencent à douter du syndicat Z qui finalement perdra les élections.

La procédure du syndicat Z est couronnée de succès puisque le tribunal lui donne gain de cause. Mais la procédure eut un effet boomerang puisqu'elle a permis au syndicat Y de gagner les élections.

Ni le syndicat Y ni son conseil ne furent poursuivis pour les propos tenus dans l'enceinte du tribunal.

Cette situation n'est possible qu'en application de la loi de 1881 sur la liberté de la presse, qui a créé une immunité de prétoire.

## 3.2. L'affaire BUFFALO GRILL

Il convient de rappeler que l'affaire BUFFALO GRILL est, au jour où ces lignes sont couchées sur le papier, encore en instruction et donc couverte par le secret.

Le principal conseil des dirigeants contactés par téléphone et fax s'est refusé à apporter des précisions, même sur l'existence de telle ou telle procédure.

Dès lors, les analyses qui suivent ont tenté de respecter strictement ce secret et sont fondées simplement sur les coupures de presse et la campagne de communication qui a été lancée.

Une fois jugée cette affaire et donc connus les faits, à supposer que toutes les zones d'ombre puissent être levées, des éléments factuels présentés ci-dessous pourront être modifiés, voire changés.

Il n'en demeure pas moins que les principes dégagés sur le procès comme outil de communication restent valables.

### 3.2.1. L'affaire initiale

Il est sans doute inutile de présenter en détail la société BUFFALO GRILL dont les restaurants sont reconnaissables à leur style texan, un toit surmonté d'une paire de cornes.

**L'objectif de la société BUFFALO GRILL est certes de gagner sur le terrain judiciaire, mais surtout de reconquérir ses clients pour éviter que la chaîne de restaurants ne fasse faillite.**

Les restaurants sont au nombre de 257 dont 99 franchisés.

La maison mère détient une filiale DISTRICOUPE, qui achète des viandes et les prépare pour les différents restaurants du groupe.

Le 21 mars 1996, la France décrète un embargo sur les viandes d'origine anglaise, qui est levé près de six ans et demi après, en octobre 2002.

Comme toute entreprise qui emploie plusieurs milliers de personnes (6 700 salariés) BUFFALO GRILL a des différends, des contentieux prud'homaux.

L'attitude de certains salariés a d'ailleurs joué un rôle déterminant dans l'affaire.

Deux familles de victimes de la maladie de CREUTZFELDT-JAKOB portent plainte en prétextant que les décédés allaient régulièrement chez BUFFALO GRILL, mais aussi chez MAC DONALD'S ou QUICK.

Septembre 2002, des perquisitions ont lieu dans différents entrepôts et restaurants de la chaîne.

La direction fait alors le dos rond et ne prépare pas semble-t-il la moindre riposte, ni judiciaire, ni médiatique.

À tort puisque le 18 et 19 décembre 2002, la juge d'instruction Marie-Odile BERTELLA-GEOFFROY lance des actions de grande ampleur :

- Le PDG de DISTRICOUPE, Monsieur Françis COUTRE est placé en garde à vue puis incarcéré.
- Son directeur administratif, Monsieur Nicolas VIGUIE est placé en garde à vue puis assigné à résidence.
- L'ex-président et fondateur de BUFFALO GRILL, Monsieur Christian PICARD est placé en garde à vue puis assigné à résidence.
- Le directeur des achats, Monsieur BATAILLER a moins de chance, après sa garde à vue, il est incarcéré.

Plusieurs fondements sont pêle-mêle invoqués par la juge :

- Un homicide involontaire,
- Une tromperie sur la marchandise,
- Des faux en écritures,
- Etc.

Les conséquences ne se font pas attendre : 40 % des clients désertent les restaurants, le cours de la Bourse chute et en définitive le cours de l'action est suspendu !

Des franchisés qui s'estiment lésés, lancent alors une procédure contre le groupe BUFFALO GRILL. Un accord est finalement trouvé le 30 mai 2003[1].

Plusieurs incendies mystérieux dévastent quelques-uns des restaurants de la chaîne[2]. Sont-ils le fruit d'un accident, d'un acte de vengeance d'un client ?

Des esprits chagrins ne manquent pas de soutenir qu'il peut s'agir d'une escroquerie à l'assurance et que les incendies ont été volontaires. Aucun élément ne vient pour le moment étayer une hypothèse plus qu'une autre.

Enfin, en février 2003, le parquet de Paris diligente une enquête pour abus de biens sociaux[3].

Décembre 2002, la situation est donc dramatique pour le groupe BUFFALO GRILL : si la situation perdure, le spectre du dépôt de bilan se profile à brève échéance.

1. *Le Figaro Entreprise* du lundi 16 juin 2003.
2. *Le Parisien* du vendredi 18 juillet 2003.
3. AFP, 6 février 2003.

Il faut d'urgence réagir. Une agence de communication, TALENTS ET COMPAGNIE, dirigée par Jeanne BORDEAU est choisie. Sa prestation cesse pour des raisons mal définies au bout d'un mois[1]. Elle est remplacée par l'agence IMAGE FORCE.

Un plan juridico-médiatique est établi, ce qui permet au journal *Les Échos* de titrer le 27 décembre 2002 : « *BUFFALO GRILL se rebiffe et lance une contre-offensive* » et « *BUFFALO GRILL se lance dans une vaste contre-offensive juridique* ».

Les actions judiciaires sont à l'évidence relayées par la presse. Le journal « *Les marchés* » titre ainsi : « *L'affaire BUFFALO GRILL tourne à la guerre médiatique entre les avocats de la défense et les milieux proches de l'enquête qui distillent à la presse des déclarations supposées des mis en examen*[2] ».

L'idée qui préside à ces actions est de pousser les différents protagonistes à prouver le contenu de leur accusation, le refus de s'exécuter pouvant alors appuyer l'hypothèse du complot.

Le risque est, bien sûr, que l'un des salariés dévoile des éléments vraiment probants.

Ce risque a dû être jugé minime par les membres de BUFFALO GRILL, qui au demeurant ne manquent pas d'arguments en leur faveur, notamment le fait que suite aux très nombreux contrôles de la direction de la concurrence et de la répression des fraudes, aucune infraction n'ait été trouvée.

La situation est d'autant plus compliquée qu'à l'évidence le parquet n'a guère soutenu la juge d'instruction dans sa démarche.

### 3.2.2. Problématique pour l'avocat

L'avocat et ses clients dans une telle situation, font face à un antagonisme majeur.

D'un côté, ils sont tenus de respecter le secret de l'instruction, en plus de leur secret professionnel, de la manière la plus stricte[3]. De l'autre, ils doivent agir de manière à contrer les rumeurs, répondre aux articles de presse…

1. Voir par exemple *Le Monde* du vendredi 3 octobre 2003.
2. *Les Marchés* du 31 décembre 2002.
3. Code de procédure pénale Article 11 :
   « Dans le cas où la loi en dispose autrement et sans préjudice des droits de la défense, la procédure au cours de l'enquête et de l'instruction est secrète.
   Toute personne qui concourt à cette procédure est tenue au secret professionnel dans les conditions et sous les peines des articles 226-13 et 226-14 du code pénal… »

La difficulté est d'autant plus grande que le plus souvent, différents journaux ont bénéficié de fuites.

L'affaire BUFFALO GRILL, sur cette gestion du grand écart entre la communication et le respect du secret de l'instruction, est riche d'enseignement.

En effet, les deux conseils de BUFFALO GRILL, Maître VERSINI-CAMPINI et sa collaboratrice Maître CRASNIANSKI, ont été condamnés pour violation du secret professionnel par le conseil de l'Ordre des avocats[1].

**Le secret de l'instruction qui s'impose aux avocats et aux parties ne permet pas de lutter efficacement contre les rumeurs.**

Toutefois, cette condamnation est intervenue pour une maladresse, alors qu'un autre des conseils de BUFFALO GRILL a ouvertement reconnu composer avec le secret professionnel.

La raison de la condamnation de Maître VERSINI-CAMPINI et de sa collaboratrice Maître CRASNIANSKI vient du fait que cette dernière a informé en décembre 2002, le PDG du groupe BUFFALO GRILL des motifs pour lesquels il est convoqué à la gendarmerie. Or, le téléphone de Monsieur PICARD est sur écoute. Pour sa part, Maître VERSINI-CAMPINI a couvert fort courageusement sa collaboratrice et endossé les responsabilités.

La sanction a été particulièrement lourde puisque Maître VERSINI-CAMPINI a été condamnée par le conseil de l'Ordre à deux ans d'interdiction d'exercer dont 21 mois avec sursis et sa collaboratrice à un an avec sursis. Cette décision serait frappée d'appel. Des « pollutions » extérieures au dossier expliquent certainement cette situation.

Des esprits chagrins estiment qu'il s'agit d'un règlement de comptes à la suite de l'élection de Maître VERSINI-CAMPINI un mois auparavant, au conseil de l'Ordre. D'autres considèrent que l'Ordre des avocats de Paris, le plus important de France doit donner des gages à la chancellerie pour éviter une réforme des règles régissant la présence de l'avocat pendant la garde à vue...

Bien avant ces condamnations, Maître Nathalie SCHMELCK, avocate de Monsieur VIGUIE, directeur administratif de DISTRICOUPE affirmait :

> « *Les fuites dans la presse ont été telles que nous avons été contraints de répondre aux journalistes. Nous étions obligés de lever le voile sur le secret de l'instruction. C'était un mal nécessaire.*



1. *Le Parisien* du mercredi 17 décembre 2003.

*À partir du moment où nous avons communiqué, nous avons assisté à un revirement des médias, (et donc de l'opinion publique). C'était à la fin du mois de janvier. Après avoir attaqué la société BUFFALO, les journalistes ont indiqué que le dossier était creux, qu'il n'y avait rien de véritablement à charge.* »

### 3.2.3. Plainte pour dénonciation calomnieuse

Le 27 décembre 2002, le journal *Les Échos* annonce que les dirigeants de BUFFALO GRILL vont déposer une plainte pour dénonciation calomnieuse à l'encontre des salariés qui les ont dénoncés.

Depuis, aucune nouvelle information n'est parue sur l'évolution judiciaire de cette plainte.

Il n'est donc pas possible de confirmer si la plainte a été déposée ou non.

En tout état de cause, la dénonciation calomnieuse est une infraction pénale régulièrement soulevée par les dirigeants d'entreprise comme contrepoids à toute accusation.

**Beaucoup de plaintes sont déposées contre X.**

**De cette manière, personne n'est visé par la plainte et il n'est plus possible d'intenter des poursuites pour dénonciation calomnieuse.**

**Pourtant, les plaintes visent parfois de manière précise les agissements de telle ou telle autre personne.** ■

Il s'agit pour eux d'un réflexe juridique défensif qui leur apporte également le sentiment d'être de bonne foi.

Ce réflexe est d'autant plus réel que le délit de dénonciation calomnieuse n'est caractérisé que si cette dénonciation est spontanée.

La dénonciation calomnieuse consiste alors en « *la dénonciation d'un fait qui est de nature à entraîner des sanctions judiciaires, administratives ou disciplinaires, que l'on sait totalement ou partiellement inexacte et qui est effectuée par tout moyen dirigée contre une personne déterminée.* »[1]

Il s'agit donc pour les salariés d'accuser faussement leur supérieur hiérarchique ou leur employeur de faits de nature à porter atteinte à leur réputation ou à leur honneur dans le but de leur nuire intentionnellement.

Ce délit est souvent invoqué en raison de son champ d'application apprécié très largement.

1. Article 226-10 du code pénal.

Ainsi, dénoncer une personne comme « susceptible » d'avoir commis un vol auprès de son employeur tout en le sachant hors de cause[1] ; ou bien prendre l'initiative de porter des accusations mensongères contre un tiers devant les autorités[2] ; ou encore présenter un fait exact de façon tendancieuse[3], constituent une dénonciation calomnieuse.

Invoquer la dénonciation calomnieuse a donc permis aux dirigeants de BUFFALO GRILL de riposter contre des salariés peut-être affabulateurs.

Ces derniers risquent une peine de cinq ans d'emprisonnement et 45 000 euros d'amende.

La société BUFFALO GRILL est loin d'être la seule à contrer la calomnie par ce biais.

La société ADA et son président furent ainsi l'objet d'une plainte déposée par l'un de leur franchisé aux motifs d'extorsion, d'abus de confiance, d'escroquerie et de faux. Ce franchisé dénonçait également une collusion entre l'enseigne et un autre gérant local qui devait vider son fonds de commerce.

Le président de la société ADA portait plainte à son tour pour chantage et dénonciation calomnieuse. Très philosophe, il déclarait « *il y aura toujours des gens mécontents ; c'est la vie des affaires* ».

### 3.2.4. Poursuite en diffamation contre deux salariés

Le 17 janvier 2003, la société BUFFALO GRILL porte plainte contre deux anciens salariés qui se sont répandus dans la presse en de nouvelles accusations.

Le choix n'est pas aisé. Il peut conduire des tiers à prendre fait et cause pour ces derniers.

**Intenter une action oblige la personne qui est à l'origine d'une diffamation à apporter des preuves de ses allégations.**

À l'image « d'empoisonneur », BUFFALO GRILL risque de se voir accoler une étiquette de liberticide ! Le remède aurait alors été pire que le mal.

Toutefois, les plaintes en diffamation ont l'extrême avantage de renverser la charge de la preuve.

1. Cass. crim., 7 juin 1963.
2. Cass. crim., 16 juin 1988.
3. Cass. crim., 15 janvier 1959.

La diffamation est « *l'allégation ou l'imputation d'un fait qui porte atteinte à l'honneur ou à la considération de la personne*[1] ».

L'auteur de la diffamation est présumé être de mauvaise foi.

Pour s'exonérer de sa responsabilité, plusieurs possibilités s'offrent à lui et il peut notamment prouver la véracité des faits.

Dès lors, la stratégie de BUFFALO GRILL est évidente :

- Si la preuve des faits n'est pas rapportée, ce serait démontrer à l'évidence aux yeux des consommateurs que le groupe BUFFALO GRILL est une victime.
- Dans le cas contraire, la situation de la chaîne de restaurants n'aurait guère été aggravée compte tenu des rumeurs et d'une perte importante de la clientèle.

**En effet, une personne qui est poursuivie pour diffamation peut échapper à une condamnation en prouvant la vérité de ces allégations.**

L'affaire est plaidée fin 2003[2] et le 5 décembre la vice-procureur de la République de Paris requiert une condamnation à l'encontre des deux salariés poursuivis.

Le 29 janvier 2004 le tribunal estime que les deux témoins (Noël TROCELLIER et Arnaud BEYLIE), qui ont affirmé publiquement que BUFFALO GRILL importait de la viande anglaise, ont diffamé la société, mais qu'ils sont de bonne foi et doivent à ce titre être relaxés.

Mais les juges ont en outre estimé qu'aucun des deux hommes, employés de DISTRICOUPE, n'a apporté la preuve de la véracité de ses accusations.[3]

1. Loi 29 juillet 1881, Article 29 (ordonnance du 6 mai 1944) :
« Toute allégation ou imputation d'un fait qui porte atteinte à l'honneur ou à la considération de la personne ou du corps auquel le fait est imputé est une diffamation. La publication directe ou par voie de reproduction de cette allégation ou de cette imputation est punissable, même si elle est faite sous forme dubitative ou si elle vise une personne ou un corps non expressément nommé, mais dont l'identification est rendue possible par les termes des discours, cris, menaces, écrits ou imprimés, placards ou affiches incriminés.
Toute expression outrageante, termes de mépris ou invective qui ne renferme l'imputation d'aucun fait est une injure. »
2. *Le Monde* du 8 décembre 2003
3. *L'Express* du 10 mars 2004.

### 3.2.5. La demande de publication du dossier d'instruction

Le 22 décembre 2002, les conseils de la société BUFFALO GRILL demandent la publication du dossier d'instruction. Cette demande est relayée par le juge d'instruction fin décembre. Le code de procédure pénale offre en effet une telle possibilité lorsqu'il existe un trouble à l'ordre public ou une propagation d'informations parcellaires et inexactes[1].

> **Déposer une demande de publication du dossier d'instruction, permet à une personne mise en examen de soutenir que si l'on ne publie pas son dossier, c'est parce qu'elle est accusée à tort.**

Faute de réponse, les dirigeants du groupe BUFFALO GRILL adressent une lettre au Premier ministre avec une copie au garde des Sceaux, Monsieur Dominique PERBEN.

La chancellerie décide alors de ne pas publier le dossier d'instruction comme elle l'écrit : « Il apparaît en l'état prématuré de procéder à une communication qui pourrait nuire au bon déroulement de la procédure d'instruction en raison de la complexité de cette procédure et des investigations qui sont encore nécessaires et qui supposent une certaine confidentialité[2]. »

Le conseil des dirigeants de BUFFALO GRILL, Maître VERSINI-CAMPINI, rétorque : « Il est dans l'absolue nécessité pour la défense de rendre public l'ensemble du dossier… Ainsi l'opinion prendra conscience que l'accusation ne dispose d'aucune preuve[3]. »

### 3.2.6. Plainte pour atteinte au secret de l'instruction

*« Les avocats de BUFFALO GRILL dénoncent des fuites »* titre *Le Figaro* du 4 janvier 2003.

En effet, alors que la chancellerie interdit la publication d'éléments du dossier d'instruction, il peut être constaté une poursuite illégale de divulgations *« clan-*

1. Article 11 du CPP :
   « Sauf dans le cas où la loi en dispose autrement et sans préjudice des droits de la défense, la procédure au cours de l'enquête et de l'instruction est secrète.
   Toute personne qui concourt à cette procédure est tenue au secret professionnel dans les conditions et sous les peines des articles 226-13 et 226-14 du code pénal.
   Toutefois, afin d'éviter la propagation d'informations parcellaires ou inexactes ou pour mettre fin à un trouble à l'ordre public, le procureur de la République peut, d'office et à la demande de la juridiction d'instruction ou des parties, rendre publics des éléments objectifs tirés de la procédure ne comportant aucune appréciation sur le bien-fondé des charges retenues contre les personnes mises en cause. »
2. *Le Monde* du 2 janvier 2003.
3. *Le Figaro* du 1er janvier 2003.

*destines, officieuses et réfléchies d'informations toujours parcellaires, détachées de leur contexte et trop souvent inexactes* ».

Ces divulgations portent notamment sur des dépositions faites aux gendarmes par les mis en examen.

C'est ainsi que les avocats de BUFFALO GRILL portent plainte pour violation du secret de l'instruction.

Engager une telle action est fréquente. On la retrouve dans les plus grandes affaires judiciaires, celle d'ELF par exemple.

En effet, les avocats de Madame DEVIERS-JONCOUR ont déposé une plainte contre X pour « violation du secret de l'instruction et du secret professionnel » après la publication, dans un quotidien, d'extraits du réquisitoire du parquet de Paris sur l'affaire DUMAS.

**Porter plainte pour violation du secret de l'instruction est souvent analysé comme une tentative de contrôler les informations diffusées dans la presse. Un tel dépôt peut donc avoir un effet contre-productif.**

**En revanche, une telle procédure permet au plaignant de se poser en victime et de dénoncer un acharnement judiciaire.** ■

L'objectif de la plainte pour atteinte au secret de l'instruction vise le contrôle de la communication au public des éléments du dossier en cours d'examen. Un morceau de dossier divulgué dans la presse est en général effectué hors contexte et interprété de manière erronée.

La réglementation propre au secret de l'instruction ne protège toutefois pas tous les documents d'un dossier en cours, et n'interdit pas la divulgation à certaines personnes.

L'utilisation des données reste possible pour la partie civile, par exemple.

Ce principe du secret de l'instruction résulte de l'article 11 du code de procédure pénale : « *Sauf dans le cas où la loi en dispose autrement et sans préjudice des droits de la défense, la procédure au cours de l'enquête et de l'instruction est secrète. Toute personne qui concourt à cette procédure est tenue au secret professionnel (...)* ».[1]

Quels documents ou données sont-ils protégés par le secret ? et qui est tenu de garder le secret ?

Sont protégés, tous les actes de l'enquête et de l'instruction en cours, y compris les actes juridictionnels. Le secret couvre essentiellement la teneur et le résultat des investigations conduites par le juge d'instruction.

1. Article 11 du CPP.

Sont donc exclus tous les faits et les actes extérieurs à l'enquête ou à l'instruction. L'affaire reste donc publique, tout comme l'atteinte à l'ordre social ainsi que les mesures prises pour préserver l'ordre social ou rechercher l'auteur de l'infraction.

Les actes publics, par nature, ne sont pas bien sûr couverts par le secret de l'instruction. Le juge peut d'ailleurs procéder à certaines déclarations sur ces actes.

Seules, les personnes concourant à la procédure sont assujetties au secret, c'est-à-dire presque tout le monde !

Toutefois, plus précisément, celles qui « apportent leur concours » sont les personnes qui dépendent de l'autorité publique ou qui agissent à sa demande dans le cadre de l'enquête ou de la recherche de la vérité.

Ainsi, sont concernés les magistrats, les auditeurs de justice, les auxiliaires de justice, les officiers et agents de police judiciaire ainsi que les gendarmes, les experts et toute personne requise par l'une de ces autorités pour l'exécution de sa mission.

Dans l'affaire BUFFALO GRILL, leurs conseils soutenaient que « *les enquêteurs avaient parlé* », alors qu'ils étaient tenus au secret de l'instruction et au secret professionnel.

Les autres, comme les journalistes, la personne mise en examen, la partie civile ou les témoins peuvent ainsi livrer au public et à la presse, les informations en leur possession et commenter la conduite des investigations comme bon leur semble.

Attention toutefois, que le droit de divulguer des informations n'autorise pas le droit de communiquer aux tiers les pièces du dossier d'instruction.

En cas de violation du secret de l'instruction, le code pénal sanctionne le dépositaire à un an de prison et 15 000 euros d'amende.

Le secret de l'instruction peut néanmoins être levé en cours de procédure sous certaines conditions.

Tel est le cas lorsqu'une administration, une juridiction ou un organisme quelconque, manifeste le souhait de prendre connaissance des pièces d'un dossier en cours d'instruction pour alimenter ou éclairer une action civile ou pénale parallèlement contre la personne poursuivie.

Les parties peuvent avoir également intérêt à produire certaines pièces du dossier d'instruction dans une autre instance.

Pour la communication à des tiers, en l'absence de dispositions légales, il convient de rester prudent. Il est néanmoins possible d'annexer à une procédure pénale des éléments d'une autre procédure dont la production peut être de nature à éclairer le juge et à contribuer à la manifestation de la vérité.

### 3.2.7. Plainte pour atteinte à la présomption d'innocence

Le journal *Investir* en date du 4 janvier 2003 relate que la direction de BUFFALO GRILL a assigné en justice *Le Monde* et *Le Parisien* pour violation de la présomption d'innocence.

L'existence de cette procédure n'a pas été confirmée.

Dans toutes ces affaires ultra-médiatisées, un non-lieu est souvent prononcé à terme. Or, en cas de non lieu, aucune réparation financière n'est possible pour les atteintes à la présomption d'innocence.

**En principe un mis en examen est présumé innocent.**

**Les termes sont eux-mêmes trompeurs puisque l'on devrait parler de présomption de culpabilité et non d'innocence.**

**En effet, le terme « présumé » pourrait être remplacé par « supposé » et si une personne est supposée innocente, c'est que l'on considère qu'elle est initialement coupable.** ■

L'atteinte est donc doublement préjudiciable dans ces conditions.

Porter plainte pour violation de la présomption d'innocence est donc un moyen de mettre un terme à la dégradation de l'image et de la réputation de la société, c'est-à-dire dans une certaine mesure, contrôler à nouveau l'aspect « communication » de l'affaire.

Les conseils de BUFFALO GRILL ont ainsi voulu stopper l'abattage médiatique en fondant leur action sur l'article 9-1 du code civil.

Il résulte de cet article que « *chacun a droit au respect de la présomption d'innocence ; lorsqu'une personne est, avant toute condamnation, présentée publiquement comme coupable de faits faisant l'objet d'une enquête ou d'une instruction judiciaire, le juge peut, même en référé, sans préjudice de la réparation du dommage subi, prescrire toutes mesures, telles que l'insertion d'une rectification ou la diffusion d'un communiqué, aux fins de faire cesser l'atteinte à la présomption d'innocence.* »

Dès lors, la présomption d'innocence est le droit, pour tout accusé, d'être considéré comme innocent à l'égard de l'infraction dont il est accusé, tant qu'il n'a pas été déclaré coupable par un juge. Il est présumé être de bonne foi.

Seule une condamnation pénale devenue irrévocable peut faire disparaître, relativement aux faits sanctionnés, la présomption d'innocence.

Les auteurs de l'atteinte sont principalement les journalistes qui publient des articles ou diffusent des émissions tendancieuses. Mais l'étendue de la présomption d'innocence va plus loin que le simple article de presse. Tous les médias sont concernés.

Il n'est pas nécessaire que ces journalistes aient une intention de nuire. Il suffit d'une simple maladresse de plume, par exemple[1].

Pour faire cesser l'atteinte à la présomption d'innocence aux personnes impliquées dans une affaire pénale, le procureur de la République ou le juge d'instruction peut insérer une rectification ou diffuser un communiqué dans la presse.

Ces communiqués sont, bien sûr, publiés aux frais de la personne responsable de l'atteinte.

### 3.2.8. Subornation de témoins

*Le Parisien* vise, dans son article du 19 septembre 2003, une possible plainte pour subornation de témoins qui serait déposée par le juge d'instruction.

Des rumeurs opposées ont couru dans le même journal du 26 juillet 2003.

L'une des parties civiles fait remarquer que « pour la deuxième fois, on s'étonne que des employés de la société soient conduits à faire des déclarations qui sont ensuite contredites par la réalité des faits » !

La subornation de témoins est un cas classique. La tendance est au chantage. Il est promis quelque chose au témoin pour qu'il soit de mauvaise foi devant les autorités.

**Dans certaines hypothèses le dirigeant d'une entreprise qui mettrait sur pied une cellule de crise juridique pour organiser une réponse à une agression judiciaire prend le risque d'être poursuivi pour subornation de témoins.**

Ce serait le cas d'un employeur qui réunirait ses salariés pour leur prescrire le silence sur une affaire de corruption ou sur des agissements répréhensibles. Celui qui prendrait le risque de parler serait licencié[2].

Si la société BUFFALO GRILL a agi de la sorte vis-à-vis de ses bouchers, le risque juridique est important. La preuve reste toutefois difficile à rapporter !

Ainsi, aux termes de l'article 434-15 du code pénal, suborner un témoin consiste à « *user de promesses, offres, présents, pressions, menaces, voies de fait,*

1. TGI Quimper, 29 janvier 1997.
2. Cass. crim., 3 mai 1989.

*manœuvres ou artifices au cours d'une procédure ou en vue d'une demande ou défense en justice afin de déterminer autrui, soit à faire ou délivrer une déposition, une déclaration ou une attestation mensongère, soit à s'abstenir de faire ou délivrer une déposition, une déclaration ou une attestation*[1]. »

Il s'agit d'inciter une personne appelée à témoigner devant un tribunal à faire une déposition mensongère, c'est-à-dire la séduire ou la gagner, par quels que motifs, pour l'engager à trahir son devoir.

D'ailleurs, la seule tentative de subornation suffit pour caractériser l'infraction, peu importe qu'elle n'ait pas atteint le but recherché.

Le suborneur, pour être qualifié de la sorte, doit utiliser les promesses, les offres ou les menaces contre le déposant, dans le but d'obtenir de lui un mensonge. Il n'est toutefois pas nécessaire qu'elles lui aient été adressées personnellement[2].

Les promesses peuvent se matérialiser en avantages commerciaux, en l'obtention d'un prêt ou d'argent ou encore d'un emploi bien rémunéré ! Les menaces, quant à elles, sont généralement illustrées par des risques de licenciement des salariés appelés à témoigner.

Il y a véritablement une intention de convaincre le témoin.

Dès lors, « l*a pression exercée uniquement en vue d'obtenir qu'une personne s'abstienne de venir témoigner ne saurait suffire à caractériser le délit de subornation de témoin*[3] ». La simple sollicitation ou de simples recommandations ne constituent pas une subornation de témoins[4].

C'est ainsi qu'« *il ne saurait être admis, au titre du délit de subornation de témoin, le fait pour un juge d'instruction d'avoir incité une personne, en garde à vue, à dire la vérité ! De telles recommandations, à supposer qu'elles soient démontrées, n'ont pas eu pour but de déterminer leur destinataire à faire une déclaration mensongère mais au contraire une déposition conforme à la vérité.* »

La subornation d'interprète et d'expert est également condamnable dans les mêmes conditions[5].

En tout état de cause, si la plainte est reçue, les dirigeants de BUFFALO GRILL risquent 3 ans de prison et 45 000 euros d'amende.

1. Article 434-15 du code pénal.
2. Cass. crim., 20 octobre 1999.
3. Cass. crim., 1er avril 1963.
4. Cass. crim., 26 janvier 1972.
5. Articles 434-19 et 434-21 du code pénal.

### 3.2.9. Annulation des mises en examen

Cette étape de la procédure s'inscrit plus dans le cadre d'une réponse pénale classique que dans une véritable stratégie de communication.

Elle mérite néanmoins d'être citée puisqu'elle montre qu'il a fallu près d'un an de procédure avec les effets désastreux que l'on connaît, pour que soit retirée l'accusation d'homicide involontaire à l'encontre des dirigeants de BUFFALO GRILL.

**Au cours de l'instruction, il est possible de demander que certaines audiences soient publiques.**

**L'objectif d'une telle demande est bien entendu de créer un battage médiatique.**

Les avocats de la société ont demandé l'annulation des mises en examen de leurs clients. Il est possible à toute partie assignée à résidence ou incarcérée ou simplement mise en examen de faire appel de la décision ordonnant de telles mesures.

Le contrôle des juges d'instruction est tout d'abord exercé par la chambre de l'instruction. Cette dernière est donc saisie par Messieurs PICARD et COUTRE.

Compte tenu du secret des débats, l'audience est normalement interdite au public. Toutefois, il est possible de demander au président de la chambre de l'instruction une audience publique.

Malgré les demandes des conseils des différentes mises en examen, la demande d'audience publique est rejetée. La tentative d'utiliser la cour d'appel comme caisse de résonance médiatique a échoué.

Ce rejet est bien entendu décrié par l'un des avocats de Monsieur Christian PICARD qui a souligné que l'avocat général aurait reconnu que les seuls éléments à charge étaient les accusations verbales des trois salariés de DISTRICOUPE.

En outre, la chambre d'instruction rejette la demande d'annulation des mises en examen des différents protagonistes.

Messieurs PICARD et COUTRE se pourvoient en cassation et la cour suprême leur donne partiellement raison le 1er octobre 2003. Elle motive sa décision de la manière suivante : « *Lorsqu'elle relève qu'il a été procédé à une mise en examen en l'absence d'indices graves et concordants la chambre de l'instruction est tenue d'en prononcer l'annulation*[1] ».

La Cour de cassation ne laisse alors subsister que l'incrimination de tromperie sur la marchandise et quelques autres beaucoup moins graves que celles d'homicide involontaire (notamment faux et usage de faux) et retire du dossier les poursuites, qui semblent d'ailleurs disproportionnées pour homicide involontaire.



1. *Le Monde* du 3 octobre 2003.

Naturellement le groupe BUFFALO GRILL tente d'exploiter la situation et diffuse un communiqué de presse aux accents victorieux.

### 3.2.10. Demande de dessaisissements du juge d'instruction

Au début du mois de février 2003, un des dirigeants du groupe BUFFALO GRILL, Monsieur COUTRE demande le dessaisissement du magistrat instructeur qui a donné un long interview dans la presse (entretien au journal *Le Monde* et au magazine *Capital*).[1]

Le code pénal prévoit en effet une possibilité de dessaisissement du juge d'instruction[2] « *pour une bonne administration de la justice ou car il existerait une suspicion légitime*[3] » contre le magistrat instructeur.

1. *Le Monde* du 10 février 2003.
2. Article 84 du code de procédure pénale (Ordonnance n° 58-1296 du 23 décembre 1958 art. 1 Journal Officiel du 24 décembre 1958 en vigueur le 2 mars 1959) (Loi n° 85-1407 du 30 décembre 1985 art. 64 et art. 94 Journal Officiel du 31 décembre 1985 en vigueur le 1er février 1986) (Loi n° 93-2 du 4 janvier 1993 art. 21 Journal Officiel du 5 janvier 1993 en vigueur le 1er mars 1993) :
« Sous réserve de l'application des articles 657 et 663, le dessaisissement du juge d'instruction au profit d'un autre juge d'instruction peut être demandé au président du tribunal, dans l'intérêt d'une bonne administration de la justice, par requête motivée du procureur de la République, agissant soit spontanément, soit à la demande des parties.
Le président du tribunal doit statuer dans les huit jours par une ordonnance qui ne sera pas susceptible de voies de recours.
En cas d'empêchement du juge chargé de l'information, par suite de congé, de maladie ou pour toute autre cause, de même qu'en cas de nomination à un autre poste, le président désigne le juge d'instruction chargé de le remplacer.
Toutefois, en cas d'urgence et pour des actes isolés, tout juge d'instruction peut suppléer un autre juge d'instruction du même tribunal, à charge pour lui d'en rendre compte immédiatement au président du tribunal.
Dans les cas prévus par le deuxième alinéa de l'article 83 et l'article 83-1, le juge désigné ou, s'ils sont plusieurs, le premier dans l'ordre de désignation, peut remplacer ou suppléer le juge chargé de l'information sans qu'il y ait lieu à application des alinéas qui précèdent. »
3. Code de procédure pénale Article 662 :
« En matière criminelle, correctionnelle ou de police, la chambre criminelle de la Cour de cassation peut dessaisir toute juridiction d'instruction ou de jugement et renvoyer la connaissance de l'affaire à une autre juridiction du même ordre pour cause de suspicion légitime.
La requête aux fins de renvoi peut être présentée soit par le procureur général près la Cour de cassation, soit par le ministère public établi près la juridiction saisie, soit par les parties.
La requête doit être signifiée à toutes les parties intéressées qui ont un délai de dix jours pour déposer un mémoire au greffe de la Cour de cassation.
La présentation de la requête n'a point d'effet suspensif à moins qu'il n'en soit autrement ordonné par la Cour de cassation. »

Cette demande a été rejetée par décision de la Cour de cassation du 12 mars 2003[1].

### 3.2.11. Conclusions forcément provisoires

L'affaire BUFFALO GRILL a commencé fin 2002.

Ce délai de traitement du dossier n'est pas exceptionnel et aucun grief ne peut être adressé au magistrat instructeur.

Il n'en demeure pas moins que pour la société et ses dirigeants, obtenir gain de cause (si tel est le cas) plusieurs années après le scandale, sera une piètre consolation tant les préjudices financiers et humains sont importants.

D'après le directeur financier du groupe Monsieur Patrick BELAT, la crise judiciaire aurait coûté au groupe pas moins de trois millions d'euros[2].

Les dirigeants incarcérés de manière préventive pourront avoir quelques milliers d'euros de dommages-intérêts mais resteront marqués à vie par leur séjour derrière les barreaux.

**Le temps de la justice n'est pas celui des hommes.**

À supposer que la position de la société BUFFALO GRILL soit reconnue comme étant bien fondée, la question de la responsabilité du fonctionnement ou plutôt du dysfonctionnement de l'État, au travers du service public de la justice devra être posée.



1. *Le Monde* du 19 mars 2003.
2. *Le Figaro* du 17 septembre 2003.

## CHAPITRE 5

# La gestion de l'après procès

Le procès, qu'il soit perdu ou gagné, n'est pas un événement anodin dans la vie de l'entreprise : un grand nombre de litiges prud'homaux peuvent révéler des lacunes dans la gestion des ressources humaines, des contestations sur des malfaçons, etc.

En outre, le litige peut mettre en évidence un environnement juridique hostile à l'activité de l'entreprise, qu'il faudra alors faire évoluer et modifier.

Enfin, il faudra éviter qu'une décision défavorable à l'entreprise ne circule sur Internet.

## 1. Le procès, comme cause de réorganisation de l'entreprise

Un procès, est le plus souvent un moyen de déceler un dysfonctionnement grave de l'entreprise.

C'est un révélateur au sens photographique du terme, voire un catalyseur des situations. Et le juriste, comme FAUST se doit de soulever le toit de la maison, pour aider le chef d'entreprise à déceler ce dysfonctionnement, et le cas échéant, si cela relève de son domaine, fournir des solutions à son client.

**Que le procès se solde par un encaissement ou un décaissement, il a mis en exergue une défaillance au sein de l'entreprise.**

C'est ce qu'exprime le professeur Jacques BARTHELEMY dans un de ses meilleurs ouvrages[1] :

1. *Le droit social : Technique d'organisation de l'entreprise*, Éditions Liaisons, septembre 2000.

*« L'activité judiciaire complémentaire à l'activité juridique est par ailleurs le moyen d'introduire dans la démarche conseil ce que l'on pourrait appeler le « risque management juridique ». Face à une décision judiciaire, l'avocat procède habituellement à une critique des attendus du jugement ou de l'arrêt sur le fondement des éléments de fait et de droit que le tribunal avait à prendre en considération. Cela le conduit, soit à inciter à l'appel ou au pourvoi, soit, lorsque les éléments de faits ne sont pas favorables, à renoncer à la poursuite de l'action ; ce qui, dans son esprit, met fin à ses obligations à l'égard de son client ; le juriste organisateur manifestera au contraire le souci d'optimiser les méthodes de gestion de l'entreprise pour réduire le risque de récidive ; en d'autres termes, la décision judiciaire, qu'elle soit ou non favorable, sera un matériau dont on va se servir pour améliorer les normes, les actes et les stratégies en vigueur, c'est-à-dire pour rendre plus efficient le fonctionnement de l'entreprise grâce à un arsenal juridique plus sophistiqué. »*

**Le chef d'entreprise doit donc analyser ce qui a été le phénomène déclencheur du procès et en tirer les leçons.**

**À l'inverse, l'absence de procès alors que des tensions existent, peut être précurseur de l'émergence d'autres formes de conflits comme une grève ou un boycott des produits par les salariés.**

Dans la pratique, il faut distinguer deux catégories de procès :

- Les procès répétitifs qui sont l'apanage des entreprises ayant plusieurs dizaines ou centaines de milliers de clients. La gestion de l'après procès ne peut alors se faire sans outil statistique et économique.
- Les procès qui ne se renouvellent qu'exceptionnellement, le traitement alors est ponctuel.

Dans le premier cas, l'entreprise se doit de mettre en œuvre une remontée d'information incluant bien sûr des éléments statistiques tels que le montant des dommages-intérêts, la fréquence des procès, le nombre de procès, mais également des éléments qualitatifs :

- La cause matérielle du procès (par exemple lorsque de nombreux clients, n'ayant aucun lien entre eux, refusent de payer une commande prétendant ne pas avoir été livrés, cela traduit un dysfonctionnement dans le processus de livraison, voire du coulage interne) ;
- Le fondement juridique employé qui peut révéler un problème dans la rédaction des conditions générales de vente, ou un besoin de lobbying pour faire évoluer les textes…

- Des indices d'une escroquerie ; par exemple, si le nom d'une société de domiciliation commerciale apparaît plusieurs fois dans des dossiers contentieux identiques, l'entreprise sera peut-être victime d'agissements concertés, révélateurs d'une escroquerie en bande organisée.
- Etc.

Les progrès réalisés en matière d'intelligence artificielle devrait ainsi permettre aux entreprises de diminuer considérablement leur risque juridique. Il existe des logiciels encore universitaires qui tentent d'analyser le risque judiciaire.

Dans le second cas, les leçons à tirer sont ponctuelles. Ainsi, une entreprise qui intenterait un procès en contrefaçon pour défendre sa marque et qui la verrait suprimée par effet boomerang doit s'interroger sur la consistance de son patrimoine incorporel.

En d'autres termes doit-elle continuer à utiliser le facilement plagiable ou doit-elle songer à déposer une autre marque plus forte, plus aisément défendable ?

CETELEM est une société bien connue de crédit à la consommation. Elle gère les encours de plusieurs dizaines voire centaines de milliers de clients.

Un tel volume de contrats, malgré les opérations de prévention menées, génère un volume important de dossiers contentieux.

Du fait que les contrats signés sont tous, ou quasiment tous, identiques, une solution adoptée sur un dossier, risque de faire boule de neige et avoir un impact financier.

Dès lors, le dynamique directeur du contentieux, Monsieur Guy RENAUT ne peut que penser à l'après procès comme il l'explique :

« Compte tenu du nombre de dossiers judiciaires que nous avons, il n'est pas possible de les analyser un par un. Ces dossiers sont traités géographiquement sur toute la France par des avocats et des huissiers différents. Nous avons donc organisé une remontée d'information.

Il ne faut pas que l'outil statistique ne remonte que des chiffres sur le nombre de dossiers ou les conséquences financières de contentieux. Il faut également remonter des informations de nature qualitative et sur le fondement juridique des dossiers.

Au CETELEM, nous avons des remontées automatiques sur tous les problèmes liés à la vie privée, aux méthodes de recouvrement…

La remontée qualitative d'informations nous permet parfois de reprendre en main des vendeurs qui ne respecteraient pas nos méthodes de vente et notre déontologie. La vente de nos crédits s'effectue parfois par le biais d'artisans ou de petites structures qu'il est difficile de canaliser.

Nous pouvons ainsi être amenés à modifier nos contrats, prendre contact avec des professeurs de droit pour que l'analyse d'un texte de loi soit affiné, etc. »

## 2. Le lobbying[1]

Le journal *Libération*, à la suite de poursuites pénales engagées contre des membres éminents de l'establishment bancaire, n'a pas hésité à soutenir qu'une active politique de lobbying avait été engagée pour tenter d'éviter une condamnation qui semblait inéluctable[2].

Ce faisant ce quotidien a su mettre en relief les attitudes de certaines entreprises qu'il convient donc d'examiner.

*« DES BANQUES BIEN PARTIES POUR ÊTRE BLANCHIES. L'instruction risque de tourner court dans les affaires d'argent sale.*

*Establishment bancaire offusqué, et contre-feux prestement allumés ; en janvier 2002, le président de la Société générale, Daniel BOUTON, était mis en examen par Isabelle PREVOST-DESPREZ pour blanchiment aggravé subissant le sort de certains de ses cadres et d'autres dirigeants de banque avant lui. C'était des tournants de l'instruction menée par cette magistrate sur les circuits de blanchiment d'argent entre la France et Israël notamment, qui portait sur des dizaines de millions d'euros. LA BRED, L'AMERICAN EXPRESS, LA BARCLAYS, entre autres, faisaient aussi partie des établissements soupçonnés d'avoir contribué, comme banques correspondantes, au recyclage de l'argent sale venant d'Israël. Au total, plus d'une centaine de mises en examen ont été prononcées.*

*Depuis, la place bancaire a beaucoup œuvré pour lutter contre ce qu'elle considérait comme une opération de déstabilisation. Auprès de Bercy essentiellement, en plaidant contre une législation jugée inapplicable, notamment la loi de 1996, et auprès de la Justice.*

*La moitié du chemin semble parcourue ; dans un document présenté comme un projet, le parquet de Paris propose d'accorder un non-lieu à 28 des 33 dirigeants mis en examen, comme le révélait hier « Le Monde ». Le raisonnement consiste à considérer qu'il n'est pas possible de démontrer que les grandes banques ainsi malmenées pouvaient savoir ce qui se passait au sein de leurs agences sur des chèques d'origines douteuses. Un argument qui peut se justifier dans certains cas, mais démontre alors l'inefficacité des dispositifs de lutte contre la criminalité organisée, dont l'une des armes est le blanchiment d'argent sale via le système bancaire international.*

*S'agissant de Daniel BOUTON, la position du parquet de Paris, appuyée par le parquet général, est plus délicate ; le président de la Société générale avait été informé d'une enquête menée par ses cadres en Israël sur certains dérapages au sein de la banque. Les premiers faits de blanchiment avaient été détectés de nombreux mois auparavant. Malmenée, la banque avait réagi en préconisant un lobbying intense pour adoucir la législation anti blanchiment. Le projet de non-lieu partiel a été soumis à la chancellerie. »*



1. Je remercie Mademoiselle Bertille de TESSIERE pour l'aide qu'elle m'a apportée dans la recherche documentaire sur le lobbying lors de son stage au cabinet.
2. *Libération* du 3 septembre 2003.

Une partie importante de cet ouvrage sur la stratégie juridique des entreprises aurait pu être consacrée à la manière dont les entreprises tentent de faire évoluer la législation en leur faveur.

**« Une association politique, industrielle, commerciale, ou même scientifique ou littéraire, est un citoyen éclairé et puissant, qu'on ne saurait plier à une volonté, ni opprimer dans l'ombre, et qui, en défendant ses droits particuliers contre les exigences du Pouvoir, sauve les libertés communes. »**

**Alexis de TOCQUEVILLE *De la démocratie en Amérique.***

Toutefois, les techniques de lobbying ne sont pas propres à la matière juridique et il faut se référer aux ouvrages existant en la matière qui sont nombreux et de qualité[1].

Certains sont plus spécialisés sur les institutions européennes[2], d'autres plus généralistes.

L'apport du juriste aurait été de s'intéresser à la légalité de telles pratiques. Question posée depuis plus d'une dizaine d'années[3], et toujours sans réponse.

En effet, des esprits chagrins ou mal informés continuent parfois de considérer que le lobbying est un synonyme, une formulation du politiquement correct pour du trafic d'influence.

D'autres regardent avec les yeux doux de CHIMÈNE ce qui se passe aux États-Unis et évoquent avec envie le statut des lobbyistes américains qui bénéficient d'un régime juridique particulier avec accréditation auprès des institutions parlementaires.

Pour l'heure en France, seules les dérives extrêmes sont sanctionnables sur le fondement, par exemple, de la corruption ou du trafic d'influence.

Il apparaît cependant normal qu'en pratique les entreprises soient consultées sur les textes de lois ou les réglementations qui les concernent et tentent de faire valoir leur point de vue. Au pouvoir en place d'arbitrer entre les différents intérêts en jeu. En d'autres termes, comme dans les débuts de la présidence BUSH, au législateur de choisir entre la pollution ou la limitation de l'activité économique pour protéger l'environnement ; quitte à perdre des emplois.

Pour l'entreprise, le plus difficile est de localiser le pouvoir normatif dont les règles vont modifier sensiblement son activité. En effet, les institutions tradi-

1. Par exemple, *Lobbying -Les règles du jeu*, LE PICARD, ADLER, BOUVIER, Éditions d'Organisation, 2000.
2. Par exemple, *Guide pratique du labyrinthe communautaire*, Daniel GUEGEN, Éditions Apogée.
3. « Quel cadre juridique pour le lobbying en France ? » *les cahiers*, l'institut de La Boétie, 1992.

tionnellement normatives comme l'Assemblée nationale ou le Sénat, perdent peu à peu de leurs prérogatives au profit des institutions européennes, des collectivités locales ou d'organisations professionnelles dont le rôle est de définir, par exemple, des normes d'interopérabilité entre les différents acteurs utilisant des techniques voisines.

L'entreprise est confrontée à plusieurs types de normes :

- Les normes impératives telles que la loi, les règlements. Ces normes se déclinent du niveau international au niveau local ;
- Les accords contractuels. Étant négociés, il n'y a pas lieu à lobbying ;
- Les normes techniques ;
- La soft law et les codes de conduite.

## 2.1. La judiciarisation du lobbying, une technique originale

Cette technique consiste à aller volontairement au procès, et à organiser un important battage médiatique autour de la décision rendue pour monter l'absurdité des textes, ou la contradiction des textes français au regard d'un droit supra national comme le droit européen ou les accords de l'OMC.

Le spécialiste, et sans doute l'initiateur de cette technique en France, est certainement Édouard LECLERC qui, chaque fois, a su prendre à témoin les consommateurs pour faire évoluer les textes.

On se souvient de ses principaux combats :

- La distribution de la parapharmacie en super ou hypermarché ;
- La lutte contre la loi LANG sur le prix unique du livre ;
- L'opposition aux réseaux de distribution sélective dans le domaine du parfum et des cosmétiques ;
- La possibilité de distribuer du carburant.

## 2.2. Le lobbying auprès des organisations mondiales

Une grande partie du droit s'élabore à l'échelon mondial et non plus européen. En effet, sous l'égide de l'Organisation mondiale du commerce, les États s'engagent à adopter des conventions qui prennent ensuite force de loi, comme par exemple les accords ADPIC sur la propriété intellectuelle.

Pour des raisons diversement appréciées, les Organisations non gouvernementales sont de plus en plus présentes et trouvent leur place dans l'élaboration des nouvelles normes.

Un grand nombre d'entre elles soutiennent des idées, avancent des projets aux conséquences économiques importantes.

Les entreprises ont légitimement à faire entendre leur voix à leur tour. Elles doivent donc s'intéresser aux conférences internationales et aux diverses ONG pour tenter de les influencer.

## 2.3. Le lobbying européen

L'activité de lobbying est étroitement liée à la création de l'Union européenne.

On constate que plus les pouvoirs de l'Europe augmentent, plus les activités de lobbying se développent.

En octobre 1998, *Le Monde diplomatique* publie un article virulent intitulé : « Bruxelles capitale des groupes de pression, les institutions européennes sous influence », au chapeau suivant « Bruxelles, lieu de pouvoir sans véritable contrôle démocratique concentre une multitude de groupes de pression ».

Cette tendance va encore s'accroître avec les dix nouveaux pays de l'Est, entrés récemment dans l'Union.

Les régions françaises apparaissent comme sous-représentées en comparaison des landers allemands.

En revanche, les grandes entreprises ont tendance à ouvrir un bureau de quelques personnes à Bruxelles.

Ces bureaux, outre une mission de veille réglementaire et législative, assurent des contacts avec les représentants des institutions européennes, les syndicats, les autres entreprises de leur secteur d'activité.

Une centaine d'entreprises ont ainsi déjà ouvert leur bureau à Bruxelles, et non des moindres, comme ALCATEL, BULL, EDF, FRANCE TÉLÉCOM, PSA, etc.[1]

## 2.4. Le lobbying auprès de l'État français

Le droit français ne reconnaît pas officiellement les lobbys et les groupes de pression.

Évoquer le lobby d'une communauté religieuse est, par exemple, considéré comme un dénigrement ou une agression de cette communauté !

1. Entreprises citées par LE PICARD, ADLER, BOUVIER, dans *Lobbying-Les règles du jeu*, Éditions d'Organisation, 2000.

Toutefois, ne nous leurrons pas, chaque groupe d'intérêt tente d'influencer, à sa manière, l'élaboration des textes de loi et des règlements.

La revue *L'Expansion* du 7 avril 1994 n'hésite d'ailleurs pas à titrer de manière provocante : « Début de la session parlementaire – Monsieur le député pour qui roulez-vous ? ».

Le corps de l'article est à l'avenant :

> « *Une parlementaire de la majorité qui défendait lors de la dernière discussion budgétaire un amendement taillé à l'évidence sur mesure pour le corps médical, Nicolas* SARKOZY*, le ministre du Budget, lançait ironiquement : il semble que Mme le député, représentante de l'intérêt général, le soit en l'occurrence de l'intérêt général des médecins. Élus du peuple, certes, mais souvent, en même temps, défenseurs d'une profession ou d'une activité. Pour les 577 députés et les 320 sénateurs qui ont rejoint cette semaine l'hémicycle à l'occasion de la session de printemps, les deux ne sont pas incompatibles. Dans le microcosme politique, nul n'ignore que tel ou tel élu est le porte-parole des promoteurs immobiliers, des villes thermales, des industriels du cuir ou de la vente par correspondance.*
>
> *Certains ne s'en cachent pas. Député RPR de la Haute-Saône, Philippe* LEGRAS *n'hésite pas à se présenter comme l'avocat des 5 000 000 bouilleurs de cru potentiels qui tentent de retrouver leur privilège fiscal. Député RPR d'Indre-et-Loire et urologue réputé de l'hôpital* COCHIN*, Bernard Debré est le gardien jaloux des avantages des mandarins. Ce n'est un secret pour personne que le député UDF de Paris Gilbert* GANTIER *défend les intérêts des compagnies pétrolières.*
>
> *N'a-t-il pas été salarié de l'industrie du pétrole ? L'ex-leader communiste Georges* GOSNAT *l'appelait monsieur* GANTIER *des Pétroles.* »

Même si la plupart des textes émanent de Bruxelles, et si le gouvernement établit l'ordre du jour de l'Assemblée davantage en fonction de ses projets de loi, que des propositions des parlementaires, chaque groupe dispose d'un « créneau » lui permettant de soumettre des propositions de loi.

Dès lors, un député qui souhaite déposer un texte, sur la suggestion par exemple d'un lobby, va devoir d'abord convaincre son propre groupe parlementaire de l'utilité de sa proposition.

Je me souviens d'une discussion avec un député à ce sujet qui racontait que nouvellement élu, il voulait faire passer une idée qui lui tenait à cœur et qu'il s'était attiré pour seule réponse : « *Votre proposition, combien de bulletins de vote aux prochaines élections ?* »

Heureusement, il existe des biais, comme par exemple le dépôt d'amendement, pour permettre aux parlementaires persévérants de se faire entendre.

## 2.5. Le lobbying auprès des collectivités locales[1]

Les collectivités territoriales, lieux de pouvoir, subissent de plein fouet l'influence des groupes de pression qui peuvent exister localement. Les acteurs du lobbying local sont nombreux (citons la kyrielle des associations d'élus locaux : l'Association des maires de France qui regroupe 34 000 adhérents sur les 36 000 communes, l'Association des maires des villes moyennes, l'Association des petites villes de France, l'Association des communes classées, l'Association des communes touristiques, l'Association des communes de montagne, l'Association des communes du littoral, l'Association des communes minières, l'Assemblée des départements de France, l'Association des régions de France...)

**Le lobbying va alors devenir une affaire de proximité. Il devient alors possible à des PME de s'y lancer avec beaucoup de persévérance et de faibles moyens.**

Le lobbying des collectivités territoriales a pris son essor avec les lois de décentralisation de 1981 et 1983. Auparavant, le pouvoir décisionnel était, pour l'essentiel, dans les mains du préfet et des services déconcentrés : les pratiques de lobbying existaient certes, mais sous une forme plus centralisée qu'aujourd'hui.

La multiplication des niveaux de décision a bouleversé le système, rendu souvent plus complexe encore par le jeu subtil de la politique locale. Si le chevauchement des compétences contribue au développement d'une forme de lobbying local (mais certainement pas à sa lisibilité), il risque cependant de conduire parfois à des pratiques occultes.

### A. La région

Il revient aux régions de définir les orientations fondamentales de la politique de l'environnement dans le schéma régional d'aménagement et de développement du territoire.

En outre, les régions sont associées à l'élaboration des schémas d'aménagement et de gestion des eaux.

1. Je remercie Ludovic FONDRAZ, co-auteur de *Recours et voie d'action du citoyen face à la collectivité locale*, aux éditions du Puits Fleuri, pour son aide pour la rédaction de cette partie.

## B. Le département

En matière d'environnement, le département élabore et met en œuvre une politique de protection, de gestion et d'ouverture au public des espaces naturels sensibles, boisés ou non, en vue de préserver la qualité des sites, des paysages, des milieux naturels et d'assurer la sauvegarde des habitats naturels.

## C. La commune

En cohérence avec les pouvoirs de police traditionnels du maire en matière de salubrité publique, le législateur affirme la responsabilité primordiale de la commune dans la gestion de l'environnement quotidien. Elle est ainsi chargée :

- de l'approvisionnement en eau potable ;
- de l'assainissement des eaux usées ;
- de la collecte, de l'évacuation et du traitement des déchets ménagers ;
- etc.

Les communes disposent d'un pouvoir réglementaire important. Une part non négligeable des pouvoirs de police du maire s'exerce dans le domaine de la préservation du cadre de vie et de la protection de l'environnement.

Dès lors, même une PME peut tenter d'influencer les autorités locales pour bénéficier d'une réglementation qui lui serait favorable.

L'exemple de la société AQUASSYS-DOL FORAGE montre aisément que le lobbying est à la portée des PME et peut se pratiquer au plan local[1].

Comme son nom l'indique, la société AQUASSYS-DOL FORAGE fore pour trouver de l'eau, parfois à plusieurs centaines de mètres sous terre. Ses principaux clients sont des agriculteurs et des collectivités locales.

Sa problématique est simple : lorsque qu'elle perce un puits, par exemple à 100 m de profondeur, elle découvre des nappes phréatiques provenant d'infiltrations d'eau remontant parfois à 100 ans.

Cette eau est donc pure.

Mais le forage peut drainer des nappes d'eau souterraines qui sont situées à une profondeur moindre et polluées par la filière agricole : produits phytosanitaires, phosphates, nitrates, etc.

Le seul moyen d'éviter la pollution de la nappe phréatique la plus ancienne et la plus profonde, est de bloquer le ruissellement des eaux supérieures. Cette imperméabilisation représente un coût important.



1. Interview de Monsieur GOBICHON du 6 janvier 2004.

Sur ce marché du forage, deux types de prestataires s'affrontent: « les gougnafiers » qui n'ont aucun souci de la pollution et cassent les prix, et les sociétés respectueuses de l'environnement comme l'entreprise AQUASSYS-DOL FORAGE, qui sont en revanche plus chères.

Toute la difficulté pour cette dernière qui se veut écologiquement responsable, est de s'imposer sur un marché où n'existe encore aucune réglementation.

Le client final ne regarde que l'aspect coût puisqu'il n'enfreint ce faisant, la moindre loi.

La société AQUASSYS-DOL FORAGE engage donc des actions de lobbying pour qu'au niveau départemental, un arrêté préfectoral soit pris imposant des normes de forage propre.

Les démarches de sensibilisation touchent en grande partie les instances d'État qui conseillent les préfectures, telles que les DRIR ou le BRGM.

En septembre 2003 la société a la bonne surprise de voir ses efforts couronnés de succès puisque la préfecture d'Ille-et-Vilaine adopte la réglementation correspondante. Cette réglementation est reprise dès lors sur l'ensemble des départements voisins.

La région Bretagne publie une brochure, à plusieurs milliers d'exemplaires, sur le respect de l'environnement, qu'elle illustre d'ailleurs de photographies représentant des équipes de la société AQUASSYS-DOL FORAGE.

En moins de trois mois, cette entreprise constate une restructuration du marché, certaines de ses concurrentes respectant les nouvelles normes de forage.

Et l'entreprise AQUASSYS-DOL FORAGE, ajoute son président Monsieur Jean-François GOBICHON, délivre des prestations à des prix moins élevés que ses concurrentes puisqu'elle dispose d'une avance technique importante et d'une expérience.

Elle ne veut pas s'arrêter en si bon chemin et poursuit son lobbying au niveau national : elle souhaite que les entreprises de forage soient agréées de façon à éliminer les concurrentes indélicates qui ne respecteraient pas les normes environnementales.

## 2.6. Les normes techniques

L'État est de moins en moins une source de droit. Les juristes parlent d'hybridation des normes[1].

**« Quel que soit le type de norme, l'entreprise se doit de l'influencer à son profit. »**

Pour les uns, la norme est un critère impératif imposé par exemple par décret, pour les autres, elle est un simple standard technique non obligatoire et permettant l'interopérabilité et la compatibilité entre des systèmes, pour d'autres encore, la norme assure aux consommateurs ou aux partenaires de l'entreprise une garantie sur le service ou le produit.

1. Voir sur le site du barreau de Paris http://www.avocatparis.org/public/Presse/letter3/numero3/enjeux.html du 6 octobre 2003.

Par exemple, pour que les téléphones portables puissent communiquer entre eux, il faut définir les normes de transmission des données, aussi bien entre les fabricants de mobiles, qu'avec les opérateurs de téléphone ou les fabricants de relais GSM et de centraux téléphoniques.

De même, l'entreprise certifiée ou qui vend des produits correspondant à une norme s'inscrit dans une stratégie de différentiation par rapport à ses concurrentes : dans ce cas, de nombreux directeurs du marketing considèrent que la norme constitue un atout pour l'entreprise.

**« La participation aux travaux normatifs permet de mettre en œuvre des stratégies pro-active de management de l'environnement[1] .»**

Dès lors, une entreprise qui parviendrait à faire adopter une norme qui lui serait favorable bénéficierait d'un avantage concurrentiel formidable. Une thèse a même été consacrée à ce sujet au titre évocateur suivant : « *Les normes, instruments de la stratégie marketing de l'entreprise*[2] ».

Il faut donc que les entreprises tentent d'influencer à leur profit l'élaboration de la norme.

À juste titre les spécialistes de l'intelligence économique déplorent que les entreprises de l'Hexagone soient sous-représentées dans des commissions techniques contrairement à leurs homologues étrangères.

Cependant, il est probable que les grandes entreprises, notamment du CAC 40, aient compris l'enjeu comme le soulignait Monsieur LE GALL directeur du développement des produits chez DUMEZ France dans un entretien déjà ancien[3].

### 2.7. L'influence de la production de la soft law ou normes douces

Les anglo-saxons utilisent le vocable de « soft law ». La traduction peu aisée en français est assimilée à une notion de droit mou ou normes douces.

Ces termes sont cependant trop imprécis pour satisfaire tant l'universitaire que le praticien, et d'autres expressions ont été suggérées comme « autoréglementation », « réglementation volontaire », « coréglementation » ou « quasi-réglementation ».

1. Thèse de Anne JUGLA p. 388.
2. Thèse de Anne JUGLA.
3. *Les Enjeux*, n° 100, juin 1989, cité par Anne JUGLA.

Toutefois, ceux-ci ne prennent pas en considération les recommandations des Organisations internationales ou non gouvernementales qui n'ont pas force de loi et sont donc de simples suggestions.

Ainsi, le National consumer council[1] (Grande-Bretagne) a pour sa part distingué huit principaux types d'instruments : codes de conduite unilatéraux, charte des consommateurs, codes unilatéraux par secteur, codes négociés, codes négociés approuvés par un organisme public, codes reconnus, codes officiels, codes légaux.

Il n'en demeure pas moins que non contraignante au départ, la soft law acquiert souvent une force impérative à la suite de sa reprise, soit par des Organisations internationales ayant pouvoir normatif, ou une fois transposée dans la législation nationale de certains états.

Deux exemples méritent d'être cités :

- Celui de la bio éthique.
- Celui de l'Internet.

Ces deux exemples ont un point commun ; il n'existait peu ou pas de législation ou de règles dont on pouvait s'inspirer pour réguler ces domaines nouveaux.

Les acteurs étaient à chaque fois multiples : États, société civile, entreprises, etc.

### 2.7.1. La soft law dans la bio éthique[2]

La genèse du droit de la bioéthique montre bien que nous sommes passés progressivement de normes facultatives à un droit impératif.

Une entreprise qui aurait voulu avoir une influence sur la législation, devait donc s'impliquer dès l'origine dans les différents travaux qui étaient lancés.

Les différentes étapes de l'élaboration des textes sont les suivantes :

- La déclaration d'Helsinki de 1964, élaborée sous l'égide de l'Association médicale mondiale (AMM). C'est peut-être, le premier texte international en matière bioéthique. Il définit les principes devant conduire la recherche.

1. Cité par http://www.lexfori.net/soft_law_fr.htm.
2. Voir à ce sujet l'excellent rapport d'information parlementaire de Monsieur Alain CLAEYS disponible à l'adresse suivante : http://www.assemblee-nat.fr/rap-info/i3208-1.asp#P482_77574.

Ces principes ne s'imposent pas formellement aux États ou aux praticiens.

- La déclaration de Manille de 1981, approuvée par l'Organisation mondiale de la santé (OMS) et le Conseil des organisations internationales des sciences médicales (CIOMS), a suggéré les règles de conduites applicables aux comités d'éthique « *pour représenter les valeurs culturelles et morales de la communauté* » ;
- La déclaration universelle sur le génome humain votée le 11 novembre 1997 par l'UNESCO du comité international de la bioéthique, créé en 1983 ;
- En 1991, la Commission européenne a créé le Groupe de conseillers pour l'éthique de la biotechnologie (GCEB), devenu par la suite le Groupe européen d'éthique (GEE) qui a rendu de nombreux avis.

L'ensemble de cette soft law a conduit ensuite à l'adoption de la réglementation telle que nous la connaissons actuellement. Cette réglementation qui a maintenant force impérative.

### 2.7.2. La soft law dans la régulation d'Internet

Les utilisateurs d'Internet qui ont une pratique ancienne possède certainement une connaissance intuitive et non formalisée de la soft law sur la Toile.

Dès l'essor d'Internet, bien des juristes se sont demandé comment le réguler[1].

La première difficulté était d'élaborer des normes dans un environnement international alors que des conceptions radicalement opposées existaient d'un pays à l'autre comme l'a montré l'affaire Yahoo en 2000. La France a interdit la vente d'objets nazis et les États-Unis ont rendu une décision contraire.

La seconde difficulté était la multitude d'Organisations internationales ou nationales, et qui ont pour la plupart, proposé des codes ou des règles de bonne conduite :

- L'Organisation mondiale de la propriété intellectuelle (OMPI en français, WIPO en anglais) ;
- L'ICANN, chargé de la gestion des noms de domaine Internet ;
- En France, forum des droits de l'Internet ;
- Etc.

Par ailleurs, les fournisseurs d'accès faisaient et font adhérer leurs clients à des chartes aux termes desquels ils s'engagent à respecter un certain nombre de dis-

1. Voir notamment *Jusqu'où doit-on réguler la Toile ?* par Michel VIVANT disponible sur http://www.cem.ulaval.ca/Internetamedia/vol1no5/vol1no5.html#droit.

positions, dont certaines sont légales (loi contre la pédophilie, contre le racisme, code de la propriété intellectuelle), ou simplement des usages (netiquette)[1].

Les tribunaux français se sont fondés sur ces normes non impératives pour statuer :

> Les premières décisions de justice française à reconnaître la légitimité d'une coupure de compte sur la base de la netiquette ont été rendues par le Tribunal de Grande Instance de Rochefort-sur-Mer[2] en 2001 et par le Tribunal de Grande Instance de Paris[3] en 2002.

Nous sommes maintenant à la dernière étape de production d'une norme avec une discussion sur la Loi sur l'économie numérique (LEN) devant le Parlement.

Autre exemple, la réglementation européenne sur la SPAM a été précédée du code de bonne conduite du Syndicat national de la communication directe (SNCD) en 2001[4].

## 3. L'absence de diffusion de la décision judiciaire

Les décisions judiciaires peuvent se retrouver sur le Net ou dans des bases de données juridiques spécialisées à accès payant ou gratuit.

**Pour une entreprise, laisser circuler une décision de justice la condamnant ou concernant un de ses dirigeants est parfois dramatique.**

**Elle peut exiger que la décision soit purgée du nom des personnes physiques et le cas échéant du sien en se fondant sur les dispositions de la loi informatique et libertés ou sur la loi de 1881 sur la presse.**

En principe, la portée d'une décision est limitée simplement aux parties présentes à l'instance.

Toutefois, si une juridiction pose une décision de principe, et notamment s'il s'agit de la Cour de cassation, il va de soi que d'autres juristes peuvent aussi produire la décision et demander à un tribunal nouvellement saisi de statuer comme le précédent ou comme la Cour de cassation.

Bien entendu, les esprits chagrins souligneront que le droit français repose sur un raisonnement syllogistique et non sur le système du « précédent » comme dans les pays anglo-saxons. Mais les praticiens du

1. Voir par exemple http://netiquette.afa-france.com/ ; http://www.noos.fr/plus/netiquette.html.
2. Tribunal de grande instance de Rochefort-sur-Mer, 28 février 2001.
3. Tribunal de grande instance de Paris, ordonnance de référé, 15 janvier 2002.
4. 01net., le 05/12/2001. http://www.01net.com/article/170135.html.

droit savent combien cette opposition entre les pays de la « common law » et les pays ayant adopté le système du code Napoléon est artificielle.

On comprend, dès lors, tout l'intérêt de ne pas se laisser se diffuser une décision de justice défavorable à une entreprise ou à son dirigeant si elle peut provoquer un effet boule de neige. Les ASSEDIC viennent d'être condamnées à indemniser 35 chômeurs « recalculés » par le tribunal de grande instance de Marseille[1]. Cette condamnation ouvre la porte à des centaines de milliers d'autres condamnations. La décision de Marseille serait restée confidentielle que les conséquences auraient été différentes.

Outre cette conséquence, l'entreprise peut craindre une atteinte à sa notoriété si un jugement la condamne par exemple pour atteinte à la vie privée ou entrave syndicale, ce qui risquerait de détourner certains clients.

On n'ose imaginer, bien entendu, une intervention de la partie condamnée auprès de bases de données juridiques ou de revues spécialisées.

Il n'y a cependant pas eu à ma connaissance de recherches pour savoir qui détient le capital des principales bases de données juridiques.

Dans l'ensemble, ces bases de données et ces revues, en matière pénale, ne publient que des décisions où ne figure pas le nom des parties. En revanche en matière civile, commerciale ou sociale, le nom des parties au procès est cité.

Reste le problème de l'Internet.

Sur quel fondement peut-on donc exiger le retrait d'une décision judiciaire sur Internet ?

La situation en droit international est d'une très grande complexité. Elle ne peut donc être expliquée ici.

Il faut donc se résoudre à examiner les dispositions existantes dans la loi informatique et libertés (3.1) en matière de vie privée (3.2) ou de diffamation (3.3), sachant que la CNIL a émis une recommandation pour préconiser l'anonymisation d'une décision de justice que l'on peut consulter sur son site www.cnil.fr.

Enfin, quel que soit le fondement juridique retenu, les praticiens français se heurtent aux moteurs de recherches anglo-saxons et aux sites collectant la mémoire du Web (3.4).

1. Décision du 15 avril 2004.

### 3.1. La loi informatique et libertés

La loi informatique et libertés du 6 janvier 1978 propose divers fondements afin d'empêcher le traitement de données nominatives, telles que celles résultant d'une décision de justice pénale où le nom des parties apparaît.

Cette loi devrait évoluer prochainement compte tenu des impératifs européens.

Toutefois, les principes fondateurs de la loi informatique et libertés ne seront pas remis en cause.

**Malgré une évolution prochaine du texte, sous l'influence d'une directive européenne, les principes existants seront toujours applicables pour obtenir le retrait d'une décision judiciaire ou à tout le moins son anonymisation.**

> L'article 26 de la loi précitée dispose que « toute personne physique a le droit de s'opposer, pour des raisons légitimes, à ce que des informations nominatives la concernant fassent l'objet d'un traitement, sauf lorsqu'il s'agit de traitements mis en œuvre par un organisme public. »
>
> L'article 27 fait obligation d'informer « les personnes auprès desquelles sont recueillies des informations nominatives [...] de l'existence d'un droit d'accès et de rectification. »
>
> *Aux termes de l'article 30, « sauf dispositions législatives contraires, les juridictions et autorités publiques agissant dans le cadre de leurs attributions légales ainsi que, sur avis conforme de la Commission nationale, les personnes morales gérant un service public, peuvent seules procéder au traitement automatisé des informations nominatives concernant les infractions, condamnations ou mesures de sûreté. »*

Ainsi, la personne dont le nom apparaîtrait dans une décision de justice publiée sur Internet, bénéficierait d'un droit à rectification et d'un droit d'opposition sur les données la concernant personnellement.

En outre, l'administrateur du site se doit d'informer la personne qu'elle cite.

La CNIL a rendu une recommandation le 29 novembre 2001 portant sur les décisions de justice publiées sur Internet et leur anonymisation.

En effet, elle retient que « pour les décisions revêtant un caractère nominatif, ce droit paraît pouvoir être revendiqué par des personnes qui souhaiteraient s'opposer à ce qu'une requête lancée sur leur nom par un moteur de recherche permette à quiconque de prendre connaissance, parfois plusieurs années après, d'un jugement les concernant dans un contentieux pénal notamment. »

Aussi, le nom et l'adresse des parties devraient être occultés dans les jugements et arrêts diffusés sur les sites web en accès libre, à l'initiative du diffuseur et sans que les personnes concernées aient à accomplir de démarche particulière.

Seules les bases de données payantes pourraient ne pas occulter les noms des parties.

Enfin, tout fichier nominatif doit être déclaré.

Dès lors que des informations nominatives apparaissent librement, il s'agit incontestablement d'un fichier nominatif nécessitant une déclaration auprès de la CNIL, sous peine de sanctions pénales.

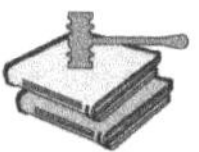

**Exemple de condamnation pour non-déclaration de fichier[1]**

Un site internet sur lequel figurent les noms de personnes physiques constitue un traitement automatisé de données nominatives, au sens de la loi informatique et libertés, et doit donc être déclaré auprès de la Commission nationale de l'informatique et des libertés (CNIL).

La cour d'appel de Lyon, aux termes d'une décision du 25 février 2004, a ainsi condamné pour défaut de déclaration le responsable d'un site internet.

La peine est minime et assortie du sursis.

Il est vrai que l'infraction peut sembler peu grave. En outre, le plaignant était un membre de l'église de scientologie, ce qui a pu influencer les magistrats.

## *3.2. L'article 9 du code civil*

L'article 9 du code civil dispose que :

> « Chacun a droit au respect de sa vie privée.
>
> Les juges peuvent, sans préjudice de la réparation du dommage subi, prescrire toutes mesures, telles que séquestre, saisie et autres, propres à empêcher ou faire cesser une atteinte à l'intimité de la vie privée : ces mesures peuvent, s'il y a urgence, être ordonnées en référé. »

La simple atteinte suffit à demander réparation du préjudice au contrevenant. Il n'est pas non plus nécessaire de prouver une intention de nuire.

1. Extrait du site legalis.net.

Par ailleurs, il importe peu que les informations divulguées soient vraies ou inventées de toutes pièces (CA Dijon 11 octobre 1989).

Enfin, les juges considèrent que la « redivulgation de renseignements relatifs à la vie privée est soumise à autorisation spéciale de l'intéressé » (CA Paris 27 janvier 1989).

**Sauf lorsqu'il s'agit d'un commentaire d'actualité, la liberté d'expression pouvant primer dans certaines hypothèses sur le respect de la vie privée, la divulgation d'informations relatives à celle-ci est interdite sur le fondement de l'article 9 du code civil.**

En matière de divulgation sur le passé judiciaire ou des condamnations pénales, les juges ont pu ainsi retenir :

- « Lorsque les faits reprochés à une personne et sa condamnation pour ceux-ci ont fait l'objet d'une large diffusion par voie de presse, il ne saurait être reproché au journaliste de les avoir évoqués à nouveau plusieurs années après si le devoir d'informer du journaliste était commandé par les nécessités de l'actualité et qu'il a respecté lors de l'évocation de ces faits, les règles générales d'objectivité et de prudence qui lui incombent. Tel n'est pas le cas, en l'espèce, où l'article de presse rappelant certains faits ayant fait l'objet d'une condamnation pénale, a porté atteinte à la vie privée de la sœur d'un grand délinquant. » (TGI Perpignan 12 juin 1995) ;
- « Revêt un caractère fautif et a porté atteinte au respect de la vie privée, la publication d'un article de presse, consacré à une affaire pénale d'assassinat remontant à une vingtaine d'années et ayant défrayé la chronique, dès lors qu'il excède le caractère légitime fondé sur la nécessité de l'histoire et de l'information. » (TGI Paris 15 décembre 1993) ;
- « S'il est licite, pour un journaliste, de rendre compte des débats judiciaires et de révéler à cette occasion des événements de la vie privée de la personne poursuivie, cette exception au principe posé par l'article 9 du code civil se trouve limitée à la période où ces événements relèvent de l'actualité et suscitent de ce fait un besoin d'information du public ; tel n'est pas le cas en l'espèce, où le journaliste a rappelé, dans une revue, une condamnation pénale malgré l'existence d'un arrêt de réhabilitation et alors que la peine avait été purgée, ce qui a causé un préjudice à la personne en cause. » (CA Paris 30 novembre 1992) ;
- « Toute personne, qui s'est trouvée associée à un événement public, même si elle n'en a pas été la protagoniste, est fondée à revendiquer un droit à l'oubli et à s'opposer au rappel d'un épisode de son existence dont la relation peut nuire à sa réinsertion. » (TGI Paris 25 mars 1987).

### 3.3. Action en diffamation

L'article 29 de la loi de 1881 subordonne le délit de diffamation à l'existence d'une atteinte à l'honneur ou à la considération.

Le texte ajoute que « la publication directe ou par voie de reproduction de cette allégation ou de cette imputation est punissable même si elle est faite sous forme dubitative (...) ». Ainsi, la diffamation peut être induite de tous les éléments de la cause.

**Même si les faits sont exacts, les dispositions du droit de la presse permettent le retrait d'Internet des décisions de justice.**

**Le principe est sain : une personne qui a payé sa dette à la société en exécutant sa peine peut bénéficier d'un droit à l'oubli.** ■

Les juges n'ont pas à rechercher quelles peuvent être les conceptions personnelles et subjectives de l'imputation concernant la notion d'honneur et celle de considération (Cass. crim., 2 juillet 1975).

Dès lors, des allégations de malversations, ou à plus forte raison d'actes de violence, constituent manifestement des atteintes à l'honneur.

La Cour de cassation avait d'ailleurs retenu qu'était « diffamé l'homme politique, militaire à l'époque des faits, que l'on accuse d'avoir pratiqué personnellement la torture bien qu'il ait déclaré y être favorable dans certaines circonstances » (Cass. crim., 7 novembre 1989).

Par ailleurs, la diffamation requiert la conscience de l'atteinte à l'honneur ou à la considération qui résulte de l'imputation alléguée. Les juges considèrent que les imputations diffamatoires supposent par elles-mêmes la conscience de l'atteinte, de mauvaise foi et avec intention de nuire (Cass. crim., 12 juin 1987).

Toutefois, l'article 35 de la loi de 1881 précise que l'auteur de la diffamation ne peut être poursuivi s'il établit la vérité du fait diffamatoire, qu'il ait été réalisé par la voie de la presse ou par tout autre moyen.

Néanmoins, il existe trois cas de figure dans lesquels la vérité du fait diffamatoire ne vaut pas fait justificatif et ne peut donc être invoquée (article 35 al. 3 de la loi de 1881) :

- Lorsque l'imputation concerne la vie privée de la personne ;
- Lorsque l'imputation se réfère à des faits qui remontent à plus de dix années ;
- Lorsque l'imputation se réfère à un fait constituant une infraction amnistiée ou prescrite, ou qui a donné lieu à une condamnation effacée par la réhabilitation ou la révision.

La notion de vie privée s'étend à des agissements personnels concernant la vie familiale ainsi que la moralité et l'honnêteté de la victime (Cass. crim., 19 mars 1956).

Aussi, les imputations strictement professionnelles ne relèvent pas de la vie privée (Cass. crim., 1986).

### 3.4. Le problème des moteurs de recherche et de la mémoire du Web

Toutes les pages Web non dynamiquement générées sont indexées par les moteurs de recherche qui en font un court résumé.

La plus grande difficulté rencontrée par une entreprise ou un particulier visé dans une décision de justice qui circulerait sur le Net, est d'obtenir une modification du résumé généré automatiquement par les moteurs de recherche.

**L'action ne doit pas se limiter à la suppression ou à l'anonymisation de la décision, mais également à une demande auprès des différents moteurs de recherche.**

Sans changement du nom du lien hypertexte, il n'y a pas de modification des abstrats générés automatiquement.

Les fondements et les moyens juridiques sont les mêmes que ceux utilisés pour obtenir la suppression de la décision de justice.

Toutefois, une difficulté majeure se présente pour atteindre les sites situés à l'étranger ou les moteurs de recherche.

Il en est de même pour les informations qui sont conservées par des sites (par exemple archive.com) qui ont pour vocation de conserver la mémoire du Web.

L'activité de la société CORNEILLE de Monsieur Marc R. est de récupérer, moyennant une rémunération non négligeable, de vieux écrans d'ordinateurs qui contiennent, comme chacun le sait, des produits hautement toxiques.

L'entreprise est pionnière dans son domaine.

Elle s'engage naturellement à détruire ces écrans en préservant l'environnement. Ses clients ont donc la conscience tranquille, et sont persuadés par l'intermédiaire de la société CORNEILLE, de respecter les dispositions légales, en se targuant même de faire du développement durable.

Toutefois, malgré plusieurs injonctions de l'inspection du travail, les salariés de l'entreprise ne disposent pas des protections nécessaires.

Plusieurs salariés sont intoxiqués par de la poussière de cyanure et ont de graves séquelles avec une invalidité à 100 %.

Marc R est donc condamné à quatre ans de prison en sa qualité de dirigeant d'entreprise.

Une partie de la peine qui couvre la période de détention préventive est ferme, le reste étant assorti du sursis.

Compte tenu d'un appel, d'une cassation, d'un nouveau procès en appel, d'une saisine de la cour européenne des droits de l'Homme, la décision définitive n'est connue que près de dix ans après l'accident.

Une fois sa peine purgée, Monsieur Marc R. décide de reprendre une nouvelle activité professionnelle.

Concomitamment, une association écologique décide de créer un site consacré au recyclage des déchets informatiques.

Elle fait pointer un lien de son site internet vers le texte complet de la décision, avec un lien hypertexte intitulé « les magouilles des inconscients ».

Mais dès qu'un des nouveaux clients potentiels de Monsieur Marc R. cherche des informations sur sa nouvelle activité, il trouve la décision évoquée précédemment et bien entendu ne contracte pas avec l'entreprise où travaille Marc R.

Marc R. fait adresser par l'intermédiaire de son conseil une mise en demeure à l'association écologique qui décide immédiatement de rendre anonyme la décision de condamnation en retirant le nom de Marc R et celui de son entreprise.

Monsieur Marc R. a cependant la surprise en tapant son nom sur un moteur de recherche d'obtenir un court résumé de la décision qui se présente de la manière suivante :
*Cour de cassation (chambre criminelle) du 28 Septembre 2003 Pourvoi n° ...Arrêt n° ... Marc R.*

***28 Septembre 2003. M. Cotte président, République française au nom de peuple français ... Attendu que Marc R. a été condamné par la cour d'appel à quatre ans de prison pour ...***

Les lettres recommandées adressées aux moteurs de recherche français ont un effet immédiat. En revanche celles adressées aux moteurs de recherche américains restent sans réponse. Sans réponse aussi d'un site qui archive les sites internet du monde entier avec leurs évolutions.

Monsieur Marc R., plutôt que d'intenter des actions outre-Atlantique, décide alors de « faire du bruit », c'est-à-dire qu'il crée un grand nombre de pages sur des sites qui lui sont dédiés où figure son nom.

Dès lors, un internaute qui cherche son nom ne trouve l'information litigieuse qu'après avoir examiné plus de trente pages des résultats donnés par un moteur de recherche.

Or, on sait que généralement, un internaute lit seulement les trois premières pages de résultats...

DEUXIÈME PARTIE

# STRATÉGIE DE PROTECTION DU PATRIMOINE

L'entreprise crée des richesses, forme des hommes et des femmes, entretient des liens et des relations avec d'autres entités, etc. Tous ces éléments lui donnent de la valeur.

Le patrimoine de l'entreprise est constitué bien sûr, de biens matériels (machines, immobilier...), mais aussi d'un ensemble de savoirs et de savoir-faire.

Les droits incorporels (marques, brevets, dessins et modèles, droits d'auteur...), les relations clients et fournisseurs, les bases de données, le marketing, le management, les valeurs humaines internes, l'innovation, les inventions, ainsi que l'histoire de l'entreprise elle-même, sont des éléments essentiels, partie intégrante du patrimoine de l'entreprise à protéger impérativement, en adoptant des stratégies adaptées.

**La protection du patrimoine de l'entreprise repose sur l'association de trois éléments : les hommes, les procédures avec le matériel associé, le droit.**

**La meilleure protection du patrimoine passe néanmoins, par la fidélisation des hommes et des femmes qui font la force de l'entreprise, les salariés, les actionnaires, les clients, les fournisseurs, etc.**

Les moyens employés pour la protection du patrimoine de l'entreprise sont d'abord des moyens matériels, comme la mise en place d'un contrôle d'accès aux locaux, le badging, ou encore l'installation de protections informatiques (cryptage, administrateur de réseau...).

Or la mise en place de telles dispositions apparaît inutile dès lors que ceux qui enfreignent les mesures de protection ne sont pas poursuivis à terme sur le plan civil ou pénal.

Le chef d'entreprise doit donc entrer dans une démarche juridique de protection du patrimoine, corporel et incorporel.

Si le dépôt de brevet est une protection prioritaire du patrimoine incorporel de l'entreprise, il ne suffit pas. À charge pour elle d'initier une dynamique, et de mettre en œuvre une véritable stratégie de gestion en la matière.

Le patrimoine est également protégé grâce aux multiples contrats qui renferment des clauses particulières et personnalisées à chaque relation mettant en jeu l'entreprise.

Le droit des marques est une autre forme de protection du patrimoine immatériel de l'entreprise. On ne peut l'aborder sans son corollaire, l'image de marque.

Toutes ces stratégies juridiques de protection ne sont pas indépendantes et doivent être combinées entre elles.

En effet, un produit breveté est en général vendu sous une marque, à des distributeurs, dans le cadre d'une relation contractuelle.

Dès lors sont examinés successivement :

- Les stratégies de brevets ;
- La protection contractuelle du patrimoine ;
- Les stratégies d'image de marque.

## L'obligation de transparence face à la stratégie de protection du patrimoine

L'obligation de transparence constitue un obstacle majeur, fondamental, pour la mise en place de la stratégie juridique de protection du patrimoine de l'entreprise.

Comment concilier, de fait, pour celle-ci, l'obligation de transparence et les mesures de protection de son patrimoine ?

Être transparente pour une entreprise, c'est d'abord informer de ce qui se passe ou de ce qui va se passer. Et les obligations d'information qui pèsent sur l'entreprise sont nombreuses. Ainsi, lors d'une opération de fusion ou de rapprochement d'entreprises par exemple, il faut en informer le comité d'entreprise, les autorités boursières, et éventuellement demander l'aval préalable des juridictions compétentes de la concurrence.

**L'obligation de transparence qui s'impose aux entreprises peut aller à l'encontre des stratégies juridiques de protection du patrimoine.**

En matière d'information, certains experts avertis comme Monsieur Pierre CABANNES[1] évoque l'émergence d'un véritable droit de la délation. Il a, en effet constaté que des textes étrangers, notamment américains, protégent la personne qui révélerait une malversation financière.

Ce même phénomène se retrouve également en droit français où l'on voit le salarié témoignant dans un dossier de harcèlement moral, bénéficier pendant six mois d'une protection identique à celle du salarié qui a demandé l'élection de représentants du personnel.

Comment alors concilier la sécurité des conventions, la protection du secret et cette obligation d'information ?

Il n'y a sans doute guère de solution, à l'image de la quadrature du cercle, mais certains praticiens, lors de rachats de sociétés, ont su contourner de manière pratique le dilemme, comme nous le montre la manière de procéder suivante.

Avant tout rachat d'entreprise, il faut en informer le comité d'entreprise.



1. Conseiller d'État, société ANTEE.

La difficulté est qu'aucun protocole n'étant signé, une des parties peut se dédire avec les conséquences sociales que cela engendre.

Dès lors, il n'était pas rare que les parties signent un protocole non daté, qui était séquestré chez une personne de confiance.

Une fois, l'information donnée au comité d'entreprise, le séquestre apposait une date postérieure à cette information sur le protocole, et remettait alors ce dernier aux parties.

Le protocole avait alors un plein effet juridique.

Cette pratique semble avoir en grande partie disparu !

### L'obligation de protection des données informatiques

En application de la loi informatique et libertés, toute personne qui développe des fichiers nominatifs est obligée de prendre les mesures nécessaires à la protection des données, et ce indépendamment naturellement des obligations de déclaration[1].

**La loi informatique et libertés crée une obligation de protéger les fichiers contenant des informations nominatives.**

**Une entreprise doit donc montrer les mesures qu'elle a adoptées pour protéger ses fichiers.**

La loi informatique et libertés subira probablement des modifications, un amendement, « un toilettage » dans les semaines ou mois qui vont suivre la parution de cet ouvrage. Mais il est certain que cette obligation demeurera et sera peut-être même renforcée.

En effet, les technologies évoluent très rapidement et des méthodes de protection, autrefois difficilement accessibles, sont maintenant à la portée de tous.

Le champ de cette obligation n'est pas défini avec précision.

1. Loi n° 78-17 du 6 janvier 1978 relative à l'informatique, aux fichiers et aux libertés (Journal Officiel du 7 janvier 1978 ), article 29 :
« Toute personne ordonnant ou effectuant un traitement d'informations nominatives s'engage de ce fait, vis-à-vis des personnes concernées, à prendre toutes précautions utiles afin de préserver la sécurité des informations et notamment d'empêcher qu'elles ne soient déformées, endommagées ou communiquées à des tiers non autorisés. »
Code pénal, article 226-17 :
« Le fait de procéder ou de faire procéder à un traitement automatisé d'informations nominatives sans prendre toutes les précautions utiles pour préserver la sécurité de ces informations et notamment empêcher qu'elles ne soient déformées, endommagées ou communiquées à des tiers non autorisés est puni de cinq ans d'emprisonnement et de 304 890 € d'amende »

Faut-il se contenter d'un pare-feu logiciel, en faut-il un matériel ? etc.

Il est ainsi facile de trouver en libre accès des petits logiciels sur Internet, comme Security box, qui assurent une bonne qualité de cryptage.

Pourrait-on reprocher à une personne qui verrait un de ses fichiers nominatifs détournés ou piratés ne pas avoir utilisé de tels moyens de protection ?

Imaginons un internaute qui recevrait un virus à partir du carnet d'adresses e-mail d'un de ses correspondants. Pourrait-il se retourner contre lui sur le fondement de cet article 29 de la loi informatique et libertés ?

**Exemple de sanction américaine sur le non-respect de la vie privée**

La diffusion d'information nominative, même dans d'autres pays que la France, est sévèrement sanctionnée comme le montre l'affaire du Prozac.

La société LILLY, fabricant du très connu Prozac, un anti-dépresseur, a été condamnée pour avoir divulgué les adresses e-mail des abonnés au portail web Prozac.com.

En effet, lors de l'inscription des abonnés, il était signalé qu'elles ne seraient pas divulguées.

Mais lors de l'envoi d'un e-mail collectif, plus de 600 adresses étaient visibles par tous ceux qui le recevaient.

Une belle bévue qui a entraîné les États de la Californie, du Connecticut, de l'Idaho, de l'Iowa, du Massachusetts, du New Jersey, de New York et du Vermont à porter plainte.

La société est condamnée à verser 160 000 dollars aux États plaignants.

D'après les responsables, il s'agirait d'une erreur de programmation[1].



1. Extrait du site http://www.yacapa.com/

## Chapitre 6

# Stratégie de brevet

L'examen des politiques de brevets des grandes entreprises laisse songeur : sur une même période, certaines déposent des dizaines de milliers de brevets tandis que d'autres n'effectuent que quelques centaines de dépôts.

**Il ne suffit plus qu'une innovation soit brevetable pour enclencher une demande de dépôt ; encore faut-il qu'elle comporte un intérêt commercial stratégique, évident ou potentiel, pour l'entreprise.**

Pourquoi une telle disparité, alors qu'un brevet constitue une valeur fondamentale pour une entreprise ?

L'exemple de SANOFI ci-après, est à cet égard, révélateur.

En cas de perte de son brevet sur le Plavix, SANOFI risque de voir son cours chuter de 34 %. Ce qui réduit, par voie de conséquence, la valeur de son offre d'échange sur la société AVENTIS[1], comme le révèle le quotidien *La Tribune*.

> « Selon un document que s'est procuré *La Tribune*, la société AVENTIS a compilé les analyses de BEAR STEARNS, DEUTSCHE BANK, CITIGROUP, BNP PARIBAS, HSBC ET JP MORGAN datées de juin 2003 à fin janvier 2004 pour établir l'impact de la perte de licence du Plavix sur le cours de SANOFI-SYNTHELABO. En moyenne, le titre SANOFI devrait perdre 34 % en cas de perte du brevet. Dans cette hypothèse, la prime proposée aux actionnaires d'AVENTIS dans le cadre de l'offre d'échange est négative de 25,4 %, tandis que l'offre mixte, incluant une partie cash, suggère de son côté une décote de 13,2 %. »



1. *La Tribune* 2 mars 2004.

Concernant cette disparité de politiques de brevet des entreprises, plusieurs explications peuvent être avancées :

Dans certains secteurs, sont brevetées surtout des inventions fondamentales ; par exemple dans le secteur pharmaceutique, le nombre de brevets est réduit parce qu'on n'invente pas tous les jours de nouvelles molécules.

En revanche, dans secteur de l'électronique, les inventions sont légion et le nombre de brevets est très important.

Certains entreprises considèrent que « breveter c'est dévoiler » et qu'il vaut mieux protéger ses secrets de fabrication. Si la boisson COCA-COLA avait été brevetée, sa formule serait universellement connue et personne n'aurait pu interdire la création de boissons au goût identique.

Pour le moment, les boissons concurrentes, telles que le MECCA COLA ou le BREIZH COLA, ne sont pas arrivées à reproduire le goût à l'identique.

Il faut prendre avec circonspection les propos qui vont suivre sur les différentes stratégies de brevets.

En effet, de telles politiques de brevets coûtent fort cher et il est probable qu'elles restent l'apanage de quelques grandes entreprises.

Nous rappellerons les conditions de brevetabilité des logiciels, puis étudierons les différentes stratégies de brevet :

- Les brevets leurre ;
- Les filets de brevets ;
- Les brevets de barrage ;
- L'inondation de brevets ;
- Le rapport entre les normes et les brevets ;
- Les limites du brevet.

## 1. Conditions de brevetabilité

Le code de la propriété intellectuelle donne une définition positive des inventions brevetables puis prend le soin de préciser que certaines créations nouvelles ne peuvent faire l'objet d'un brevet.

Sont considérées comme brevetables, les inventions, nouvelles, impliquant une activité inventive et susceptible d'application industrielle[1].

1. Article 610-11.1 du code de la propriété intellectuelle.

La définition de l'invention ne pose pas de problème particulier : L'invention est une solution technique à un problème technique.

En revanche, les critères de nouveauté, d'activité inventive et d'application industrielle, ont donné lieu à plus de discussions et de débats.

**Sont considérées comme brevetables, les inventions, nouvelles, impliquant une activité inventive et susceptible d'application industrielle.**

Si besoin était, le code de la propriété intellectuelle précise quelles sont les inventions non brevetables :

- les découvertes et théories scientifiques, qui préexistent à l'homme (mais leurs applications peuvent en être),
- les créations esthétiques,
- les plans, principes et méthodes[1], les règles de jeux,
- les présentations d'informations, par exemple, sur une fiche de contrôle.

## 1.1. Notion d'invention nouvelle

Pour être considérée comme nouvelle, toute invention ne doit pas être comprise dans l'état de la technique tel que l'a défini le législateur.

Cet état est constitué par tout ce qui a été rendu accessible au public avant la date de dépôt de la demande de brevet, par une description orale ou écrite, un usage ou tout autre moyen[2].

Une recherche d'antériorité est effectuée pour vérifier si le brevet répond bien à l'obligation de nouveauté.

**Une invention est nouvelle si aucune antériorité ne peut lui être opposée.**

Une antériorité existante est destructrice de nouveauté.

Pour être privée de nouveauté, l'invention doit s'y trouver tout entière, dans une seule antériorité au caractère certain, avec les éléments qui la constituent dans la même forme, le même agencement, le même fonctionnement en vue du même résultat technique[3].

1. Arrêt de la cour d'appel de Paris 10 janvier 2003 à propos d'un procédé de commande électronique de produits auprès d'un centre de vente pour abonnés d'un réseau téléphonique.
2. Article L. 611-11 du code de la propriété intellectuelle.
3. Arrêt de la Cour de cassation 12 mars 1996.

Au contraire, l'invention est nouvelle lorsque, par rapport à l'antériorité qui est opposée, elle comporte des moyens différents en termes de fonction et de résultat, et enseigne une fonction totalement nouvelle[1].

La divulgation de l'information avant le dépôt empêche ainsi l'obtention du brevet, sauf si le demandeur est victime d'un abus évident d'un tiers qui en avait connaissance. Celui-ci peut consister dans la violation d'une obligation de confidentialité ou de secret. Le brevet peut être valablement déposé dans les six mois.

D'autres exceptions sont à prendre en compte, telle la divulgation d'une invention dans certaines expositions officielles strictement limitées et visées par la Convention de Paris. Ici encore, le brevet doit être déposé dans les six mois, sans avoir le risque de se voir opposer le défaut de nouveauté.

Une demande de brevet sommaire peut toujours être remplacée par une seconde demande plus élaborée dans les douze mois suivants, sans se voir opposer un manque de nouveauté.

Enfin, il résulte de la Convention de Paris que tout ressortissant de l'un des États membres dispose d'un délai de priorité d'un an à compter du dépôt fait dans son pays d'origine pour déposer dans les autres États membres, sans qu'aucune divulgation effectuée pendant cette période puisse lui être opposée.

Outre ces exceptions, il est possible, toutefois, pour le déposant de divulguer de manière confidentielle son invention à des tiers sans perdre la protection légale. C'est le cas de l'inventeur qui doit pratiquer des essais ou des tests, mais aussi le cas de l'inventeur qui recherche des investisseurs pour développer son invention.

La divulgation « destructrice » de l'invention suppose que sa révélation porte sur les éléments constitutifs de l'invention et les moyens de la reproduire.

Par exemple, la photographie de l'invention dans un catalogue qui ne permet pas d'identifier l'objet du brevet ne peut pas être opposée au déposant[2].

Par ailleurs, si le document publié ne permet pas à un homme du métier de trouver la solution, ou si la communication de l'invention a été faite à un organisme de recherche sans que l'invention soit accessible au public, alors la divulgation n'est pas destructrice de nouveauté.

1. Arrêt de la cour d'appel de Lyon 13 janvier 2000.
2. Arrêt de la cour d'appel de Paris 18 septembre 1996.

Par contre, la communication par une entreprise à l'un de ses clients d'un devis comportant les éléments caractéristiques de l'invention, et sur lequel aucune indication de confidentialité n'est prescrite, entraîne la perte de la nouveauté[1].

La clause de confidentialité ne permet pas d'écarter la divulgation qui aurait été établie, mais elle peut bien sûr anticiper et réduire le risque de divulgation.

La nouveauté est également perdue si l'invention a été divulguée au cours d'une exposition, ou bien a fait l'objet d'une demande antérieure de brevet même non encore publiée, ou encore a été exploitée auparavant dans un pays étranger quelque soit le lieu et quelque soit le moment[2].

Attention, il reste un dernier élément insurmontable pour le déposant lorsqu'une personne de bonne foi, à la date du dépôt ou de priorité du brevet, est en possession de la même invention. Il a le droit d'exploiter l'invention malgré l'existence du brevet !

Enfin, la nouveauté peut revêtir différentes formes : nouveauté du produit ou du procédé, nouveauté dans l'application nouvelle de moyens connus, nouveauté dans la combinaison de moyens en vue d'un résultat, nouveauté de l'invention de sélection.

## 1.2. Notion d'activité inventive

Aux termes du code de la propriété intellectuelle, une invention est considérée comme impliquant une activité inventive si, pour un homme du métier, elle ne découle pas d'une manière évidente de l'état de la technique[3].

**L'activité inventive est appréciée objectivement sous le contrôle du juge.**

L'auteur ROUBIER proposait déjà une définition de l'activité inventive comme celle « *qui dépasse la technique industrielle courante, soit dans son principe par l'idée intuitive qui est à sa base, soit dans ses moyens de réalisation par les difficultés que l'inventeur a dû vaincre, soit dans ses résultats économiques par l'avantage inattendu que l'invention a apporté à l'industrie. On aperçoit mieux dès lors l'élément de l'imprévu, qui caractérise l'activité inventive : il y a quelque chose d'inattendu, soit dans l'idée inventive qui a été découverte, soit dans les moyens de réalisation qui ont été trouvés, soit dans les avantages économiques qui ont été apportés à l'industrie*[4]. »

1. Arrêt de la Cour de cassation 19 mai 1987.
2. Arrêt de la cour d'appel de Paris, 17 septembre 1997 (PIBD 1997, n° 644, III, p. 633).
3. Article L. 611-14 du code de la propriété intellectuelle.
4. Traité, T. 2, p. 67.

L'appréciation de l'activité inventive ne se rapporte donc pas à un jugement de valeur.

L'activité inventive est également dissociée de la valeur économique de l'invention, de son succès commercial, et du progrès qu'elle pourrait apporter à la technique.

L'invention pour être brevetable, doit alors découler :

- de façon non-évidente,
- pour l'homme du métier,
- de l'état de la technique.

Que peuvent regrouper ces notions ? Comment l'inventeur doit-il les comprendre ?

### 1.2.1. La non-évidence

Il est très difficile de définir le caractère évident ou non évident d'une invention.

Cela dépend de la démarche entreprise par l'homme du métier. Il s'agit d'une démarche objective qui consiste à poser le problème et chercher objectivement la solution.

**Certains indices permettent de présumer la non-évidence de l'invention.**

**Il faut commencer par se demander si le problème a déjà été posé.**

En effet, si celui-ci résout de la même manière que l'inventeur le problème posé, en mettant en œuvre des opérations d'exécution courantes ou normales, à partir de ses connaissances générales de base, alors l'invention est évidente par rapport à l'état de la technique.

Il n'y a également pas d'activité inventive lorsque seul l'ordre d'opérations connues a été modifié dans l'invention, et que cette modification relève de la simple exécution[1].

L'activité inventive fait défaut lorsque l'on se contente de juxtaposer des moyens connus sans que la combinaison de ces moyens conduise à un résultat nouveau.

Par exemple, un stylo dont l'extrémité se termine par un trombone ne correspond pas à l'activité inventive puisque l'on retrouvera les deux fonctions indépendantes : écriture et attache de quelques feuilles de papier.

1. Arrêt de la cour d'appel de Paris 25 octobre 2000.

Au contraire, l'invention qui combine plusieurs moyens techniques connus entre eux, mais agencés d'une façon nouvelle afin de produire un résultat nouveau, répond à la condition d'activité inventive.

Quels peuvent être alors les indices de la non-évidence ?

Il est possible que le problème posé ne l'ait jamais été auparavant.

Ainsi, il a pu être retenu par les juges que « *le problème à résoudre n'ayant pas été posé dans l'art antérieur, l'homme du métier n'était pas à même, avec ses seules connaissances et sans faire œuvre inventive, d'appliquer à résoudre ce problème des moyens différents et employés jusque-là à d'autres fins.* » « *L'évidence suppose en effet une connaissance claire et distincte du problème et des moyens de le résoudre*[1]. »

Si le problème a déjà été posé, il n'est pas toujours évident que l'homme du métier à l'aide de ses seules connaissances professionnelles puisse le résoudre.

Ainsi, il a été retenu que « *même en connaissant par un brevet antérieur le besoin d'un connecteur sûr, facile à connecter et déconnecter, il n'était pas évident pour l'homme du métier par le jeu de simples opérations d'exécution de découvrir une telle adaptation de l'état de la technique*[2]. »

Un autre indice à relever en faveur de l'activité inventive résulte du renversement d'un préjugé.

En fait, cela signifie que l'état de la technique qui dissuadait l'homme du métier d'utiliser tel moyen ou tel procédé pour résoudre un problème donné, est mis en cause par l'invention qui, au contraire, permet d'utiliser ce moyen pour atteindre le même résultat.

C'est par exemple, le cas du « Chlortoluron » connu comme un herbicide total qui a été adapté pour devenir un herbicide sélectif[3].

L'office européen des brevets cite l'exemple suivant :

> « *Après avoir été stérilisées, des boissons contenant du gaz carbonique sont transvasées à l'état chaud dans des bouteilles elles-mêmes stérilisées. L'opinion générale est qu'immédiatement après avoir retiré la bouteille du dispositif de remplissage, il faut isoler automatiquement la boisson transvasée du milieu ambiant, afin d'éviter qu'elle ne déborde. La mise au point d'un procédé analogue, mais sans prendre de précautions pour isoler la boisson de l'air ambiant (aucune précaution n'étant, en effet, nécessaire) impliquerait par conséquent une activité inventive.* »

1. Arrêt de la cour d'appel de Paris 22 mars 1990.
2. Jugement du TGI de Paris 30 novembre 1994.
3. Arrêt de la cour d'appel de Paris 19 octobre 1979.

### 1.2.2. L'homme de métier

L'homme de métier est un technicien qui dans le domaine considéré effectue des opérations courantes et n'a pas de connaissance extraordinaire. Il n'est pas particulièrement inventif. Il ne possède pas de connaissances universelles totales même dans son métier.

**L'homme du métier n'est pas un génie, il n'est qu'un technicien moyen !** ■

Certains juges retiennent qu'il « *est celui qui possède les connaissances normales de la technique en cause et est capable, à l'aide de ses seules connaissances professionnelles, de concevoir la solution du problème que propose de résoudre l'invention*[1]. »

Toutefois, plus l'invention sera complexe, plus les connaissances seront importantes.

L'homme du métier n'est pas l'utilisateur de l'invention mais le fabricant, le concepteur[2].

C'est également celui qui est lié au domaine technique auquel se rattache l'invention, c'est-à-dire au secteur dans lequel se pose le problème que résout l'invention[3]. Cette indication a son importance lorsque l'invention relève de plusieurs domaines d'activité.

### 1.2.3. L'état de la technique

Il reste à définir l'état de la technique.

En effet, l'activité inventive ne doit pas découler de l'état de la technique.

Ce dernier est constitué par toutes les informations résultant de tous documents, accessibles avant le dépôt de la demande ou la date de priorité.

**L'activité inventive ne doit pas découler de l'état de la technique.**

**Ce dernier est constitué par toutes les informations résultant de tous documents, accessibles avant le dépôt de la demande ou la date de priorité.** ■

Le juge se place à la date du dépôt pour apprécier l'activité inventive.

Il s'agit de comparer le brevet avec l'ensemble des antériorités prises isolément ou en combinaison. L'affirmation d'une évidence sans preuve ne constitue pas un moyen qui remet en cause la validité d'un brevet[4].

1. Arrêt de la Cour de cassation 7 octobre 1995.
2. Arrêt de la cour d'appel de Paris 25 octobre 1990 (PIBD, 1991, n° 492 III p. 38).
3. Arrêt de la cour d'appel de Paris 29 janvier 1991.
4. Arrêt de la Cour de cassation Com., 18 mai 1999.

L'antériorité doit être prise telle quelle. Elle ne doit ni être complétée, ni bénéficier d'ajouts d'éléments extérieurs.

La question suivante peut se poser : comme pour le critère de la nouveauté, quelle incidence aurait l'existence d'une demande de brevet antérieure même non publiée ?

En réalité, peu importe l'existence d'une telle demande !

Celle-ci est au contraire exclue de l'analyse de l'activité inventive ; cela peut se comprendre aisément puisque n'étant pas publiée, elle ne fait pas encore partie de l'état de la technique.

## 1.3. Notion d'application industrielle

### 1.3.1. Le principe

Le législateur exclut immédiatement certaines inventions qui ne sont pas considérées comme susceptibles d'application industrielle.

Sont concernées toutes les méthodes de traitement chirurgical ou thérapeutique du corps humain ou animal ainsi que les méthodes de diagnostic appliquées au corps humain ou animal.

L'article vient toutefois préciser que cette exclusion ne s'applique pas aux produits, notamment aux substances ou compositions, pour la mise en œuvre de l'une des méthodes précédentes[1].

**Contrairement à ce qui se passe dans certains pays, les inventions brevetables doivent être susceptibles d'application industrielle.**

**De ce fait, les méthodes ne sont nullement protégeables en France.**

Par ailleurs, seuls sont concernés les traitements thérapeutiques, c'est-à-dire la méthode qui consiste dans un ensemble de démarches raisonnées et reliées entre elles, qui sont destinées à parvenir à la découverte des moyens de prévenir, traiter, soulager ou guérir des symptômes d'un trouble résultant d'une affection du corps humain ou animal.

Ainsi, les méthodes de traitements non thérapeutiques sont brevetables (améliorer la croissance d'un animal ou son apparence esthétique...). C'est le cas d'une invention qui a pour objet un dispositif et un procédé pour faciliter la circulation sanguine extracorporelle[2]. C'est également le cas d'une méthode contraceptive[3].

1. Article L. 611-16 du code de la propriété intellectuelle.
2. Arrêt de la cour d'appel de Paris 24 septembre 1984.
3. Arrêt de la cour d'appel de Paris 24 septembre 1984.

Attention, toutefois, car n'est pas brevetable la méthode cosmétique, par exemple, qui aurait un effet thérapeutique.

Mis à part cette exclusion légale, une invention est considérée comme susceptible d'application industrielle si son objet peut être fabriqué ou utilisé dans tout genre d'industrie, y compris l'agriculture[1].

La preuve de l'application industrielle doit d'ailleurs être rapportée lors de la description de l'invention.

Cette description doit contenir l'indication du domaine technique auquel se rapporte l'invention ainsi que l'indication de la manière dont elle est susceptible d'application industrielle, si cette application ne résulte pas à l'évidence de la description ou de la nature de l'invention[2].

Cette mesure plutôt libérale est toutefois prise au sérieux par l'INPI qui n'hésite pas à rejeter une demande de brevet qui, malgré un exposé clair du mode de réalisation de l'invention, ne donnait aucune indication sur son application industrielle.

La loi, ici, ne tient compte ni du résultat de l'usage de l'invention brevetée, ni de la qualité de ce résultat. Aussi, un résultat imparfait ou même un résultat constituant une régression, ne conduit pas à un défaut d'application industrielle[3].

Dans l'affaire du « Chlortoluron[4] », *il a pu être retenu que « pour qu'une invention soit brevetable, il est suffisant qu'elle procure un résultat technique immédiat dans l'ordre industriel, même si ce résultat est faible et imparfait et si les techniciens considèrent cette invention comme sans intérêt du point de vue commercial et sans utilité dans l'exploitation.* »

Par ailleurs, le résultat, en tant que tel, n'est jamais brevetable. Cela paraît d'ailleurs inimaginable puisque plus personne ne pourrait alors atteindre ce même résultat par d'autres moyens techniques sans être poursuivi pour contrefaçon ! Les principes classiques de liberté du commerce et d'entreprendre seraient totalement anéantis.

La notion d'industrie est entendue depuis plus de cent cinquante ans de manière très large.

1. Article L. 611-15 du code de la propriété intellectuelle.
2. Article R. 612-12 du code de la propriété intellectuelle.
3. Jugement du TGI de Paris 16 juin 2000.
4. Jugement du TGI de Paris 25 avril 1985.

Dans la Convention d'Union de Paris de 1883, il était déjà inscrit que « *la propriété industrielle s'entend dans l'acceptation la plus large et s'applique non seulement à l'industrie et au commerce proprement dit, mais également au domaine des industries agricoles et extractives et à tous produits fabriqués ou naturels.* »

L'« industrie » implique un exercice ininterrompu et indépendant d'une activité avec un but lucratif. Elle peut être aussi définie comme toute forme d'exploitation économique d'une technique.

L'adjectif « industriel » fait référence au caractère technique et exploitable de l'invention. Cette dernière doit tendre effectivement à l'obtention d'un résultat industriel.

Dans ces conditions, les créations esthétiques ou bien les principes et méthodes abstraites qui n'apportent aucun résultat industriel, sont exclus de la brevetabilité.

C'est le cas également du produit naturel que l'on découvre et, quelque intéressante que puisse être sa découverte et de quelque utilité qu'il puisse être dans l'industrie, qui ne saurait en dehors de toutes méthodes industrielles d'application de procédés industriels nouveaux, faire l'objet d'un brevet[1].

Enfin, la notion même d'« utilisation » est également intéressante puisqu'elle vise la possibilité de breveter des procédés techniques à la différence de la notion de « fabrication » qui renvoie aux inventions de produits.

Bien entendu, l'invention de procédés ou de moyens techniques doit avoir une application industrielle, comme décrite ci-dessus, pour être brevetable.

### 1.3.2. La brevetabilité des logiciels

Des débats se sont engagés pour savoir si les programmes d'ordinateurs pouvaient être brevetables.

Le législateur français maintient sa position de principe d'exclure de la brevetabilité les programmes d'ordinateurs en tant que tels.

La solution est moins tranchée qu'il n'y paraît compte tenu du fait que l'Office européen des brevets (OEB) a considéré comme brevetables des programmes d'ordinateurs susceptibles d'application industrielle.

De même, l'Europe travaille sur un projet de brevetabilité des logiciels. Une proposition de directive par la Commission a été votée le 24 septembre 2003, concernant la brevetabilité des logiciels, après l'admission de 120 amendements.

1. Jugement du Tribunal civil de la Seine 16 juillet 1921.

Toutefois, la seule présence d'un programme d'ordinateur ne suffit pas à fonder l'exclusion car le programme d'ordinateur peut participer à un dispositif technique qui, lui, est brevetable[1].

La cour d'appel de Paris a ainsi considéré que la disposition légale qui proscrit la brevetabilité des programmes d'ordinateurs est une disposition exceptionnelle qui doit faire l'objet d'une interprétation restrictive, et qu'un procédé technique ne peut être privé de la brevetabilité pour le seul motif qu'une ou plusieurs de ses étapes sont réalisées par un programme d'ordinateur[2].

## 2. Pourquoi, où et quand déposer un brevet ?

Certaines entreprises se refusent à déposer des brevets pour leurs produits les plus vitaux.

D'autres au contraire déposent en grand nombre.

Face à cette situation, il convient donc de se demander quels sont les critères qui conduisent au dépôt d'un brevet.

Une interrogation similaire peut être engagée sur les lieux de dépôt ainsi que sur les dates choisies.

### *2.1. Pourquoi déposer un brevet ?*

Des entreprises comme la société COCA-COLA n'ont pas déposé de brevet et ont préféré conserver secrets leurs savoir-faire et invention.

Une telle solution n'est bien sûr possible que si deux conditions sont remplies :

- L'entreprise a matériellement la possibilité de protéger son secret. Il ne suffit pas par exemple, d'examiner l'invention pour en déduire ce qui en fait sa substance.
- L'entreprise n'est pas tenue de devoir divulguer son secret en concédant par exemple des licences d'exploitation.

**Déposer un brevet, c'est dévoiler son savoir-faire, l'état de la technique.**

Les avantages du brevet sont connus : le brevet confère à son titulaire un monopole d'exploitation pendant une durée de vingt ans, voire plus dans certains domaines.

1. Article L. 611-10.3 du code de la propriété intellectuelle.
2. Arrêt de la cour d'appel de Paris 15 juin 1981.

Plus stratégiquement, le dépôt de brevet peut avoir pour objectif :

- D'acquérir la propriété des résultats de l'invention pendant vingt ans au plus ; ce qui financièrement est très avantageux. Par exemple, la société THOMSON MULTIMEDIA profite largement des nombreuses licences qu'elle a pu accorder sur ses produits, en établissant un chiffre d'affaires de plusieurs millions d'euros par an pour un portefeuille d'environ 35 000 brevets. L'exploitation en 1999 de sa marque RCA et des brevets lui a rapporté quelque 200 000 millions de dollars de revenus annuels supplémentaires ;
- De structurer des accords de partenariats commerciaux et techniques en procédant à des échanges de brevets ou par le biais de licences croisées ;
- De créer un rapport de force avec ses concurrents, et ainsi défendre sa position sur un marché et, le cas échéant, accroître ses parts de marché dans le meilleur des cas ;
- De donner l'image d'une entreprise performante et innovante, ce qui a également pour fonction de décourager les contrefacteurs.

Pour toutes ces raisons, différentes stratégies de brevets sont adoptées selon les ambitions de l'entreprise. Le brevet est pour elle tant une arme offensive qu'une arme défensive.

Déposer un brevet, c'est dévoiler une technicité, parfois un savoir-faire.

Certaines entreprises préfèrent donc rester dans le secret avec toutes les difficultés que cela présente si celui-ci est découvert.

C'est par exemple, la fameuse formule du COCA-COLA qui n'a jamais été divulguée et donc n'a jamais été protégée par un brevet.

La société COCA-COLA a voulu limiter les coûts et surtout éviter que la formule tombe à l'issue du délai de protection, dans le domaine public !

La protection apportée par le secret des affaires est certes infinie jusqu'au jour où le secret tombe. Toute diffusion malencontreuse d'informations confidentielles peut entraîner la chute de l'entreprise qui se fonderait sur ce seul secret.

Le secret est approprié pour les produits ou procédés dans lesquels l'invention n'est pas décelable.

Un autre avantage du secret, consiste à garder l'anonymat sur ses propres affaires.

Par exemple, un dirigeant de PME qui a déposé des brevets sous procédure PCT s'est vu devenir immédiatement une cible pour ses concurrents qui ne lui ont pas laissé le choix de négocier.

Or, un procès en matière de brevet peut coûter excessivement cher à l'entreprise déposante.

Certaines d'entre elles ont dû, soit céder des licences de force, soit déposer le bilan.

Michel MONCHENY, conseil en propriété industrielle, rappelle que « *soixante et onze pour cent de l'information technique disponible se trouvent dans les brevets. En se tenant informées des innovations d'autrui, les firmes peuvent modifier, réorienter ou abandonner leurs axes de recherche*[1]. »

**Exemple de protection du secret de fabrication**

La société ZODIAC donne sa position sur la question :

« *La stratégie du secret s'impose notamment pour les procédés de fabrication, difficiles à copier, car le contrefacteur doit reconstituer les techniques de fabrication de son concurrent à partir du produit fini. Pour ces raisons, ZODIAC garde confidentiels les procédés d'assemblage de ses bateaux pneumatiques réalisés à partir de machines qui lui sont propres.* »

« Nous ne commercialisons pas nos machines et nos usines ne se visitent pas », résume Dominique PUIG du groupe ZODIAC.

## 2.2. Où déposer le brevet ?

La démarche de dépôt de brevet est liée à la stratégie mondiale d'implantation de l'entreprise et doit donc prendre en compte des éléments tels que l'existence d'une marché potentiel, le risque pays, les évolutions en matière de législation, etc.

**Il ne sert à rien de déposer des brevets dans des pays où le produit ou bien le procédé ne sera jamais vendu ou utilisé directement ou par des licenciés !**

La fiscalité est un critère important, avec notamment la taxation des redevances issues des licences de brevets.

Ainsi, pour sa part, la société ALCATEL ALSTOM qui dépose de nombreux brevets en Chine sait qu'il est bien difficile de faire valoir ses droits devant les tribunaux chinois en cas de contrefaçon.

1. *Les Échos*, 17 février 1998.

Mais Monsieur Christian GREGOIRE, son directeur de la propriété industrielle, souligne que « *la situation judiciaire va évoluer. Un brevet dure 20 ans et il est important de nous constituer un portefeuille dès aujourd'hui*[1]. »

Compte tenu du coût de dépôt d'un brevet dans le monde entier, les entreprises doivent se limiter à choisir un nombre restreint de pays.

Plusieurs critères de dépôt sont alors à prendre en compte.

Il y a, tout d'abord, un critère purement matériel lié aux lieux de fabrication ou aux lieux de distribution.

Il ne sert à rien, à en effet, de protéger un produit dans un pays où il ne sera ni fabriqué, ni commercialisé. C'est, ainsi que peu de brevets sont déposés dans les pays du tiers monde où il n'y aura ni producteurs ni consommateurs.

Par ailleurs, si la technologie du brevet est extrêmement fine, pointue et délicate, les contrefaçons ne pourront voir le jour que dans quelques pays possédant les connaissances nécessaires. Pourquoi alors déposer dans les autres pays ?

**Les brevets sont donc déposés dans les pays de fabrication ou de commercialisation.**

Ensuite, il convient d'avoir une bonne connaissance de la législation et des pratiques des pays du lieu de dépôt.

Cette approche de la législation doit comprendre aussi bien des informations sur les conditions et modalités de dépôt qu'une bonne connaissance de ce qui existe en matière de contrefaçon. Certains pays sont relativement réticents à poursuivre des contrefacteurs. Ainsi, il peut y avoir pour ces pays des impératifs de santé publique comme on l'a vu avec le bras de fer opposant l'industrie pharmaceutique à des pays en voie de développement.

Ainsi, comme le font remarquer les auteurs PASCAUD et PIOTRAUT, « *l'entreprise doit connaître la législation locale en matière de propriété industrielle et la réglementation des implantations industrielles ; certains pays, notamment les pays en voie de développement, réduisent la durée de vie des brevets (jusqu'à 5 ans) et prévoient des obligations d'exploiter l'invention dans un délai de 3 à 5 ans sous peine d'appropriation par l'État.* »

On mentionne également, le cas de la Russie qui se livrerait à l'occasion des dépôts de brevets, à une véritable enquête destinée à recueillir des informations économiques, scientifiques ou industrielles essentielles.

1. Extrait de l'article « Le brevet, nouvel outil stratégique », *Les Échos* en date du 17 février 1998.

Les statistiques prouvent que la plupart des entreprises étrangères se sont retirées après leur demande de brevet (sur 65 771 demandes par des non-résidents, seuls 3 148 brevets ont été délivrés[1]).

Enfin, depuis longtemps, les différents pays industrialisés se sont organisés pour qu'un produit breveté dans un pays soit facilement protégé également dans un autre pays.

Des conventions internationales ont été signées à plusieurs reprises et dernièrement les accords de l'OMC comportent un volet important sur les droits de propriété intellectuelle et industrielle : les accords ADPIC.

En outre, l'Union européenne a prévu une procédure de dépôt couvrant tous les pays européens.

Il ne faut cependant pas se leurrer car poursuivre des contrefacteurs en Chine ou dans certains pays est difficile, voire impossible.

### 2.2.1. Les procédures de brevets européens

#### A. Définition et procédure du brevet européen

La Convention de Munich du 5 octobre 1973 a créé le brevet européen afin d'harmoniser le droit des brevets au sein de l'Union européenne.

Le code de la propriété intellectuelle français reprend les dispositions de cette convention dans ses articles L614-1 et suivants.

Le brevet européen permet au déposant d'obtenir, par une procédure unique, une protection de son invention dans un ou plusieurs États européens.

Le dépôt peut être effectué auprès de l'INPI ou directement auprès de l'Office européen des brevets à Munich.

Si la demande de brevet répond aux conditions de forme exigées, l'Office européen des brevets établit un rapport d'antériorité puis examine la conformité de la demande aux critères de nouveauté, d'activité inventive et d'application industrielle.

Au terme de la procédure, la demande est acceptée ou rejetée par l'Office.

1. Statistiques de l'OMPI 2000.

### B. Intérêt du brevet européen

Le dépôt de multiples demandes de brevets dans plusieurs États de l'Union européenne constitue une perte de temps et un coût non négligeable pour l'entreprise déposante.

L'Office européen des brevets remédie à ces contraintes en délivrant un brevet européen unique qui garde toutefois l'effet d'un brevet national dans chaque pays désigné. Aussi, les juridictions nationales restent seules compétentes en cas de litige.

L'entreprise a intérêt à déposer un brevet européen pour plusieurs raisons plutôt que de déposer un brevet dans chaque pays individuellement.

Le premier avantage est d'ordre pratique. Le dépôt unique se fait dans une seule langue, choisie parmi l'allemand, l'anglais ou le français. Ainsi, les coûts de traduction et de dépôt sont réduits.

Le brevet européen est également un brevet dit « fort ».

En effet, il est délivré à l'issue d'un examen quant au fond, c'est-à-dire à la suite d'une recherche d'antériorité, suivie de l'examen des critères de brevetabilité.

Enfin, il est flexible car le choix des États désignés n'est pas obligatoire au moment du dépôt et peut être effectué ultérieurement.

La plupart des conseillers en propriété industrielle font remarquer qu'il est intéressant de déposer un brevet européen si la protection recherchée concerne au moins trois pays membres de la Convention de Munich.

Par ailleurs, si la demande de brevet est effectuée dans des pays où l'examen approfondi de la brevetabilité n'est pas réalisé, il est conseillé d'éviter la procédure stricte du brevet européen ou de toute approche globale, au profit d'un dépôt directement national.

### C. Le brevet communautaire

Afin de stimuler le dépôt de brevets en Europe, les instances de l'Union européenne ont créé un brevet communautaire dont la mise en œuvre technique sera confiée à l'Office européen des brevets.

La finalisation de ce brevet résulte de plusieurs années de négociation, puisque le concept de brevet communautaire date de la Convention de Luxembourg du 15 décembre 1975.

Un système juridictionnel unique sera mis en place à partir de 2010 pour régler les litiges propres à ce brevet supranational.

Le brevet communautaire, à la différence du brevet européen, a effectivement la valeur d'un titre unitaire qui offre une protection sur l'ensemble du territoire de l'Union européenne.

Ainsi, le brevet communautaire pallie les inconvénients du brevet européen dans le sens où il ne sera plus nécessaire de faire valider par les offices nationaux le dépôt de brevet, et seul le « tribunal du brevet communautaire » sera compétent en la matière.

Pour la question de la langue utilisée lors de la demande de dépôt, aucun changement ne sera établi ; le choix entre l'allemand, le français et l'anglais demeure.

Il ne sera pas non plus question de transcrire intégralement le brevet dans toutes les langues européennes mais seulement les revendications.

Pour les entreprises déposantes, ce brevet est à nouveau un avantage considérable, compte tenu de la réduction des coûts et du caractère supranational du brevet.

### 2.2.2. La procédure PCT

#### A. Principe du brevet PCT

Il n'existe pas de brevet international qui aurait un effet universel.

Toutefois, certains pays se sont mis d'accord pour instaurer une procédure unique de dépôt de brevet parmi les pays membres du traité de coopération en matière de brevets qui sont plus d'une centaine (ou traité de Washington 19 juin 1970).

**La procédure PCT permet de prendre date dans un pays signataire du traité.**

Concrètement, la procédure PCT permet à partir d'une demande unique, déposée dans la langue du déposant, auprès d'un office national ou régional, d'obtenir un brevet national dans les pays choisis et membres du PCT. Chaque office national (INPI) ou régional (OEB) récepteur traite la demande selon ses propres règles.

La demande PCT fait l'objet d'une recherche internationale qui a pour objet d'établir l'état de la technique pertinent. Le déposant peut demander en plus un examen préliminaire international pour savoir si son invention satisfait aux critères de nouveauté, d'activité inventive et d'application industrielle.

L'ensemble de ces informations est adressé aux Offices de brevets des pays désignés.

Le déposant, quant à lui, est mieux situé pour déterminer s'il doit entamer la procédure nationale de délivrance auprès des offices de brevets.

### B. Stratégie du brevet PCT

L'intérêt de la procédure PCT, outre l'allègement de l'effort de trésorerie, réside dans le gain de temps obtenu par un rallongement du délai de priorité, jusqu'à dix-huit mois supplémentaires.

Le délai de priorité permet au déposant de bénéficier de la date de dépôt initial pour toutes les demandes déposées pendant ce délai.

Cela lui permet de prendre le temps de la réflexion pour d'autres dépôts éventuels puisque les effets de la divulgation de l'invention sont neutralisés pendant cette période.

Ainsi, le dépôt d'un brevet PCT procure un intérêt indéniable pour les entreprises.

Le brevet PCT aide à rationaliser et à maîtriser le dépôt et l'instruction des demandes de brevet à l'étranger. Il permet de :

- Prendre des décisions en meilleure connaissance de cause, de gagner du temps avant d'engager des dépenses supplémentaires ;
- Mieux vérifier le bien-fondé de la demande de protection à l'étranger et la couverture géographique souhaitée ;
- Réaliser des économies.

Plus concrètement, l'allongement du délai de priorité à trente mois, va permettre à l'entreprise de repérer de nouveaux marchés potentiels, ou d'en éliminer certains désignés.

L'entreprise peut organiser son portefeuille brevets d'une meilleure façon puisqu'elle dispose désormais du temps pour trouver de nouveaux partenaires pour accorder éventuellement des licences sur l'exploitation de l'invention.

Par ailleurs, la publication internationale de la demande de dépôt va renseigner l'entreprise sur l'existence d'une demande analogue déposée par un concurrent. Cela signifie que l'entreprise sera en mesure de déterminer les États où son concurrent n'a pas déposé de demande particulière.

Pour ces États, l'entreprise déposante a intérêt à accélérer le processus vers les phases nationales pour bénéficier le plus rapidement de la protection de son invention.

Enfin, l'aspect « coût » est important puisque les contraintes de traduction par pays, de taxes nationales sont repoussées de plusieurs mois. Le déposant bénéficie également de la possibilité de retirer sa demande de dépôt, ce qui lui procure un avantage financier réel par rapport à chaque demande nationale qu'il aurait effectuée.

Par ailleurs, le lien PCT-brevet régional (euro-PCT, eurasien...) permet ainsi de désigner plusieurs États pour lesquels une seule taxe de désignation est demandée.

### 2.2.3. La procédure antidiscovery des Américains

Aux États-Unis, le risque pour une société étrangère résulte surtout de la loi fédérale qui a créé la procédure dite « discovery ».

Cette procédure peut être ordonnée par le juge américain lorsqu'il est saisi d'un litige en contrefaçon.

Les avocats du demandeur à l'action lui demanderont d'ordonner la communication de tous les documents relatifs au litige, alors même que l'adversaire serait une société étrangère !

Les avocats peuvent également se rendre sur place au sein de l'entreprise contrefacteur, même à l'étranger, afin de saisir les documents qui leur semblent intéressants pour la solution de la contestation.

Tout refus de collaborer est assimilé au délit d'entrave à la justice, puni par les lois américaines[1]. Une lourde amende risque d'être prononcée à l'encontre de la société étrangère.

Les dispositions antidiscovery adoptées par certains pays ne pourront renverser la décision discrétionnaire du juge.

L'entreprise française qui souhaite déposer un brevet américain doit donc prendre garde à ce type de procédure. Son patrimoine risque d'être affecté si les informations fournies passent entre les mains d'un concurrent.

Une solution doit toutefois être proposée. Le marché américain est l'un des plus porteurs, il est donc difficilement envisageable de rester à l'écart de celui-ci.

La procédure dite « discovery » semble être ordonnée le plus souvent dans des affaires où une entreprise étrangère fait face à une entreprise américaine. Ainsi, pour limiter les risques de subir une telle inquisition, il pourrait être conseillé de créer une entité de nationalité américaine qui déposerait donc un brevet de dimension nationale et bénéficiant des prérogatives des sociétés américaines en général.

1. *Protéger et valoriser l'innovation industrielle* de PASCAUD et PIOTRAUT, 1994.

### 2.3. Quand déposer ?

Cette question appelle plusieurs remarques.

C'est à partir du dépôt que la protection officielle du brevet démarre.

En cas de dépôt, il est indispensable d'évaluer l'état de maturité de l'innovation ainsi que l'urgence de déposer. Il est clair que si le marché est demandeur d'une telle innovation, un concurrent risque de déposer un brevet sur la même invention et s'accaparera le marché en question en le bloquant de cette manière.

Il ne faut pas déposer trop tôt un brevet.

En déposant trop tôt, l'entreprise prend le risque de breveter une innovation qui n'est pas totalement au point et donc inexploitable. Elle alertera ainsi ses concurrents sur un axe de recherche.

C'est pourquoi il faut parfois laisser mûrir ses innovations en laboratoire afin de les perfectionner.

Il est conseillé de cerner au mieux son invention et toutes les éventuelles applications industrielles. Ainsi, le brevet couvrira de manière optimale l'invention et ses applications ou adaptations ultérieures.

Les recherches concernant l'invention doivent être suffisamment avancées pour être en mesure de les décrire précisément.

Les organismes de brevets ont pour fonction de vérifier les requêtes ainsi que la description de l'invention. À défaut de description suffisante, la demande de brevet est nulle.

Il ne faut pas non plus déposer trop tard !

Plus le temps passe, plus les risques de divulgation sont présents. Une invention, produit ou procédé technique, est difficile à maintenir cachée.

Il suffit, rappelons-le d'une simple publication dans un journal, même interne, ou de propos tenus en public, pour que l'invention ne puisse plus bénéficier d'une protection légale.

Éviter la divulgation prématurée est tout à fait légitime, mais déposer avant le concurrent l'est encore plus !

Cela nécessite pour l'entreprise de mettre en place une démarche de veille concurrentielle et de veille brevets sur le marché visé, et de toujours être prête à déposer en actualisant les perfectionnements et améliorations.

Bien entendu, le contexte politique, économique et social joue son rôle dans le moment opportun du dépôt.

Sur un marché rentable, il est conseillé de déposer rapidement. L'entreprise prend ainsi un maximum de parts de marché et peut adopter une stratégie de brevet défensive en bloquant le marché, et offensive en évinçant les concurrents déjà présents.

Toutefois, si le marché ciblé est faiblement développé, il est peut-être intéressant d'attendre afin de gagner quelques années de protection, lorsqu'il sera temps d'intervenir. En tout cas, l'entreprise doit se tenir prête.

Si elle souhaite céder son innovation, l'entreprise aura la possibilité de déposer un brevet rapidement afin d'avoir entre les mains un outil de négociation supplémentaire. Elle pourra d'ailleurs accorder une simple licence en se gardant la propriété du brevet.

La société AIR LIQUIDE dont le directeur juridique a été interviewé sur cette question par le journal *Les Échos*[1] explique fort bien sa stratégie de propriété intellectuelle :

> « Comment a évolué la gestion des brevets dans l'entreprise ?
>
> Au fil des ans, notre gestion de la propriété intellectuelle s'est faite plus rationnelle et imaginative. Elle est désormais totalement intégrée à la stratégie globale de l'entreprise.
>
> Dans la compétition économique, les brevets constituent-ils une arme offensive ou défensive ?
>
> Une bonne gestion de la propriété industrielle combine une approche défensive et offensive. Les brevets sont en quelque sorte des mines dont l'entreprise s'entoure afin de dissuader les concurrents de s'aventurer sur son terrain. Quand nos chercheurs débouchent sur une innovation pressentie comme majeure, nous nous mettons à la place des autres firmes qui chercheront à contourner notre brevet d'une manière ou d'une autre.
>
> Un seul dépôt n'est pas toujours suffisant pour assurer une protection efficace dans tous les domaines d'application d'une invention. Il faut alors disséminer sur notre chemin un chapelet de brevets qui nous protégeront d'une manière plus large contre d'éventuels contrefacteurs, qu'ils soient ou non des concurrents directs. »



1. Extrait de l'article « L'Air Liquide : une bonne gestion combine approches offensive et défensive » en date du 17 février 1998.

Et d'ajouter :

« Les brevets constituent également des armes offensives qui aident à conquérir des marchés. Notre métier consiste à fabriquer des gaz industriels, tels que l'azote liquide, l'oxygène ou l'hydrogène, ou médicaux. Pour l'essentiel, des produits considérés en eux-mêmes comme banals, mais L'Air Liquide a développé en parallèle des technologies protégées par des brevets qui correspondent à de nouvelles utilisations de ces gaz. »

Par cet exemple, on remarque que l'enjeu est de taille. Il l'est d'autant plus que la société AIR LIQUIDE consacre entre 6,5 et 8 millions d'euros par an pour protéger sa propriété industrielle !

## 3. Les brevets leurre

L'objectif du brevet leurre est de faire croire à un concurrent que l'on maîtrise le marché en détenant un droit de propriété industrielle qui interdit au nouvel entrant de s'intéresser à une technologie ou à ce marché.

**Une annonce sur une nouvelle technologie a comme effet naturellement de faire fluctuer les cours de Bourse.**

**Si la technologie est inexistante ou moins prometteuse que ce que les dirigeants de l'entreprise tentent de le faire croire, des poursuites pourraient être engagées sur le fondement de la réglementation boursière.**

Le leurre cependant s'avère être de courte durée si le concurrent est en mesure d'analyser la qualité du brevet et de constater qu'il n'est guère solide.

Les objectifs d'une telle stratégie peuvent être les suivants :

- Retarder un concurrent dans sa politique de R&D en faisant diversion vers une technologie leurre. Ainsi, le concurrent est mis sur une fausse piste en lui faisant croire que l'entreprise a engagé des recherches dans un domaine imprévu, susceptibles de développements importants et donc de profits substantiels[1].
- Augmenter les coûts de R&D du concurrent en l'obligeant à maintenir ouvertes plusieurs directions de recherche.

Le brevet leurre va, toutefois, se heurter à quelques difficultés de taille.

D'une part, les moyens mis en place par l'initiateur du leurre sont très importants en terme de coût et de temps.

1. *Revue d'économie industrielle* n° 89, 1999 p. 76.

D'autre part, pour les sociétés cotées, il n'est pas possible de se livrer à de telles manœuvres puisqu'en cas d'annonces fausses sur une nouvelle technologie qui feraient flamber les cours de Bourse, le délit de manipulation des cours pourrait être constitué.

Une stratégie de brevets leurre est adoptée par les conglomérats japonais qui n'hésitent pas à multiplier cette pratique, au point que l'organisme national des brevets a dû réagir en augmentant de manière importante le prix de chaque dépôt de brevet.

Des milliers de brevets ont été déposés pour rien, ou dans le seul but de « faire croire » !

Ainsi, le nombre de brevets accordés après examen est faible (environ 112 000) par rapport au nombre de demandes de brevet déposées (environ 390 000)[1].

Par exemple, certains constructeurs automobiles japonais avaient déposé des brevets sur des moteurs utilisant des matériaux particuliers.

Par la suite, les entreprises françaises se sont ruées afin d'obtenir un maximum d'informations pertinentes. De nombreux programmes ont été mis en route, qui ont engagé de lourds investissements pour ces entreprises.

Toutefois, il est apparu que tous les programmes de recherche et de développement ont été réalisés en pure perte sur la base des brevets leurre déposés par les Japonais.

**Brevets leurre ou réelles avancées technologiques ?**

Plus offensif est l'exemple suivant : la société MICHELIN et sa machine « révolutionnaire » dénommée C3M.

En 1993, un nouveau processus de production de pneumatiques C3M est lancé.

Celui-ci doit permettre un gain de temps de 80 % et de productivité de 40 %, soit une machine extraordinaire qui propulserait MICHELIN loin devant ses concurrents.

Toutefois, très peu d'informations ont été dévoilées, sauf sur l'existence de quelques brevets déposés (à peine 10 brevets majeurs déposés).

Le culte du secret propre à cette société a fait que seule une poignée d'ingénieurs connaissait l'intégralité du système. Pour le reste du personnel, les informations ont été fragmentées et compartimentées afin d'éviter tout rapprochement et recoupement.

1. Statistiques de l'OMPI 2000.

Les concurrents directs de MICHELIN ont réagi très rapidement à cette annonce. Alors même qu'un doute subsiste sur la véracité des rumeurs, ils ne peuvent se permettre de laisser MICHELIN prendre une avance technologique de cette ampleur.

Afin de contrer l'incroyable machine C3M, les concurrents ont tous investi des sommes astronomiques et mis au point leur propre système de production dynamique, avec la même idée de nouveauté « révolutionnaire ».

L'allemand CONTINENTAL a créé sa mini-usine MMP (Modular manufacturing process). Il assure avoir inventé un nouveau concept de production de pneu « inégalé jusque-là[1] ».

L'américain GOODYEAR a, quant à lui, créé le nouveau procédé IMPACT (Integrated manufacturing precision assembled cellular technology), censé lui procurer + 135 % de productivité, – 35 % de coûts de main-d'œuvre, et – 15 % de coûts de matières premières.

L'italien PIRELLI a fondé le système MIRS (Modular integrated robotised system) qui doit lui permettre d'augmenter de 80 % sa productivité.

À ce titre, seuls une vingtaine de brevets protègent ce système dont douze sur la méthode de fabrication de chaque pneu et huit sur les logiciels.

Enfin, le japonais BRIDGESTONE a mis au point un système automatisé de fabrication en série pour un investissement de près de 19 millions d'euros.

Ce système est dénommé ACTAS (Automatic continuous tire assembly system) et doit augmenter en principe les gains de productivité de BRIDGESTONE. Leur première usine s'est ouverte en 1999 aux États-Unis.

La stratégie adoptée par MICHELIN, qu'elle soit vraie ou non, lui a permis de déstabiliser ses concurrents, de leur faire dépenser des sommes importantes, et au mieux de profiter de leurs investissements, par une simple annonce très bien réfléchie.

## 4. Les filets de brevets

La théorie du filet de brevets exploite la notion de brevet de dépendance prévu à l'article 613-15 du code de la propriété intellectuelle.

Il n'est pas rare qu'une première personne dépose un premier brevet. Toutefois, pour que ce brevet puisse être économiquement exploité, il va falloir déposer des brevets complémentaires perfectionnant l'invention initiale.

Va alors s'engager une course de vitesse entre le premier déposant et ses concurrents chacun essayant de déposer les brevets de perfectionnement.

Si le déposant du brevet de perfectionnement n'est pas le déposant initial, il faut se demander comment gérer les brevets dépendants les uns des autres.



1. *Les Échos* en date du 13/1/1998.

Le second déposant peut bénéficier d'une licence forcée à son profit.

Le code de la propriété intellectuelle pose un principe sain et de bon sens :

> Le propriétaire d'un brevet portant sur un perfectionnement à une invention déjà brevetée au profit d'un tiers ne peut exploiter son invention sans l'autorisation du titulaire du brevet antérieur.
>
> À l'inverse, le premier déposant lui ne peut exploiter le perfectionnement breveté sans l'autorisation du titulaire du brevet de perfectionnement[1].

Le tribunal de grande instance peut accorder, dans l'intérêt public, une licence au titulaire du brevet de perfectionnement dans la mesure nécessaire à l'exploitation de l'invention qui fait l'objet de ce brevet.

**Si l'on prend une approche guerrière, un filet de brevets s'apparente à une tentative d'encerclement de l'adversaire.**

Néanmoins, l'invention, objet du brevet de perfectionnement, doit présenter à l'égard du brevet antérieur un progrès technique et un intérêt économique importants.

Cette demande initiée par l'auteur du brevet de perfectionnement ne peut être formulée qu'à l'expiration d'un délai de trois ans après la délivrance d'un brevet, ou de quatre ans à compter de la date du dépôt de la demande.

Il est toutefois nécessaire de connaître la législation du pays où cette stratégie s'appliquera car, mal réfléchie, elle peut se retourner contre son auteur (la législation américaine sanctionne le dépôt en surnombre qui constitue une restriction concurrentielle abusive[2]).

La société RANK XEROX a également joué de cette stratégie, qui s'est retournée contre elle puisqu'un décret fédéral a obligé la société à licencier l'ensemble de ses brevets !

RANK XEROX est à l'origine du procédé de photocopie, innovation majeure du 20$^{ème}$ siècle.

Au milieu des années 70, RANK XEROX possédait déjà entre 1 000 et 2 000 brevets. Chaque année, elle en ajoutait une centaine à son portefeuille. Elle verrouillait ainsi toute la technologie de la photocopie[3] !

1. Mémoire « La PI : une arme stratégique de guerre économique » de BRUNON-MORANGE sous la direction de M.DAGUZAN, 1996.
2. Doc. Internet par Laurent INQUIETE.
3. Extrait de *Analyse économique de la propriété intellectuelle* de LEVEQUE et MENIERE.

Il est bien sûr important de comprendre, ici encore, que ce type de stratégie peut s'avérer coûteuse en raison du nombre de brevets. En général, un filet de brevets contient des brevets nationaux et internationaux.

**Exemple de filet de brevets**

Un chercheur trouve une hormone de jeunesse proche de la DHEA. Il dépose alors un premier brevet.

Toutes ses recherches s'orientent alors vers une application cutanée de cette hormone.

L'idée marketing, excellente, est de surfer sur la vague des produits de beauté de rajeunissement tels que les crèmes anti-rides.

Un laboratoire concurrent dépose toutefois avant lui un brevet de perfectionnement qui est la combinaison du premier brevet avec un autre produit permettant à l'hormone de jeunesse de pénétrer correctement dans la peau.

Le chercheur ne peut trouver un produit concurrent ; il est ainsi dépendant du laboratoire.

Il est donc obligé de laisser son brevet être exploité.

## 5. Les brevets de barrage

Les brevets de barrage visent à barrer l'accès à une technologie nouvelle.

Les praticiens évoquent utiliser également le terme de brevets dits de « dissuasion ».

Leur but est finalement identique aux autres types de brevets, c'est-à-dire décourager un concurrent de venir sur son marché.

La stratégie consiste à déposer un très grand nombre de brevets constituant un « champ de mines[1] ».

**Si l'on prend une métaphore militaire, un brevet de barrage est comparable à une place forte qui interdirait aux ennemis d'occuper les villages environnants, sans pour autant que l'occupant de la place forte ne les investisse.**

Ce champ de mines consiste à privilégier la validité des brevets déposés, plutôt que leur portée et à déposer un grand nombre de brevets (exemple de l'OREAL qui détient 647 brevets sur les brosses à mascara[2]).

Le concurrent s'éloignera du produit pour ne pas être accusé de contrefaçon.

1. *Stratégie de propriété industrielle* de P. BREESE.
2. *Stratégie de propriété industrielle* de P. BREESE.

Il lui faudra également du temps pour trouver quel est le véritable brevet exploité.

Dans la pratique, cette démarche dissuasive est surtout efficace contre les petites entreprises qui ne veulent pas prendre le risque de se lancer dans un conflit judiciaire et coûteux.

Le concurrent, dans la pratique, est obligé d'avoir accès à un certain élément souvent déjà breveté pour pouvoir développer son propre procédé.

Les brevets de barrage sont principalement mis en place dans un souci défensif et dissuasif.

L'entreprise qui met en place ce type de stratégie de propriété industrielle, a la volonté de barrer le passage aux firmes rivales vers sa technique, source financière évidente.

L'objectif est donc de dresser un maximum de barrières dans l'exploitation de la technologie protégée, surtout si l'entreprise n'a pas l'intention de l'exploiter immédiatement.

En adoptant une stratégie de « blocage », elle s'assure les droits exclusifs dans tous les pays où les concurrents sont susceptibles d'intervenir.

Le verrouillage d'un point de passage obligé implique que celui qui se trouve barré doit, pour s'en sortir, négocier des licences (le plus souvent échange de licences croisées) avec son concurrent.

## 6. L'inondation de brevets (floading patents)

L'idée de base de l'inondation de brevets est d'« occuper le terrain tous azimuts » de telle sorte que les éventuels concurrents ne puissent s'implanter dans le même secteur d'activité.

**Si l'on reprend la métaphore militaire, la stratégie de l'inondation consiste à occuper chaque m² de terrain, chaque village chaque hameau, la moindre ferme, toutes les maisons.** ■

Cette stratégie présente un inconvénient majeur : son coût. Elle ne peut être donc l'apanage que de quelques entreprises de taille importante.

La supériorité numérique ajoutée au fait que les brevets sont tous liés entre eux va rendre difficile la tâche du concurrent qui tenterait de contourner ces derniers.

### Exemple d'inondation de brevets affaire EASTMAN KODAK c/ POLAROID

Le 26 avril 1976, une plainte a été déposée par la société POLAROID à l'encontre de la société KODAK à qui il était reproché des contrefaçons sur pas moins de 12 brevets.

Le 11 octobre 1985, KODAK est reconnue coupable d'avoir enfreint 7 de ses brevets.

Un an plus tard, elle est condamnée à payer un milliard de dollars à POLAROID, qui avait toutefois demandé une indemnité de 5,7 milliards de dollars.

KODAK eut bien sûr l'interdiction de commercialiser ses propres films. En conséquence, tous les appareils photo qui avaient été vendus, étaient devenus inutilisables.

Pour des raisons d'image de marque, KODAK rachète alors à tous ses clients les appareils inutilisables.

L'audience devant les juges américains, événement impensable en France, dure 75 jours alors que pendant 5 ans, les parties avaient déjà échangé de manière acharnée leur argumentation.

La cour d'appel de l'État du Massachusetts confirme en 1991 la décision du tribunal de première instance de Boston condamnant la société KODAK.

Comment une telle chose est-elle possible ?

Depuis l'invention du procédé, la société POLAROID ne cesse de déposer des brevets, soit en son nom propre, soit au nom du créateur de la société, Monsieur LAND.

Ainsi, plus de 500 brevets sont enregistrés sous son nom au moment où il quitte la société en 1982.

Ces nombreux dépôts ont sans aucun doute plusieurs objectifs.

Il apparait impossible qu'un tribunal ou une cour d'appel annule la totalité des brevets comme l'expliquent fort bien Messieurs WEGNER et MAEBUIS. À cet égard, KODAK a néanmoins obtenu la nullité de plusieurs revendications.

Le nombre de brevets interdit à tout nouvel entrant d'apporter une nouvelle technologie sur le marché de la photographie instantanée.

Dans le cas développé précédemment « POLAROID c/ KODAK », la position de monopole de Monsieur LAND sur son invention de films instantanés a duré au-delà des termes d'origine de ses premiers brevets, grâce à un groupe de brevets de perfectionnement bien géré !

Depuis des années, Monsieur LAND amassait des centaines de brevets dans le but de créer un tissu de protection et ainsi bloquer toute possibilité de création concurrente autour de ses brevets.

Lorsque certains de ses brevets expiraient, de nouveaux étaient immédiatement déposés pour les remplacer.

Toute la richesse de la société POLAROID tient en son portefeuille de brevets. C'est pourquoi la stratégie de Monsieur LAND ne reposait que sur la défense de son procédé révolutionnaire.

# 7. Brevets et normes : du partage du savoir au poker menteur

## 7.1. Le principe

Une fois le brevet déposé, qu'en faire se demandent leurs propriétaires ?

Plusieurs options sont possibles :

- Fabriquer soi-même les produits issus du brevet,
- Confier à un tiers l'exploitation du brevet en le licenciant,
- Céder ce brevet avec, le cas échéant, une rémunération proportionnelle aux revenus procurés par le brevet,
- Ne pas exploiter, avec les risques que cela comporte,
- …

La réponse n'est pas monovalente, chaque entreprise apporte la sienne en fonction de ses activités, ses projets, son ambition.

Toutefois, l'impact des normes techniques communes à plusieurs opérateurs est fondamental.

**L'évolution technologique de ces dernières années montre que conserver une technologie propriétaire peut interdire la commercialisation du produit.**

**En effet, compte tenu de la nécessaire compatibilité de nombreux produits entre eux, il faut que le brevet s'insère dans une norme.**

En effet, le plus souvent un produit ne peut être acheté que s'il est compatible avec les produits concurrents.

Dans le domaine d'internet ou du téléphone mobile, tous les systèmes doivent être interopérables de telle sorte que les données puissent être acheminées, par exemple de Paris à New-York, sans problème ou que deux personnes puissent se parler tout en dépendant d'opérateurs téléphoniques différents.

Imagine-t-on un CD de musique ou un DVD qui ne pourrait être lu que sur une marque de lecteur ? Ceux qui s'y sont employés ont échoué ! C'est le cas, par exemple de la bataille entre PHILIPS et SONY concernant leur modèle de cassette vidéo.

Pour SONY, son système Bétamax ne pouvait être lu que sur des appareils SONY Bétamax. À l'inverse, la cassette VHS s'est imposée, car elle pouvait être lue sur une multitude d'appareils de marque différente.

Dès lors, les professionnels d'un secteur sont amenés à se rencontrer et à définir entre eux les conditions matérielles et techniques de compatibilité des matériels ou d'interopérabilité des systèmes.

Ces normes techniques impliquent aux titulaires des brevets, soit à entrer dans une démarche de partage volontaire du savoir, soit à engager un jeu de poker menteur dont une partie des protagonistes ressortiront « déshabillés ».

La co-exploitation du brevet devient donc un élément clef de la stratégie.

Elle est la conséquence de la globalisation et de la mondialisation des marchés ainsi que du coût de lancement d'un produit, comme le montre l'exemple de la société MICHELIN et de quelques autres sociétés.

La société APPLE n'a jamais voulu licencier ses produits. Au contraire, IBM a accepté de licencier très vite ses PC.

C'est ainsi, et non en raison de la qualité des produits, que le standard de la micro-informatique s'est s'imposé.

**Brevets et normes : l'exemple de la société MICHELIN**

La société MICHELIN créée en 1997 un nouveau concept de roulement qui révolutionne tant les jantes que les pneus traditionnels, le PAX.

À cette occasion, elle se demande si elle va exploiter seule son brevet.

La problématique est simple : toute personne qui crève un pneu sur la route doit pouvoir le changer facilement.

Il faut en conséquence que toutes les stations-service soient équipées du matériel *ad hoc* et possèdent des pneus de rechange.

Compte tenu de l'implantation internationale de la société MICHELIN, cette dernière doit donc avoir un réseau de seconde monte sur la terre entière !

Du fait du nombre de garages indépendants, sans parler des concessionnaires de sociétés concurrentes, il n'est pas possible de créer rapidement un réseau mondial.

La société MICHELIN décide alors de licencier son brevet auprès de ses principaux concurrents dans des conditions avantageuses.

À cette occasion, Monsieur Thierry SORTAIS directeur du projet PAX chez MICHELIN pose clairement le problème du lien entre les normes et les brevets[1] :

> *« Dès le début nous avons considéré le Pax comme un standard et non comme un produit Michelin... Il y a une dizaine d'années, Michelin avait mis au point un produit aux performances remarquables, le TRX, mais l'avait lancé comme un produit spécifiquement Michelin. Cette approche nous a valu un « flop » monumental et nous savons aujourd'hui que nous ne pouvons pas changer de standard seul...*

1. Intervention disponible sur http://www.ecole.org/2/RT210301.pdf.

*L'implication de nos concurrents nous semblait être un accord décisif. Les accords que nous avons signés... consistent notamment en une licence qui leur permet de fournir des systèmes à l'industrie automobile. »*

*« Par exemple, nous avons passé un accord symétrique avec Goodyear, et nous avons donc pris des licences de brevets Goodyear, qui avait travaillé sur des autoporteurs ».*

Il convient de rappeler que la société MICHELIN, cinq ou six ans avant le lancement du PAX, a vu échouer la diffusion d'un nouveau type de pneus, dont elle a voulu garder la propriété, sans licencier la technologie. L'échec avait été provoqué par l'absence de réseau de seconde monte.

## *7.2. Le poker menteur*

Il s'écoule entre la délivrance du brevet et sa publication un délai de 18 mois minimum[1] au cours duquel le contenu du brevet n'est pas divulgué.

Dès lors, des industriels particulièrement au fait des stratégies de protection industrielle vont tenter de négocier des normes techniques d'interopérabilité sans signaler qu'ils possèdent un brevet situé dans le champ de la norme ou au contraire en sous-entendant que le brevet contient des éléments essentiels et qu'il faut donc obtenir des licences.

**Lors de l'adoption de normes par des industriels concurrents, l'un d'entre eux peut être tenté de cacher l'existence d'un brevet, et une fois la norme adoptée, solliciter des redevances sur son brevet !**

Un contrôle effectué par des concurrents diligents auprès des organismes nationaux de dépôt serait inopérant puisque le brevet ne serait pas publié.

C'est ce qui se serait passé lors de l'adoption de la norme GSM pour les téléphones portables dans les années 80 et 90[2].

Depuis plusieurs années, les industriels du secteur concerné se rencontraient pour définir la norme d'interopérabilité des téléphones portables numériques.

Dès le début des discussions, il est apparu que certains industriels possédaient des brevets complémentaires des uns, notamment PHILIPS, SIEMENS, ALCATEL, NOKIA et ERICSSON.

Les industriels concernés décidèrent alors de mettre en place une politique de licences croisées, les uns licenciant aux autres leurs technologies. Les industriels qui ne possédaient pas de brevets ont accepté de verser des royalties.

1. Article L. 612-21 du code de la propriété intellectuelle.
2. *Revue d'économie industrielle*, n° 89, 3ème trimestre 1999.

On raconte cependant que l'un des industriels dont le brevet était déposé et non publié fit croire que son brevet couvrait d'importants domaines, ce qui n'était pas exactement le cas et obtint des royalties de ses concurrents.

Une autre version de l'histoire soutient que l'industriel en question aurait dévoilé son brevet après l'adoption d'une norme couverte justement par ce brevet. Il aurait alors sollicité des redevances de ses partenaires.

Quelle que soit la version de l'histoire colportée, on raconte que les autres partenaires à l'accord auraient refusé de régler ses royalties d'où des procès en série.

## 8. Le coût du brevet

Un brevet représente un investissement important pour une entreprise à un triple titre :

- Le coût du dépôt de brevet ;
- Le coût de la surveillance des éventuelles contrefaçons (outil de veille) ;
- Le coût des poursuites en cas de contrefaçon.

Les entreprises l'ont bien compris !

Par exemple, la société VALEO, spécialisée dans l'équipement automobile, a décidé de ne pas breveter un ensemble de pièces.

En effet, les pièces que VALEO produit sont très faciles à contrefaire en raison de leur simplicité.

Aussi, VALEO ne les protège pas par des brevets car le rapport coût-avantage serait négatif. Les pièces sont alors protégées par le droit des marques[1].

### 8.1. Coût du dépôt de brevets

Au coût des recherches scientifiques, il faut ajouter le coût de l'étude et de la rédaction, les frais et les taxes de dépôt, de procédure, les annuités de maintien en vigueur du brevet, et cela dans chacun des pays où un brevet a pu être déposé, etc.

La rédaction d'un brevet n'est pas simple, chaque détail et chaque revendication doivent être minutieusement décrits, sans trop en dire, mais suffisamment pour que les organismes de brevets acceptent la demande.

1. *Les Échos* en date du 22/9/1999.

Selon le pays, la description des revendications sera adaptée.

Pour une protection limitée à la France, le budget d'obtention et de maintien en vigueur d'un brevet tourne autour de 11 000 euros sur 20 ans. Il n'est pas sans rappeler qu'un seul brevet est loin d'être efficace, lorsque l'on sait que THOMSON MULTIMEDIA possède 35 000 brevets !

À noter que la plupart des organismes de brevets ont tendance à augmenter le montant des annuités afin de limiter les dépôts de brevets inutiles ou en surnombre.

Pour obtenir des extensions à l'étranger les coûts sont donc multipliés. Ainsi, il faut compter un budget d'environ 200 000 euros sur 20 ans pour un brevet en Europe étendu aux États-Unis et au Japon[1].

**La société AIR LIQUIDE**

Celle-ci, déclare son directeur de la propriété industrielle, « consacre annuellement à la défense et à la valorisation de sa propriété industrielle entre 6,5 et 8 millions d'euros et dépose plus de 1 000 demandes de brevets par an.

Cela correspond à plus de 170 inventions par an, certaines pouvant être défendues par plusieurs brevets.

Une trentaine de personnes réparties entre Paris, Houston et Tokyo travaillent sur ces questions. Nous protégeons nos inventions dans une dizaine de pays qui correspondent à nos marchés essentiels ».

Ces deux exemples montrent qu'une politique de brevet coûte cher.

Aux États-Unis, le coût d'un dépôt de brevet est beaucoup plus faible qu'en France, et ce surtout si l'on vise une population de 320 millions de personnes.

## 8.2. Coût de la surveillance d'éventuelles contrefaçons

Surveiller un brevet nécessite de mettre une équipe propre à cette mission. Tout dépend de l'ampleur du portefeuille brevet.

Comme nous l'avons indiqué plus haut, la société AIR LIQUIDE dispose de trente personnes à plein temps.

De plus, la mise en place d'une veille brevet peut nécessiter l'achat d'outils particuliers, outre les abonnements aux différentes bases de données payantes.

1. Source tirée de *Stratégie de propriété industrielle* de P. BREESE.

Celui qui est en charge de « veiller » doit repérer notamment les innovations en cours, analyser les stratégies de protection des concurrents ainsi que leurs ambitions technologiques.

## 8.3. Coûts des poursuites et dommages intérêts obtenus

En France, le coût d'une instance pour un brevet ne présentant pas de complexité particulière est de près de 6 000 euros.

Toutefois, le coût d'un procès est proportionnel à la résistance de l'adversaire qui peut ne pas hésiter à multiplier les incidents de procédure tant que le montant des condamnations qu'il encourra sera inférieur aux produits des ventes des produits contrefaits pendant la durée du procès.

Le coût total moyen d'un litige complexe devant les tribunaux français est évalué à environ 310 000 euros.

Aux États-Unis, il faut compter pour un litige complexe environ 28 millions de dollars. Ce qui justifie, d'une certaine manière, les montants des dommages accordés[2] !

**Défendre un brevet coûte cher dans certains pays. À titre de comparaison, aux États-Unis, pour un litige complexe, il faut compter jusqu'à 4,3 millions d'euros alors qu'en France il faut compter en moyenne 290 000 euros[1].**

Il est rare qu'en France une société détentrice d'un brevet contrefait obtienne des dommages et intérêts de plusieurs millions d'euros comme c'est parfois le cas aux États-Unis.

Il est impressionnant de noter que la moyenne des décisions judiciaires aux États-Unis, qui correspond à environ 7,5 millions de dollars, soit supérieure largement à la plus forte indemnité allouée en France.

Le record français d'indemnités accordées a été prononcé par le tribunal de grande instance de Paris, en mars 1994, dans l'affaire opposant les sociétés CIBA GEIGY et RHONE POULENC, pour un montant de l'époque de 40,3 millions de francs[3].

Ce cas reste exceptionnel ! Les autres touchent rarement une telle somme.

1. Chiffre de la direction générale de l'industrie, des technologies de l'information et des postes.
2. Id.
3. Source nov. 1997 FNDE-ASPI étude comparée.

En outre, le temps de la justice n'est pas celui de l'entreprise. Obtenir le résultat d'un procès 5 ou 7 ans après les premiers actes de contrefaçon n'est souvent plus utile.

## 9. Conclusions

En définitive, comme le précise Monsieur Daniel DELOS[1], directeur de la propriété industrielle de RHODIA « *La véritable protection du patrimoine s'appuie sur trois piliers :*

- *Le brevet, avec les restrictions que l'on vient d'évoquer ;*
- *Le secret ;*
- *La rapidité dans l'innovation technologique.* »

À cela, il faut certainement ajouter les ressources humaines.

**Il n'y a pas de meilleure protection du patrimoine qu'une bonne politique de ressources humaines permettant à l'entreprise de satisfaire ses meilleurs salariés.**

Malgré de nombreuses précautions, en dépit d'une politique active de protection, les entreprises restent à la merci du départ d'un ou plusieurs salariés.

En effet, il n'est pas possible d'interdire à un salarié de quitter une entreprise pour aller dans une autre, et cela est bien normal.

Dès lors, la réflexion du chef d'entreprise pour protéger son patrimoine va devoir s'appuyer sur le directeur des ressources humaines tout autant que sur son directeur de la protection du patrimoine.

Les moyens de fidélisation sont connus, (rémunération, intérêts du travail, reconnaissance...) certains sont des effets de mode comme ont l'a vu avec les stocks options.

Au chef d'entreprise de trouver le meilleur outil.

1. Rencontre du 15 octobre 2003.

## CHAPITRE 7

# Stratégie contractuelle de protection du patrimoine

Les brevets, notamment internationaux sont très coûteux, tant au niveau de leur dépôt, que de la veille sur les éventuelles contrefaçons ou des poursuites qui seraient engagées.

**Il ne sert à rien de mettre en place des mesures de sécurité et de protection si l'on ne peut sanctionner la personne qui enfreint les procédures.**

**À l'inverse, il n'est parfois possible de poursuivre certains délits que s'il existe des processus d'organisation.**

En revanche, la protection contractuelle s'impose, en raison de son faible coût, à toutes les entreprises.

Toutefois, un contrat n'est pas un simple document de papier que l'on sort en cas de problème.

Avant d'examiner l'élaboration d'une stratégie contractuelle (2), intéressons-nous à l'émergence du « principe de proportionnalité » qui s'impose en droit français, sous les coups de butoir du droit européen (1). Ce principe devient omniprésent dans l'ensemble de la pratique contractuelle.

## 1. L'émergence d'un principe de proportionnalité[1]

Les initiés du Moyen-Age entre l'alchimie ou la recherche de la pierre philosophale s'extasiaient devant le nombre d'or.

1. Pour avoir une étude synthétique sur le sujet, voir *Mélanges en l'honneur de Michel VASSEUR* ; Banque Éditeur, novembre 2000, étude de Monsieur Yves GUYON ; page 75.

Ils prenaient parfois les chemins les plus inusités pour arriver à leurs fins.

Cette recherche du nombre d'or permettait de déterminer « la divine proportion » et l'on extrapolait ce principe de la géométrie au monde spirituel.

**Tout contrat doit respecter un certain équilibre : c'est le principe de proportionnalité.**

**Il peut être résumé à partir du slogan de mai 1968 : « *Il est interdit d'interdire* », à tout le moins de manière générale.**

Quasiment plus personne ne lit Maître ECKART ou Hildegarde de BINGEN qui sont désormais supplantés par les magistrats de la Cour de cassation ou ceux de la Cour de justice des Communautés européennes !

La « divine proportion » s'impose en effet maintenant dans les relations contractuelles.

Les juristes avec la concision habituelle de leur langage parlent de *« principe de proportionnalité »* qui prend l'aspect d'un respect de l'équilibre du rapport de force existant entre les parties. La rédaction des clauses du contrat va être le fruit de l'alliance du juriste et du chef d'entreprise qui possède la connaissance de son marché et de son environnement économique.

Et comme il faut bien se rattacher à un fondement juridique, les juristes font appel à la théorie de la cause qui a été inscrite dans le code civil dès sa rédaction sous NAPOLEON 1er[1].

De nombreux exemples viennent illustrer l'émergence de ce principe de proportionnalité.

## *1.1. En droit du travail*

C'est sans doute le plus connu des domaines d'application du principe, notamment en raison de l'article L. 120-2[2] qui a connu un regain d'application avec les différents contentieux sur la vie privée des salariés.

1. Article 1131 du code civil :
   « L'obligation sans cause, ou sur une fausse cause, ou sur une cause illicite, ne peut avoir aucun effet. »
2. Article L. 120-2 du code du travail (inséré par Loi n° 92-1446 du 31 décembre 1992 art. 25 I Journal Officiel du 1er janvier 1993) :
   « Nul ne peut apporter aux droits des personnes et aux libertés individuelles et collectives de restrictions qui ne seraient pas justifiées par la nature de la tâche à accomplir ni proportionnées au but recherché. »

Ainsi en est-il en matière d'écoute téléphonique sur le lieu de travail. Il y a en règle générale une interdiction de principe. Toutefois dans des sociétés de télémaketing, des écoutes des commerciaux sont autorisées à la condition cependant que le salarié en ait été averti et les organes représentatifs du personnel consultés.

**Le droit du travail a été pionnier dans bien des cas puisqu'il a entériné formellement ce principe de proportionnalité.**

C'est également en application de ce même principe que les clauses de non-concurrence sont reconnues non valides si elles sont trop générales.

En ce qui concerne la liberté d'expression, elle n'est pas l'apanage des seuls médias et concerne aussi l'entreprise où les salariés ont droit de parole.

La convention européenne des droits de l'homme est très explicite[1] à l'égard du principe de proportionnalité.

### 1.2. En droit commercial

À plusieurs reprises, la Cour de cassation a annulé des clauses d'exclusivité ou de non-concurrence qu'elle considérait comme contraires au principe de proportionnalité ainsi que le montrent ces quelques décisions :

- Arrêt du 4 janvier 1994[2].

Monsieur LACROIX exerce à titre indépendant l'activité professionnelle de chauffeur de petite remise.

1. Article 10 de La convention européenne des droits de l'homme :
   1. Toute personne a droit à la liberté d'expression. Ce droit comprend la liberté d'opinion et la liberté de recevoir ou de communiquer des informations ou des idées sans qu'il puisse y avoir ingérence d'autorités publiques et sans considération de frontière. Le présent article n'empêche pas les États de soumettre les entreprises de radiodiffusion, de cinéma ou de télévision à un régime d'autorisations.
   2. L'exercice de ces libertés comportant des devoirs et des responsabilités peut être soumis à certaines formalités, conditions, restrictions ou sanctions prévues par la loi, qui constituent des mesures nécessaires, dans une société démocratique, à la sécurité nationale, à l'intégrité territoriale ou à la sûreté publique, à la défense de l'ordre et à la prévention du crime, à la protection de la santé ou de la morale, à la protection de la réputation ou des droits d'autrui, pour empêcher la divulgation d'informations confidentielles ou pour garantir l'autorité et l'impartialité du pouvoir judiciaire.
2. Cass. com., 4/1/1994 ; bull. civ. n° 4 page 4 RTD civ. 1994 note J MESTRE.

Il signe un accord avec la société 3 V en vue d'exploiter un central radio de cette entreprise.

Cet accord comprend une clause lui interdisant après la résiliation du contrat de poursuivre une activité de taxi sur Versailles et certaines communes avoisinantes pendant une durée de 3 ans.

La Cour de cassation a considéré que malgré la limitation dans le temps et dans l'espace, l'interdiction était excessive.

- Arrêt du 13 mai 1997[1].

La parfumerie JERBO a conclu un contrat de distribution exclusive avec la société ESTEE LAUDER. Cette dernière résilie par la suite le contrat en soutenant que la société JERBO n'a pas respecté les clauses d'approvisionnement en particulier une obligation d'achat minimum.

La société JERBO intente une action qui est couronnée de succès devant la cour d'appel de Paris au motif que « l'obligation ainsi imposée était disproportionnée par rapport au pourcentage des ventes d'ESTEE LAUDER sur l'ensemble du marché ».

- Arrêt du 22 mai 1997[2].

Une entreprise a signé un contrat de distribution qui lui impose des objectifs impossibles à atteindre.

Le concessionnaire pour éviter la nomination d'un second concessionnaire se lance dans une politique de fuite en avant se traduisant par une recherche de ventes au détriment des marges.

Il engage ainsi des frais de publicité considérables et embauche un personnel coûteux.

En définitive, le concessionnaire, exsangue financièrement, finit par faire l'objet d'une procédure de redressement judiciaire.

Son concédant est considéré comme responsable de la situation.

1. Cass. com., 13 mai 1997 JCPG 1999 n° 7 page 368.
2. Cour d'appel de Douai, 2ème chambre. RTD Civ. janv-mars 1998.

## 2. Mise en œuvre de la stratégie contractuelle de la protection du patrimoine au travers de quelques clauses

Le droit est pour beaucoup de théoriciens une discipline autonome.

Toutefois, l'avocat et le juriste d'entreprise sont en permanence confrontés à la dimension humaine de l'entreprise et à ses problèmes d'organisation.

Il ne peut y avoir d'efficacité juridique sans prise en compte de ce facteur.

L'expression contractuelle va alors définir un guide de conduite qui s'imposera alors aux acteurs de l'entreprise.

C'est le « juriste organisateur », cher à Monsieur Jacques BARTHELEMY.

**La stratégie contractuelle dans le domaine de la protection du patrimoine, consiste à rechercher les éléments qui font la force de l'entreprise, qui lui permettent de se distinguer de ses concurrents, et à les protéger juridiquement.**

Avant d'examiner quelques exemples pratiques de clause, il convient de s'interroger sur qui pèseront ces clauses.

### *2.1. Définir les personnes physiques ou morales à qui on imposera des clauses*

De très nombreuses entreprises pensent à mettre des clauses de non-concurrence dans leurs contrats de travail.

Cette pratique devrait cependant connaître une certaine régression puisque les arrêts de la Cour de cassation du 10 juillet 2002 obligent les entreprises à indemniser les salariés, quelles que soient les dispositions de la convention collective.

Toutefois, on peut également se demander si la possibilité de dédit unilatérale de l'employeur peut encore être maintenue.

**Il peut paraître trivial de s'interroger sur les personnes à qui l'on imposera des clauses.**

**Toutefois, la pratique montre que l'on pense généralement aux salariés, mais guère aux prestataires extérieurs et à leurs salariés.**

Les entreprises omettent cependant le plus souvent de penser à un certain nombre d'intervenants qui gravitent atour d'elle : personnel détaché en assistance technique, sous-traitants, consultants, etc.

D'autres clauses telles que les obligations de confidentialité ou les interdictions de débauchage, souffrent aussi de ce manque de rigueur des entreprises.

Toute la difficulté est de définir dans quelle mesure, par exemple le salarié d'un sous-traitant de l'entreprise, est tenu d'une clause de confidentialité ou de non-concurrence signé par son employeur.

L'extrait ci-après d'un engagement de confidentialité qu'une grande société française demande à ses sous-traitants de signer, est un exemple qui montre que le rédacteur du contrat a pensé à cette chaîne contractuelle.

> « *Article 8*
>
> *Eu égard à tout échange d'informations confidentielles pouvant intervenir au titre du présent accord, il est expressément convenu que les personnes identifiées ci-dessous seront respectivement pour le compte des Parties les seules autorisées à transmettre et/ou recevoir des informations confidentielles :*
>
> *Monsieur ….*
>
> *Monsieur …*
>
> *Article 9*
>
> *En ce qui concerne les personnes autorisées au paragraphe 8 ci-dessus, chaque Partie sera en droit de les remplacer et d'en désigner d'autres au sein de sa propre organisation qui seront à leur tour seules habilitées à transmettre et/ou à recevoir les informations confidentielles échangées au titre du présent accord.* »

**Combien d'entreprises de demandent-elles à leurs prestataires : « *Quelles sont les obligations qui pèsent sur vos salariés en matière de confidentialité ?* »**

Cependant les limites de cette clause apparaissent aisément :

Quelles sont les sanctions attachées à la violation de la clause par un des salariés de l'entreprise prestataire ?

Le donneur d'ordre peut-il se retourner contre les salariés des prestataires ?

À quoi cela sert-il de désigner des personnes dans le contrat si un des cocontractants peut les changer comme il le souhaite ?

Une entreprise qui serait en mesure de prouver à un de ses clients qu'elle a intégré sur ses propres salariés les obligations qui pèsent sur elle, bénéficierait à n'en pas douter d'un avantage concurrentiel.

Plusieurs pratiques sont observées. La plus sécurisante et la plus fastidieuse étant sans doute celle qui fait signer l'ensemble des personnes physiques intervenant dans le processus.

On peut imaginer également que le salarié s'engage à titre personnel dans son contrat de travail ou dans un avenant à respecter par avance les exigences des clients de son entreprise en matière de confidentialité ou de non-concurrence.

Le non-respect d'une telle disposition pouvant entraîner des sanctions disciplinaires allant jusqu'au licenciement. En revanche, il ne sera pas possible de sanctionner financièrement le salarié.

## 2.2. Les clauses de non-concurrence

Les clauses de non-concurrence sont connues en droit du travail. Toutefois, l'obligation d'indemnisation posée en juillet 2002 par la Cour de cassation devrait conduire à une régression de leur usage, nous l'avons déjà évoqué.

En tout état de cause, les clauses de non-concurrence sont de plus en plus souvent utilisées en droit commercial.

Compte tenu du principe de proportionnalité expliqué précédemment, il n'est pas possible de poser une interdiction globale et générale.

L'entreprise doit donc rechercher ce qui est vital, essentiel pour elle, et faire peser les obligations uniquement sur ce qui fait sa force et sa valeur ajoutée.

Pour le juriste qui participe à la rédaction des clauses de protection du patrimoine, il y a un véritable travail d'analyse qu'il ne peut accomplir seul et doit faire, soit avec le dirigeant, soit avec des conseils en stratégie.

**Exemple de démarche sur la stratégie à adopter pour la rédaction d'une clause de non-concurrence**

Tout le monde ou presque connaît à Paris, la rue du Faubourg Saint-Antoine avec ses nombreux magasins qui vendent pour la plupart des meubles copies d'anciens et qui ont tous comme caractéristique d'être abondamment chargés en dorure, de briller de mille feux, ce qui ne respecte d'ailleurs peut-être pas l'esprit initial des ébénistes de l'Ancien Régime. C'est le domaine des dames du faubourg.

Malgré leur côté kitsch, ces meubles se vendent bien grâce au dynamisme des commerçants.

C'est ainsi qu'au moment de la folle époque des start-up, la propriétaire d'un de ces magasins vient trouver son avocat.

Son projet est simple : elle veut créer un site Internet pour vendre par correspondance ses meubles et on lui a recommandé de se protéger de toutes parts compte tenu des pratiques sans foi ni loi qui règne sur le réseau des réseaux.

La véritable cause de son risque n'est cependant pas celle-là mais réside dans le faible coût de lancement d'un site Internet comparé à celui d'une boutique traditionnelle.

La propriétaire du magasin demande donc à son avocat de lui rédiger des clauses de non-concurrence surtout pour ses salariés. Elle craint en effet que l'un d'entre eux ne s'acoquine avec un de ses fournisseurs et qu'ils créent un site concurrent.

Le réflexe de l'avocat est alors de l'interroger sur le type de clientèle qui vient dans son magasin ou qui est susceptible d'acheter ses produits.

La réponse fuse claire et sans ambiguïté : la majeure partie de sa clientèle est composée d'hôtels ou de restaurants qui renouvellent leur mobilier tous les cinq ou dix ans et qui lui sont fidèles depuis de très nombreuses années.

Il est donc inconcevable de prévoir une clause de non-concurrence sur une aussi longue période pour des salariés.

L'avocat demande alors à sa cliente pourquoi année après année, ses clients reviennent dans sa boutique.

La propriétaire du magasin se rengorge et déclare : « *Seuls les "cadors" de la profession travaillent avec moi. J'ai réussi à m'attacher le meilleur fabricant de bâti pour les meubles, le plus performant des tapissiers, l'ébéniste le plus réputé, etc.* »

La réponse à sa question est là.

La force de l'entreprise réside davantage dans son réseau de fournisseurs que dans la maîtrise de sa clientèle.

L'avocat rédige alors des clauses interdisant aux fournisseurs des co-productions entre eux, et aux salariés de travailler pendant leur contrat où à l'issue de ce dernier avec les fournisseurs.

### 2.2.1. Clauses de non-concurrence en droit du travail

De très nombreuses entreprises rédigent des contrats de travail comportant des clauses de non-concurrence, avec la faculté pour l'employeur à l'issue du contrat de renoncer au bénéfice de cette clause.

Le principe est que le salarié doit pouvoir retrouver un nouvel emploi conforme à sa formation et à son expérience professionnelle[1], tout en permettant le respect du patrimoine immatériel de l'entreprise.

La validité de ces clauses est subordonnée au respect de plusieurs conditions qui sont bien connues :

- Limitation dans le temps ;
- Limitation dans l'espace ;
- Indemnisation. Depuis des décisions de la Cour de cassation en date du 10 juillet 2002 toute obligation de non-concurrence doit avoir une contrepartie financière. Auparavant une telle indemnisation n'était obligatoire que si la convention collective l'imposait ;

1. Cass. soc., 24 avril 2001 n° 1708 F-D, PIGNY c/ SARL INFORMATIS.

- Conclusion dans l'intérêt de l'entreprise. Cet intérêt découle directement du principe de proportionnalité tel qu'il est évoqué précédemment. Il est parfois évoqué dans des conventions collectives[1].

Les premiers points sont faciles à aborder, même s'il y a des variations selon les professions et les zones géographiques.

Le plus difficile est de définir ce qu'est l'intérêt de l'entreprise.

La décision la plus connue est celle de la cour d'Agen[2]qui a refusé de valider la clause de non-concurrence d'un laveur de carreau, car l'entreprise ne montrait pas ce en quoi son intérêt était affecté par un éventuel départ du salarié à la concurrence. Cette décision a été validée par un arrêt de la Cour de cassation[3].

Or, la jurisprudence qui tend à définir l'intérêt de l'entreprise est abondante et constante.

Il faut, pour que la clause soit valide, que le salarié ait eu accès à des informations confidentielles telles que des savoir-faire, des fichiers clientèles, etc comme le montrent les exemples de jurisprudence suivants :

Les clauses suivantes ont été considérées comme nulles pour :

- Un salarié occupant un emploi inférieur qui ne lui permettait pas d'avoir accès à des informations spécifiques ou à caractère confidentiel[4] ;
- Un agent de maîtrise d'une société de nettoyage pendant deux ans et dans quatre arrondissements qui n'avait pas accès à des secrets de l'entreprise[5] ;

---

1. CCN Industries chimiques, Avenant n° 1 « Ouvriers, employés et techniciens », art. 25 : « Sans préjudice des dispositions légales relatives au secret professionnel, la restriction de l'activité professionnelle d'un salarié après la cessation de son emploi ne doit avoir pour but que de sauvegarder les légitimes intérêts professionnels de l'employeur... »
   CCN Industrie pharmaceutique, Annexe « Visiteurs médicaux », art. 14 : « ... la restriction de l'activité professionnelle d'un visiteur médical, après la cessation de son emploi, ne doit avoir pour but que de sauvegarder les légitimes intérêts professionnels de l'employeur.... »
   CC Eaux Minérales (personnel d'encadrement), art. 8 : « Les clauses de non-concurrence ne doivent viser que des situations qui le justifient. »
   CCN Caoutchouc, art. 28 : « ... la restriction à l'activité professionnelle ne doit pas avoir d'autres buts que de sauvegarder les légitimes intérêts professionnels de l'entreprise et ne doit pas avoir pour résultat d'interdire, en fait, à l'intéressé, l'exercice de son activité professionnelle cité dans le jurisclasseur droit du travail fascicule 18-25.
2. (19 sept. 1989).
3. (Cass. soc., 14 mai 1992 : JCP E 1992, II, 341, note J. Amiel-Donat).
4. (Cass. soc., 13 janv. 1999 : Juris-Data n° 1999-000255. – 20 janv. 1999 : Juris-Data n° 1999-000373).
5. CA Douai 30 juin 2000 n° 98-9879, ch. soc., SA LA TECHNIQUE FRANÇAISE DE NETTOYAGE dite « T.F.N. » c/ MORSCH.

- Un salarié qui n'était pas amené par ses fonctions à connaître des secrets des procédés protégés par un brevet appartenant à l'employeur[1].

Les clauses suivantes ont été considérées comme valides pour :

- Un chauffeur livreur de société de distribution de surgelés, qui avait accès pour son travail aux fichiers clientèles[2] ;
- Un architecte salarié ayant eu accès à des informations confidentielles et noué des liens avec la clientèle[3] ;
- Un salarié électromécanicien ayant acquis, après quatorze ans d'activité professionnelle, un savoir-faire spécifique que l'entreprise entendait protéger[4] ;
- Un salarié responsable d'une stratégie publicitaire, et ayant connaissance d'informations confidentielles de valeur stratégique[5].

Dès lors, il appartient au chef d'entreprise de mettre en œuvre des processus qui permettent de définir l'intérêt de son entreprise.

En d'autres termes, il lui faut réfléchir sur ce qu'est une information confidentielle ou un secret des affaires dans son entreprise.

Comment prouver alors ce qu'est une information confidentielle ?

La définition d'une information confidentielle passe certainement par l'examen des mesures de protection comme cela se voit dans des législations étrangères[6]. À défaut de protection pourrait-on considérer que l'information est un *res nullius*, c'est-à-dire une chose sans propriétaire que tout le monde peut s'approprier tout comme l'épave qui vogue au gré des flots ou qui se trouve sur la grève, abandonnée ?

### 2.2.2. Les alternatives aux clauses de non-concurrence en droit du travail

Les clauses de non-concurrence en droit du travail deviennent prohibitives compte tenu de leur coût, lié à l'obligation générale d'indemnisation.

1. CA Versailles 21 novembre 2000 n° 98-24305, 6ème ch. soc., LAGAB c/ SA JACQUELIN.
2. Cass. soc., 2 juillet 1997, n° 2864 D, PORCHER c/ SARL ROUEN DISTRIBUTION SURGELES ; non publié au Bull. civ.
3. Cass. soc., 31 mai 2000 n° 2567 F-D, WILLAUME c/ SARL GPAU OCEAN INDIEN.
4. Cass. soc., 14 février 1995, n° 739 D, TRECOURT c/ SA PUMA ; non publié au Bull. civ.
5. CA Paris 27 septembre 1995, 5ème ch. A, Sté NRJ c/ Sté SERC.
6. Economic espionnage act de 1996, dit aussi COHEN Act.

Dès lors, les praticiens ont imaginé plusieurs solutions :

- Prévoir que le salarié reçoive une avance sur l'indemnisation de la non-concurrence.

  Plusieurs conventions collectives admettent la possibilité pour un employeur de verser au mois le mois une somme correspondance à une avance sur l'indemnisation de la non-concurrence.

  Dans cette hypothèse, dans le contrat de travail, figure une clause définissant les modalités de versement, et sur le bulletin de salaires apparaît une rubrique spéciale.

  Une cour d'appel a récemment reconnu la possibilité de prévoir contractuellement le versement d'une avance, même si la convention collective était muette, à ce sujet[1].

  Toute la difficulté est de savoir ce qu'il advient en fin de contrat : si la clause de non-concurrence entre en application, l'employeur est-il en droit de déduire l'avance perçue pendant la durée du contrat de travail ?

  La Cour de cassation a apporté depuis longtemps une réponse positive[2].

  Il n'existe pas de décision de jurisprudence qui condamnerait un salarié à restituer les avances sur l'indemnisation de la non-concurrence si l'employeur décidait de renoncer au bénéfice de la clause. Toutefois cette solution apparaîtrait logique dans le prolongement de la décision qui vient d'être évoquée.

  Mais peut-on imaginer sérieusement qu'un salarié ayant perçu pendant une trentaine d'années une somme importante de la part de son employeur au titre de la non-concurrence, soit obligé de la reverser ?

  Au demeurant, les sommes perçues depuis plus de cinq ans ne seraient-elles pas couvertes par la prescription ?

  Pour un salarié, une avance sur une indemnisation d'une non-concurrence future peut s'avérer un leurre puisqu'il aura tendance à considérer que le montant de son salaire est celui qu'il reçoit sans en distinguer les différentes composantes.

- Rédiger une clause de non-démarchage, qui *a priori* n'ouvre pas droit à indemnisation.

  Le non démarchage est le fait de s'abstenir de travailler dans un secteur économique et géographique déterminé.

  Dès lors, il semblerait que les clauses qui interdisent simplement aux salariés de s'intéresser aux clients existants de l'entreprise n'entraînent pas une contrepartie financière puisque subsiste la possibilité pour l'employé de concurrencer son ex-employeur.

1. Cour d'appel de Chambéry, 3 novembre 1998, Spit MISTRAL/DARONY.
2. Cour de cassation, chambre sociale n° 8743 488, le 19 juin 1991.

## *2.3. La confidentialité*

La plupart des clauses de confidentialité sont rédigées de manière assez simple comme le montre l'exemple suivant :

> « *L'ACQUÉREUR s'engage expressément à conserver un caractère strictement confidentiel aux informations qui lui seront transmises sur la société xxxxxxx et il s'engage à n'utiliser les informations qui lui seront fournies qu'à seule fin de formuler une offre d'achat.*
>
> *Pour l'application du présent accord sont confidentielles les informations reçues de quelque nature que ce soit concernant la SOCIÉTÉ xxxxxxx qui lui auront été transmises soit par écrit soit oralement par la direction et /ou les cadres de la SOCIÉTÉ xxxxxxx ou de ses filiales.*
>
> *Toutes les analyses, études ou audits que l'ACQUÉREUR aura effectués à partir des informations ci-dessus.*
>
> *Toutefois, les informations dites confidentielles n'incluent pas les informations, qui au jour de la signature du présent accord seront du domaine public ou déjà en la possession de l'ACQUÉREUR à condition que ce dernier en apporte la preuve ou qui par la suite deviendront publiques à la suite de communiqués émanant de sources étrangères à l'ACQUÉREUR.*
>
> *L'ACQUÉREUR s'engage à garder les négociations secrètes et à ne pas en faire état de telle sorte que ni les clients, ni les prospects, ni les salariés, ni les fournisseurs, ni les concurrents de la SOCIÉTÉ xxxxxxx n'en n'aient connaissance.* »

**Il n'est pas possible de rédiger des clauses de confidentialité ou de secret sans examiner la manière dont circule l'information et quelles sont les fuites possibles.**

**Une fois encore le juriste va engager une démarche d'intelligence économique pour analyser les flux d'informations.**

Ce type de clause relève parfois plus de l'engagement moral que de l'obligation juridique car ne sont pas envisagés les différents moyens de se protéger contre « des fuites ».

Or, il faut analyser comment se produisent ces fuites pour arriver à une rédaction correcte de la clause.

D'une entreprise à l'autre, d'un projet à l'autre, les informations ne circulent pas de la même manière. Il n'est donc pas possible de rédiger une clause à portée universelle.

Toutefois, toute clause de confidentialité doit comporter un certain nombre de prérequis qui sont incontournables.

### 2.3.1. Premier prérequis

Le premier prérequis consiste à savoir comment est organisée la circulation de l'information dans les entreprises et quelles ont été les mesures mises en place pour la protéger.

Il faut donc prévoir une clause informant chacune des parties des mesures prises dans chaque entreprise pour garantir la confidentialité :

- Existence d'une charte de confidentialité ;
- Clause de non-concurrence dans les contrats de travail des salariés, des sous-traitants ;
- Mesures de sensibilisation et formation des salariés ;
- Etc.

### 2.3.2. Second prérequis

Le deuxième prérequis est une organisation de la diffusion de l'information entre les partenaires.

D'abord, il faut définir pour chaque projet quelles sont les personnes habilitées à connaître celui-ci dans chaque entreprise.

On imagine fort bien la scène, digne de l'émission « caméra café » sur M6, s'il n'y a pas de liste de personnes habilitées à connaître les projets au sein de l'entreprise.

> « *Tiens vous êtes au courant du projet X ?* »
>
> « *Comment ? il y a un projet X, tu en as trop dit ou pas assez, raconte m'en donc un peu plus* »
>
> Etc.

Le projet est alors éventé.

Il faut également prévoir les mécanismes de substitution en cas d'absence d'une des personnes visées.

Puis le contrat de confidentialité doit décrire avec précision les modalités de transmission de l'information en prévoyant par exemple, si elles sont cryptées, ou conservées sur des clefs USB, etc.

Par ailleurs, une organisation matérielle doit être mise en œuvre pour détecter l'origine d'éventuelles fuites.

Par exemple, il ne faut jamais faire une copie à l'identique d'un document. Les différences peuvent être minimes par exemple quelques fautes de frappe. Si une version était diffusée, il est ainsi possible de reconnaître qui l'a transmise indûment.

## 2.4. La classification de l'information

La classification de l'information est un moyen d'opérer une prévention par la partition tout en assurant une meilleure sécurisation de la stratégie de la protection du patrimoine.

Dans le domaine de la protection contractuelle du patrimoine de l'entreprise, le processus organisationnel qui conduit à l'efficacité juridique consiste à classer l'information et à définir les personnes habilitées à y accéder.

Les informations étant classées, l'obligation contractuelle sera donc modulée et le principe de proportionnalité respecté.

Un groupe de travail de l'IHESI[1], sous la direction de l'auteur a tenté de définir les grandes règles de classification de l'information.

« Plusieurs lignes directrices peuvent être retenues, pour la classification de l'information :

- Habilitation des personnes appelées à classifier et à utiliser l'information.

Le manager est responsable de la sécurité de l'information dans son domaine de responsabilité. Il peut être :

- Un utilisateur ;
- Un propriétaire de l'information ;
- Un administrateur des habilitations.

Le « propriétaire » de l'information (cas ou l'information est créée par un département spécifique comme la DRH) :

- Classifie les informations existantes ou nouvellement créées ;
- Détermine à qui doivent être accordés des droits d'accès différenciés.

Nature des informations à classifier :

- Les informations concernant les clients ou prospect « Particuliers » ;
- Les informations concernant les clients ou prospects « Entreprises » ;
- Les informations concernant les clients ou prospects « Collectivités territoriales ou l'État » ;
- Les informations concernant le personnel ;
- Les programmes informatiques ;
- Toute information jugée comme sensible par les managers.

1. Institut des Hautes Études de la Sécurité Intérieure. Le rapport non publié à ce jour a été présenté à Monsieur Bernard CARAYON député, qui l'évoque dans le document qu'il a remis au Premier ministre en juillet 2003.

## 2.5. Ne jamais licencier sa technologie fondamentale

Il existe bien des hypothèses où une entreprise refusera d'intenter des poursuites pour contrefaçon : les raisons peuvent être diverses et provenir notamment de le législation étrangère, du coût des poursuites...

Dès lors, le meilleur moyen pour éviter d'être contrefait consiste à conserver toujours la réalisation de la partie vitale de sa technologie.

**Exemple de protection par la rétention d'une partie de la technologie**

La société X est un important groupe chimique qui diffuse ses produits dans le monde entier.

Elle s'intéresse au marché russe et veut y commercialiser son produit phare : l'engrais Z.

Toutefois, compte tenu de la dangerosité du produit, elle ne peut le transporter elle-même.

Elle décide donc de licencier une entreprise russe.

La direction de la société X se tourne naturellement vers son service juridique en insistant sur le nécessaire respect des droits de propriété intellectuelle.

Sans avoir besoin de réflexion approfondie, les juristes répondent qu'en tout état de cause, il est illusoire de vouloir poursuivre des contrefaçons en Russie.

La société X prend alors la décision de ne confier la fabrication que d'environ 99 % de l'engrais à la société russe qui doit importer de France, un produit additionnel dont la composition est gardée secrète et qui seul permet la réalisation définitive.

Les quantités du produit additionnel livré autorisaient de déduire la quantité de produit total fabriqué.

La société X a pu contrôler efficacement sa distribution.

## CHAPITRE 8

# Stratégie de protection de l'image de l'entreprise

Les ouvrages les plus diserts, les plus réputés en matière de marketing ne manquent pas de souligner que le principal capital de l'entreprise est celui de son image.

Le phénomène n'est pas nouveau, mais prend de l'ampleur grâce ou à cause d'Internet.

À faible coût les entreprises peuvent se promouvoir, ou lancer des actions de déstabilisation de leurs concurrents.

Ce même Internet devient la caisse de résonance de procès médiatiques.

Aussi, le juriste ou l'avocat, dès qu'ils sont confrontés à un dossier, doivent en mesurer l'importance médiatique.

Toute la difficulté pour eux est de déceler ce qui dans un dossier anodin, peut devenir une poudrière médiatique.

Il existe certes des critères de bon sens, comme la présence d'une personnalité politique ou locale, d'une vedette, d'un journaliste ou d'une institution locale...

La gestion de la marque se fait bien entendu au travers d'une stratégie fondée sur le droit des marques (1).

Il faut également élaborer une stratégie juridique de réponse à la désinformation (2).

Enfin, on assiste à l'apparition de nouveaux mis en cause en cas de désinformation vraie ou supposée (3).

## 1. Le droit des marques

En règle générale, le droit des marques se prête moins à une approche stratégique que le droit des brevets.

Néanmoins, il existe quelques possibilités.

Nous verrons donc quels sont les critères de dépôt d'une marque, l'obligation d'agir et les stratégies de contrefaçon.

### *1.1. Les critères de choix d'un dépôt de marque*

Le droit des marques comme celui des dessins et modèles ou le droit d'auteur se prête beaucoup moins que les brevets à une approche stratégique lors du dépôt.

En effet, toute proportion gardée, le droit des marques est plus simple que celui des brevets. Quelles sont alors les options juridiques et stratégiques que peut prendre une entreprise en matière de marque ?

C'est tout d'abord et comme en matière de brevets, lors de la recherche d'antériorité une analyse et une acceptation du risque au regard des marques déjà déposées.

Puis, lors du dépôt, l'entreprise a le choix entre protéger une marque figurative c'est-à-dire avec une présentation particulière, ou au contraire déposer le graphisme et la marque (on parle alors de marque verbale) séparément.

Cette dernière solution lui autorise soit de changer aisément le graphisme de la marque, soit de réutiliser le même graphisme pour une marque concurrente.

Il y aura également le choix du ou des pays de dépôt de marque.

La gestion juridique d'une stratégie de marque se situe en réalité lors de l'apparition de contrefaçon puisque la passivité entraîne les sanctions lourdes, telles que la forclusion par tolérance ou la déchéance.

L'impact des coûts sur la stratégie juridique de marque est identique à celui qui existe en matière de brevets puisque rien ne sert de déposer une marque si on n'a pas les moyens d'intenter une procédure judiciaire.

**Continents contre Continent**[1]

Un épicier s'estime propriétaire de la marque du géant de la distribution. Il saisit la justice... et gagne.

PROMODES n'a plus le droit d'apposer son enseigne « CONTINENT » sur de nouveaux hvpermarchés ! La cour d'appel de Paris vient en effet de condamner le mastodonte de la distribution pour... contrefaçon. Tel est l'incroyable aboutissement d'un feuilleton commencé il y a maintenant cinq ans.

Le 18 mai 1987, l'assignation d'un certain Eddie ABRAMOFF tombe sur le bureau du directeur juridique de PROMODES, Bernard BONTOUX, beau-frère de Paul-Louis HALLEY, le président du groupe. Le gérant de la société *« Aux Cinq Continents »*, une boutique de la rue de La Roquette à Paris, accuse le distributeur d'utiliser abusivement la marque que sa famille a déposée dès 1968. Mais comment pourrait-on confondre un commerçant spécialisé dans les épices exotiques (170 000 euros de chiffre d'affaires, trois employés) et une chaîne européenne d'hypermarchés (5,8 milliards d'euros de recettes, 77 magasins) ?

À l'automne 1988, le petit épicier originaire de Tachkent, assisté de l'avocat Alain LE TARNEC, le spécialiste en contrefaçon de CHANEL, perd en première instance. Mais il ne baisse pas les bras. Les ABRAMOFF sont tenaces : en 1978, le père d'Eddie, qui, installé aujourd'hui à Monaco, suit toujours le dossier, a déjà tenté de négocier sa marque avec les HALLEY, de vieilles connaissances rencontrées autrefois sur les marchés. D'autant plus tenaces qu'une victoire dans cette bataille judiciaire – ou une négociation en position de force – leur rapporterait probablement un joli pactole.

Le 9 juillet dernier, la cour d'appel se prononce en faveur des « Cinq Continents ».

Explication des juges : certes, les deux réseaux de distribution présentent peu de similitudes mais le consommateur pourrait être induit en erreur par des produits vendus sous des appellations voisines. Les dirigeants de PROMODES, qui ont décidé de se pourvoir en cassation, n'ont décidément pas la baraka avec les marques. Dans les années 80, Bernard BONTOUX, inquiet de l'arrivée dans l'Hexagone de l'allemand ALDI, avait essayé de lui « ravir » son nom en le précédant dans le dépôt de son enseigne. Attaqué par le discounter, PROMODES avait dû s'incliner. L'arroseur arrosé ?

## *1.2. L'obligation d'agir pour ne pas perdre ses droits*

Outre, les classiques problèmes de prescription, le code de la propriété intellectuelle a prévu deux hypothèses où les droits du titulaire de la marque disparaissent, s'il n'agit pas.



1. *Capital*, octobre 1992, Nathalie MONS.

### 1.2.1. La déchéance de l'article 714- 6[1] du code de la propriété intellectuelle

Certaines marques connaissent un succès foudroyant et finissent par devenir des noms communs qui désignent le produit.

Tout le monde garde à l'esprit les marques comme Frigidaire pour désigner un réfrigérateur, Caddie pour le chariot de supermarché, Pédalo pour les engins de plage à pédales, Walkman pour le lecteur de cassettes audio, etc.
Il devient alors impossible de supprimer du langage commun ce type de marque.

Dès lors le code de la propriété intellectuelle a prévu que le titulaire de la marque se retrouvait déchu de ses droits, si sa marque était devenue un nom commun de son fait.

Pour éviter une telle déchéance, la seule solution est d'assigner les éventuels contrefacteurs et de faire savoir par voie d'annonce que la marque est déposée et protégée.

### 1.2.2. Forclusion par tolérance[2]

Il résulte de la combinaison de plusieurs dispositions du code de la propriété intellectuelle que le titulaire d'une marque qui ne réagirait pas pendant cinq ans au dépôt d'une marque contrefaisante perdrait son droit à agir.

---

1. Article L. 714-6 :
   « Encourt la déchéance de ses droits le propriétaire d'une marque devenue de son fait :
   a) La désignation usuelle dans le commerce du produit ou du service ;
   b) Propre à induire en erreur, notamment sur la nature, la qualité ou la provenance géographique du produit ou du service. »
2. Article L. 714-3 :
   « … Seul le titulaire d'un droit antérieur peut agir en nullité sur le fondement de l'article L. 711-4. Toutefois, son action n'est pas recevable si la marque a été déposée de bonne foi et s'il en a toléré l'usage pendant cinq ans … »
   Article L. 711-4 :
   « Ne peut être adopté comme marque un signe portant atteinte à des droits antérieurs, et notamment :
   a) A une marque antérieure enregistrée ou notoirement connue au sens de l'article 6 bis de la Convention de Paris pour la protection de la propriété industrielle ;
   b) A une dénomination ou raison sociale, s'il existe un risque de confusion dans l'esprit du public ;
   c) A un nom commercial ou à une enseigne connus sur l'ensemble du territoire national, s'il existe un risque de confusion dans l'esprit du public ;
   d) A une appellation d'origine protégée ;
   e) Aux droits d'auteur ;
   f) Aux droits résultant d'un dessin ou modèle protégé ;
   g) Au droit de la personnalité d'un tiers, notamment à son nom patronymique, à son pseudonyme ou à son image ;
   h) Au nom, à l'image ou à la renommée d'une collectivité territoriale. »

Le seul moyen de réagir pour l'entreprise est d'obtenir le retrait de la marque litigieuse, par le biais le plus souvent d'un procès auquel elle est donc contrainte si elle ne veut pas perdre ses droits.

### 1.3. Le droit de la responsabilité va-t-il conditionner les stratégies de marques ?

Toutefois, la stratégie de marque devrait subir une importante évolution liée, non pas au code de la propriété intellectuelle, mais aux règles régissant le droit de la responsabilité.

En effet, nous l'avons vu précédemment, le besoin de sécurité s'accroît de manière importante, les sanctions sont lourdes et les obligations impérieuses comme en témoignent les annonces médiatiques effectuées régulièrement par des fabricants qui rappellent leurs produits.

**Ce ne sont pas les dispositions du code de la propriété intellectuelle qui vont décider de la stratégie juridique de dépôt des marques, mais le droit de la responsabilité.**

Il n'est pas concevable qu'un produit soit commercialisé alors qu'il présente un risque même minime.

C'est pour cette raison, que la société PERRIER a décidé de retirer du marché américain des centaines de milliers de bouteilles, qui présentaient une trace de benzène infime sans risque pour la santé.

La société PERRIER ne s'est relevée que d'extrême justesse d'une telle épreuve.

La société ARTHUR ANDERSEN ne s'est, quant à elle, pas relevée d'un scandale provenant d'une mauvaise certification de comptes.

Aucune société ne peut prétendre qu'elle ne subira pas une telle crise.

Et il est probable dans le futur que des sociétés moins solides que PERRIER, dans des circonstances analogues seront contraintes à une cessation d'activité.

Dès lors, répartir pour prévenir s'impose et il convient de déposer différentes marques pour pouvoir supporter la disparition de l'une d'elles suite à une action en responsabilité.

### 1.4. La contrefaçon de marque comme outil de promotion

Les contrefacteurs se contentent souvent de reprendre une marque connue et de la reproduire sur leur produit, en changeant très légèrement une de ses caractéristiques.

Il est évident qu'un maroquinier préférera prendre une marque qui s'approche de celle de Louis VUITTON ou la contrefaire plus que de s'appeler Albert DURANT.

Ces contrefacteurs espèrent passer entre les mailles du filet ou vont créer des sociétés écran, utiliser des prête-noms.

Il n'y a là, guère de stratégie dans ces petites carambouilles sans intérêt et sans envergure. Il est donc inutile d'épiloguer.

**Contrefaire une marque connue, avec le risque que cela comporte, peut permettre d'acquérir une notoriété, même si l'on perd sur le terrain judiciaire.**

En revanche, la stratégie adoptée par la société LINDOWS, qui diffuse un système d'exploitation laisse perplexe[1].

À l'évidence ce nom contrefaisait celui de Windows et MICROSOFT avait obtenu gain de cause dans plusieurs pays : En Suède, au Pays-Bas et en France. La justice a reconnu que LINDOWS violait la marque déposée par MICROSOFT pour son propre OS (Windows)... et interdit la commercialisation de la fameuse distribution LINUX[2].

MICROSOFT avait cependant essuyé une défaite aux États-Unis. Une cour américaine auprès de laquelle le géant a déposé une plainte pour contrefaçon de marque a en effet légiféré en faveur de l'éditeur LINUX. Elle a estimé que le terme « Windows » était un terme couramment utilisé bien avant le lancement de l'OS du même nom par MICROSOFT (ou terme dit « générique »). En tant que tel, il ne pourrait par conséquent pas prétendre s'inscrire dans la réglementation sur la protection des marques[3].

En définitive, la société LINDOWS a fini par s'incliner et changer de nom pour devenir LINSPIRE.

Une entreprise ne peut se développer avec une épée de Damoclès suspendue au-dessus de ses projets. L'incertitude et l'aléa nuisent au développement d'une entreprise.

Les dirigeants de LINDOWS ne pouvaient ignorer ce point.

Dès lors, il est légitime de supposer que pour acquérir une notoriété importante, LINDOWS a volontairement contrefait la marque de MICROSOFT.

1. Voir notamment l'article de Christophe Guillemin, ZDNet France Mercredi 10 décembre 2003 http://www.zdnet.fr.
2. Journal du net du 15 avril 2004.
3. Journal du net du 23 avril 2003.

Coïncidence étonnante, quelques jours après l'annonce de son changement de nom la société LINDOWS indiquait qu'elle allait s'introduire en Bourse.

Certaines personnes semble-t-il, enfreignent volontairement le code de la propriété intellectuelle sur le droit des marques.

Autre manière de procéder, celle qu'évoque Monsieur KHON, conseil en propriété intellectuelle à Bagnolet près de Paris. Il raconte qu'un de ses clients lui demande régulièrement de déposer des marques légèrement contrefaisantes des prospects qu'il ne parvient pas à contacter.

Les sociétés prospects ne manquent naturellement pas de réagir et de s'offusquer. Elles adressent alors au client de Monsieur KHON une mise en demeure.

Le client de Monsieur KHON demande alors à rencontrer la direction générale de l'entreprise lésée, renonce naturellement à sa marque, mais peut proposer ses produits et prestations au plus haut niveau.

La liste de cette utilisation dévoyée est longue.

## 2. Le droit de la désinformation

Contrairement à ce qui se passe dans les journaux ou pour d'autres sources d'informations, le contenu d'Internet n'est guère contrôlé.

Dès lors, ce formidable outil d'information se transforme en moyen de désinformation.

Les entreprises doivent donc surveiller le Net pour éviter de se voir dénigrer, diffamer.

Le droit n'est pas et ne doit pas constituer la seule réponse à une tentative de désinformation.

La SNCF l'a d'ailleurs bien compris puisqu'elle a demandé à ses cheminots de faire circuler un e-mail, au moment des grèves pour contredire le bruit selon lequel les agents SNCF recevaient des salaires exorbitants.

**L'équation est simple : il s'agit de trouver un équilibre entre la liberté d'expression et la légitime protection de l'entreprise.**

**Le juriste va devoir anticiper les nouvelles techniques de désinformation pour pouvoir les analyser et préparer une riposte judiciaire.**

Il existe de nombreux moyens juridiques de lutter contre les opérations de désinformation comme cela a déjà été exposé dans le précédent ouvrage de l'auteur[1].

1. Intelligence économique utilisez toutes les ressources du droit, Éditions d'Organisation, 2000.

En effet, la désinformation sur Internet relève de plusieurs moyens de droit comme :

- La concurrence déloyale ;
- Le droit des marques ;
- Le droit boursier ;
- Le droit de la presse : diffamation, droit de réponse, etc ;
- Les dispositions relevant de la vie privée, nous l'avons vu précédemment ;
- Des textes spéciaux comme ceux sur la publicité mensongère, la loi SAPIN.

Toute la difficulté pour le juriste va être d'anticiper les nouvelles techniques de désinformation pour pouvoir les analyser et préparer une riposte judiciaire.

Quels sont alors ces moyens de désinformation sur Internet ?

Est exclue de notre analyse, la simple page Web créée par exemple par un salarié pour se plaindre de son employeur qu'il estime indélicat[1].

Ne sont cités également que quelques techniques puisqu'en ce domaine l'imagination n'a pas de limites !

## 2.1. Les différentes techniques et la réplique judiciaire

### 2.1.1. Le Google Bombing

Cette technique de désinformation fait appel au principe développé par Google pour présenter les documents qui répondent à une requête.

Sous réserve des liens commerciaux, les résultats qui s'affichent sur la première page de recherche sont les sites vers lesquels pointe le maximum de liens hypertexte.

En outre, en cliquant sur le bouton « J'ai de la chance », on peut aller directement sur le site.

Dès lors, des internautes ont eu l'idée d'associer un terme « dénigrant » à un lien hypertexte et de demander à un très grand nombre d'internautes d'effectuer la même opération.

Ces demandes sont formulées par des e-mails que les internautes se retransmettent.

Pour le moment seul des hommes politiques ont été victimes de cette manière de procéder.

- Soumettre à Google les mots « gros balourd » renvoyait sur le site de RAFFARIN et le terme « magouilleur » à celui de l'Élysée ;

1. Sté SAGE/DUARTE tribunal de grande instance de Paris 5ème chambre 9 mai 2001.

- Les mots « député », « liberticide », permettaient d'accéder au site du député DIONIS, rapporteur de la loi sur l'économie numérique.

Il est cependant très probable que des entreprises seront victimes d'opérations de même nature.

On peut imaginer des mots clefs tels que « entreprise polluante », « produit défectueux », « empoisonneur », etc.

La qualification juridique du « Google Bombing » n'est pas aisée. L'internaute qui crée un lien hypertexte qui parfois ne sera pas apparent, peut-il être poursuivi alors que c'est seulement la somme des liens hypertexte qui permet la désinformation ?

En outre, comment l'identifier ?

Peut-on alors poursuivre Google ? Rien n'est moins sûr dans un premier temps. En revanche, une fois ce moteur de recherche averti, sa responsabilité pourrait être engagée.

Il est cependant probable que par mesure de précaution, Google organisera un moyen de prévenir ce type d'attaque à condition cependant d'en être informé.

### 2.1.2. Le faux communiqué de presse

La publication de faux communiqués de presse est un moyen hélas utilisé et qui est réprimé sur le fondement, soit du droit boursier, soit éventuellement de l'escroquerie puisque des magistrats y verront certainement des manœuvres frauduleuses permettant l'obtention d'un gain.

Peut être également engagée la responsabilité des agences de presse qui reprendraient l'information sans la vérifier.

**Exemple de faux communiqué en matière boursière[1]**

EMULEX : le FBI interpelle l'auteur du faux communiqué.

Vendredi dernier, suite à la diffusion d'un communiqué de presse alarmiste, l'action du constructeur EMULEX a chuté de près de 60 %. Le coupable, un étudiant de 23 ans, y a gagné près de 250 000 dollars et... jusqu'à 15 ans de prison ferme.

1. Article extrait de 01net., le 01/09/2000 à 16h51.

Il n'a fallu que six jours au FBI, aidé des autorités judiciaires et de la commission de Bourse américaine (SEC), pour démasquer le cyberbandit. Mark JAKOB, un étudiant de 23 ans, avait réalisé l'envoi du faux communiqué de presse à partir de la bibliothèque de son université pour effacer près de 100 000 dollars de pertes accumulées à la suite de diverses transactions sur le titre. Au final, il a empoché près de 250 000 dollars, mais risque désormais jusqu'à quinze ans de prison ferme…

En l'espace de seulement seize minutes, la valeur de l'action du constructeur a chuté de près de 60 %, en passant de 103 à 43 dollars, avant que les autorités du Nasdaq n'arrêtent sa cotation. La valorisation de la société a ainsi perdu plus de 2,5 milliards de dollars, avec 2,3 millions de titres échangés, et en laissant nombre de petits investisseurs – essayant désespérément de vendre leur participation – sur la touche. Car, ce qu'il faut savoir, c'est que *« les investisseurs institutionnels n'ont pas bougé »*, ajoute le PDG d'EMULEX…

Cependant, dans cette affaire, le plus grave n'est pas vraiment qu'un jeune étudiant ait pu se substituer au responsable de la communication de l'entreprise et envoyer un faux communiqué à son insu. Mais plutôt que deux des plus importantes agences de presse financière, Bloomberg et Dow Jones, aient diffusé, moins d'une heure après réception, une fausse information sans en vérifier ni sa source ni sa véracité. Elles sont donc coupables de négligence et devront répondre, d'une manière ou d'une autre, aux investisseurs trompés et qui ont perdu très gros.

### 2.1.3. Les méta tags ou mots clefs

Il est possible d'insérer dans une page Internet, sans qu'ils soient visibles, des mots clefs qui permettent aux moteurs de recherche d'indexer le contenu d'un site plus rapidement et d'en déceler les thèmes. C'est ce que l'on appelle les meta names ou meta tags.

Le site de PEUGEOT fait ainsi apparaître les mots clefs suivants :

> *"<meta name="keywords" content="peugeot, Peugeot, constructeur automobile, peugot, achat voiture, service peugeot, 106, 205, 206, PEUGEOT, 206 CC, 206 WRC, 306, peugeot, 307, achat auto, 807, 406, 607, 307, financement, 806, partner, boxer, expert, acheter, voiture, automobile, site international, site officiel Peugeot, site peugeot, peujot, peugeot 206, peugeot 307, peugeot 406, peugeot 607, peugeot 806, PSA, PSA Peugeot citroen">"*

Celui de FIAT :

> *"content="constructeur automobile, concessionnaires fiat, modeles voitures, voitures neuves, acheter voiture, acheter voiture neuve, voiture economique, conseil achat voiture, informations automobile, nouveaux modeles fiat, modeles fiat, monospace fiat, utilitaires fiat, fiat bravo, fiat brava, fiat panda, fiat punto, fiat marchetta, fiat multipla, fiat doblo, fiat seicento, fiat marea, fiat ulysse, fiat stilo, prix fiat, prix voitures fiat, prix monospaces, financement voiture, credit automobile, credit auto, fiat sport, fiat F1, essais automobile, essais voiture, test auto, test voiture neuve, fiat magazine, innovation automobile, garanties fiat, securite automobile".*

Il peut être tentant (ce que n'ont pas fait ni PEUGEOT, ni FIAT) de glisser les coordonnées du produit ou d'un service d'un de ses concurrents.

Plusieurs décisions ont ainsi condamné des internautes.

La société GOOGLE avec son système Adwords a été ainsi condamnée pour contrefaçon, par le tribunal de grande instance de Nanterre[1].

La société AXA a également lancé des actions de même nature comme elle l'a fait savoir dans la presse[2].

**Contrefaçon par utilisation d'une marque concurrente comme balise méta[3]**

À l'appui d'un constat APP, le TGI de Paris a jugé, le 29 octobre 2002, que la reproduction sans autorisation par une société de la marque d'un de ses concurrents sur la page source de son site Internet était constitutif de contrefaçon et d'atteinte au nom commercial de la société concurrente. La société LE LUDION qui exerce une activité commerciale de fabrication et de réparation d'orgues de Barbarie a utilisé la marque de son concurrent à titre de balise méta. Ce procédé a nuit au titulaire de la marque puisqu'il avait pour objet de conduire sur le site www.leludion.com les internautes qui effectuaient des recherches sur les moteurs de recherche par le mot clé « Odin ». En conséquence, le juge a considéré que LE LUDION profitait de la renommée de la marque ODIN pour se faire connaître et élargir sa clientèle. La réparation du préjudice, évalué à 8000 €, a tenu compte de l'absence de baisse de consultation du site Odin et du fait que celui-ci porte un nom de domaine générique « orguesdebarbarie.com » qui lui permet d'attirer un plus large public que son concurrent LE LUDION.

**États-Unis : condamnation pour atteinte au droit des marques dans les méta tags[4]**

« West Coast Entertainment » a été condamnée par la cour d'appel fédérale pour avoir fait figurer une marque déposée par « Brookfield Communication » dans les méta tags de son site Internet. La technique est simple et rentable : pour trouver leur chemin, la plupart des internautes effectuent des requêtes en tapant des mots clef sur des moteurs de recherche.

1. Décision du 13 octobre 2003.
2. Source lexpansion.com du 27 avril 2004.
3. Extrait du journal du net du 25/11/2002.
4. Extrait du journal du net du 27/04/99.

Ces derniers examinent les sources des millions de pages Web et se fondent sur le contenu des méta tags pour fournir des réponses appropriées. Il suffit donc à l'entreprise d'y mettre les marques déposées de ses concurrents pour se retrouver en bonne position dans les réponses des moteurs. Mais la cour a estimé qu'il s'agissait là d'une pratique entraînant une confusion de marques répréhensible au regard du droit de la propriété industrielle. Les bénéficiaires d'une telle décision seront sans conteste les internautes dont les requêtes gagneront en pertinence. Si l'arrêt a de bonnes chances de faire jurisprudence, il demeure inapplicable aux termes génériques et autres noms de stars qui feront encore les beaux jours des méta tags notamment des sites pour adultes. Les juges français ont déjà eu à se prononcer sur cette question. Il y a quelques mois : l'exploitant d'un site « Paca on line » a été condamné à cesser toute exploitation électronique d'une marque « Pacanet », y compris par le biais de méta tags. En revanche, un tribunal américain avait rejeté la demande de « Playboy » tendant à faire condamner une ancienne « playmate » qui avait utilisé sa marque dans les méta tags de sa page Web personnelle au motif que ce titre faisait partie intégrante de sa personne.

**Extrait du journal du net du 16 octobre 2003**

Pour GOOGLE, c'est un coup de massue. Lundi, la deuxième chambre du tribunal de grande instance de Nanterre (Hauts-de-Seine) a condamné GOOGLE à une amende de 75 000 euros pour contrefaçon de marque en vertu de l'article L. 713-2 du code de la propriété intellectuelle. Cette décision de justice intervient à la suite de l'assignation déposée en décembre 2002 par les sociétés LUTECIEL et VIATICUM, qui exploitent les portails par les services de voyages en ligne Bourse des Voyages et Bourse des Vols. Motif de l'action en justice : le présumé abus du programme de liens sponsorisés AdWords de GOOGLE, qui a permis de vendre aux enchères des mots clés comme « bourse » et « vols » à des annonceurs concurrents de Bourse des Vols.

### 2.1.4. Les liens hypertextes renvoyant à des sites Internet dénigrant une entreprise

La cour d'appel de Paris[1] a considéré, le 19 septembre 2001, que le créateur d'un lien hypertexte peut être poursuivi si son lien renvoie à un site Internet à la condition que *« la création de ce lien procède d'une démarche délibérée et malicieuse, entreprise en toute connaissance de cause ».*

Dans cette affaire, la société EUROPE 2 présentait sur son site Internet une rubrique *« Anti-NRJ »* avec un lien hypertexte renvoyant à une page d'un site suédois, qui critiquait vigoureusement les programmes de la radio NRJ.

1. Cour d'appel de Paris 4ème chambre, section A, Arrêt du 19 septembre 2001 NRJ et Jean-Paul B. / SA EUROPE 2 Communication cité par Legalis.net.

Est-il besoin de rappeler que les deux entreprises évoluent dans des domaines concurrentiels ?

### 2.1.5. L'utilisation de la marque dans un nom de domaine

Le nom de la société ou la marque d'un de ses produits peut être déposé seul ou avec l'adjonction de mots dénigrants.

Une des premières affaires connues a trait à la société VIVENDI alors en pleine tourmente. Monsieur SALLEN qui avait déposé le nom de domaine « vivendiuniversalsuck.com » (vivendi universal craint) a été condamné à le restituer par une décision du 7 novembre 2001[1].

Une autre affaire a défrayé la chronique celle des appels au boycott de la société DANONE lancés par différents mouvements et la création de sites Jeboycottedanone.net et Jeboycottedanone.com[2]

Le tribunal de grande instance de Paris, le 4 juillet 2001, avait ordonné l'interdiction de l'utilisation du logo déformé et condamné les animateurs à payer chacun 9 150 euros de dommages-intérêts à la société DANONE, et à supporter le coût de publication de cette condamnation dans trois journaux.

La cour d'appel de Paris a jugé à l'inverse que la liberté d'expression doit permettre de dénoncer sur les sites Internet, « les conséquences sociales des plans de restructuration » et qu'il ne pouvait avoir de contrefaçon puisque la copie du logo n'avait pas été réalisée dans un but commercial et mercantile.

### 2.1.6. Les insinuations ou dénigrements sur un forum

Il peut être tentant de dénigrer une entreprise concurrente ou un de ses produits sur un forum.

Généralement, l'auteur de tels actes avancera masqué et il ne sera pas possible de le retrouver.

Dès lors, pour faire cesser de tels agissements, il convient d'engager la responsabilité de l'animateur du forum, ce qu'ont admis plusieurs décisions.



1. http://arbiter.wipo.int/domains/decisions/html/2001/d2001-1121.html.
2. Source AFP 30 avril 2003.

**Responsabilité du créateur et de l'animateur d'un forum**[1]

Le TGI de Toulouse a jugé en référé, le 5 juin 2002, que le créateur d'un site était « *responsable du contenu du site qu'il a créé et des informations qui circulent sur le réseau, lui seul ayant le pouvoir réel de contrôler les informations ou diffusions* ». En l'espèce, une association (DOMEXPO) avait fait l'objet de propos diffamatoires dans un forum de discussions relatif à la construction de maisons individuelles. L'association avait obtenu de l'hébergeur et de l'exploitant du site la suppression des messages litigieux diffusés...

### 2.1.7. Le faux site Internet

Le faux site Internet peut directement se présenter comme celui d'une société. Son nom de domaine comprend généralement le nom de domaine de la société cible.

Il peut également apparaître comme celui d'une association de salariés, écologistes, etc.

Il n'y a pas à ma connaissance de jurisprudence sur une telle situation.

Pourtant, ce procédé semble être utilisé régulièrement.

**Investigation**[2]. Avec l'objectif de « *dénoncer les agissements du groupe CARLYLE* », le site StopCarlyle (2), lui, ne s'embarrasse pas de personnages de fiction. Ses pages sont une mine d'informations sur les liens troubles de CARLYLE et sur ses investissements en Europe. Mais qui se cache derrière le site ? À première vue, il s'agit de militants altermondialistes. Des liens renvoient vers ATTAC ou INDYMEDIA. Mais plusieurs signes semblent suspects : le ou les auteurs de StopCarlyle n'ont pas répondu à nos e-mails alors que le site est réactualisé régulièrement. Et les informations qu'ils mettent à disposition du public, comme des montages financiers mis en place par CARLYLE et passant par le Luxembourg, nécessitent de l'investigation. Conclusion de Jean-Pierre MILLET, OTOR rémunère les concepteurs du site. Ce que dément Michèle BOUVIER, mais très mollement. Seule certitude, deux personnes se prévalant de StopCarlyle ont rencontré un membre d'Attac lors du Forum social européen à Saint-Denis. Comme quoi l'altermondialisme peut même servir à arbitrer des conflits entre capitalistes.

1. Extrait du journal du net du 11 octobre 2002.
2. *Libération* du 9 mars 2004, Monsieur MILLET est le président de CARLYLE FRANCE.

### 2.1.8. Les rumeurs

Plusieurs ouvrages sont parus ces dernières années, sur la diffusion de rumeurs. Ils s'inscrivent dans le prolongement de celui de Monsieur KAPFERER[1], qui a été un des premiers à étudier ce sujet, il y a plus de 20 ans.

Ce thème des rumeurs reprend celui passionnant des légendes urbaines[2].

Internet est par essence le lieu où peuvent se diffuser très rapidement les rumeurs.

Qui n'a d'ailleurs pas recu un mail bien intentionné d'un ami l'avertissant d'un danger imminent ou d'une occasion extraordinaire de gagner un téléphone portable, un ordinateur, etc.

Ces messages diffusés sans discernement peuvent porter atteinte à la notoriété d'une société ou encore bloquer le fonctionnement de son site Internet par l'envoi de trop nombreux messages.

Toute la difficulté va être d'identifier l'auteur de la rumeur et à défaut de trouver la personne qui a eu l'initiative de la rumeur ; peut-on se retourner contre les personnes qui la véhiculent soit par bonne volonté, soit animées d'une intention pernicieuse ?

La diffusion de rumeurs amène les juristes à se poser plusieurs questions.

Le plus souvent la rumeur est véhiculée par e-mail.

S'il s'agit de l'envoi d'un e-mail à une autre personne, les possibilités d'incrimination sont sans doute difficiles. Toute personne a le droit dans une correspondance privée d'évoquer des choses fausses, de mentir.

En revanche, si un internaute adresse à l'intégralité des personnes figurant dans son carnet d'adresses la rumeur, ne va-t-on pas quitter le domaine de la correspondance privée ?

En effet, adresser un message à un grand nombre de personnes, même connues, est considéré comme un acte de publication d'où une application du droit de la presse avec toute la rigueur qui a été évoquée précédemment.



1. Jean-Noël KAPFERER l'auteur de *Rumeur, le plus vieux média en ligne,* Éditions du Seuil, 1987.
2. *Légendes urbaines : Rumeurs d'aujourd'hui,* de Véronique CAMPION-VINCENT, Jean-Bruno RENARD.

Enfin, il ne faut pas oublier que bloquer un site internet par l'envoi d'e-mails est sanctionné sur le fondement de la loi GODFRAIN sur l'intrusion dans un système informatique. Un député UMP en a fait les frais pour avoir incité des usagers des transports publics à bloquer les sites des syndicats lors de récentes grèves.

**Exemple de rumeur diffusée sur Internet**

Un message faisant état d'accidents graves occasionnés lors de l'utilisation de téléphones mobiles à proximité de pompes à essence dans les stations SHELL de Belgique crée actuellement la panique chez les internautes.

La lettre d'information de septembre 2002 publiée par l'Association royale des conseillers en prévention (ARCOP, organisme de prévention bien connu en Belgique), a en effet fait circuler une alerte officielle appelant à la plus grande vigilance suite à plusieurs accidents graves survenus à des automobilistes dans des stations SHELL. Le seul fait de tenir leur téléphone mobile à proximité des vapeurs d'essence aurait provoqué un embrasement immédiat.

Suite à la propagation de son alerte sur Internet, M. Jacky MARCHAL, président de l'ARCOP nous explique qu'« un rectificatif vient d'être publié dans le n° d'octobre. Les informations ne proviennent pas d'un bulletin de sécurité de SHELL mais émanent de Lease Plan Australia »...

**Condamnation pour blocage de messagerie par e-mail[1]**

Les syndicats Snes, Unsa et FSU ont obtenu gain de cause contre le mouvement la Droite libre, qui avait appelé au blocage de leurs boîtes e-mail. Il est condamné à payer 3 600 euros pour avoir causé « un trouble manifestement illicite ».

L'opération « Bloquons les e-mails des syndicats », lancée par un courant minoritaire du parti de la majorité (UMP) s'est finalement retournée contre ses instigateurs. Le tribunal de grande instance de Paris a condamné, ce lundi 26 mai, en référé l'association la Droite libre à verser 3 600 euros aux trois syndicats plaignants ...

Le blocage des messageries « caractérise une intention malicieuse », a conclu le juge selon l'ordonnance de référé. L'action ne pouvait « se prévaloir d'un exercice normal de la liberté d'expression (...) La Droite libre [a privé] les demandeurs de l'usage des services de courrier électronique dont [les syndicats] ont une possession légitime », poursuit le juge. Cela « constitue dès lors un trouble manifestement illicite auquel il doit être mis fin ».

1. Source Znet http://www.zdnet.fr/actualites/internet/0,39020774,2135211,00.htm.

## 3. Les nouveaux responsables

Outre les techniques de désinformation qui évoluent sans cesse, un nouveau facteur est à prendre en compte, celui de la personne qui est condamnée pour diffusion de la désinformation.

On ne peut qu'être stupéfait du traitement réservé parfois aux journalistes et satisfait de l'absence d'impunité du monde bancaire que l'on a cru pendant longtemps intouchable.

Deux exemples méritent d'être cités :

- L'affaire AZF ;
- La responsabilité des établissements financiers.

### 3.1.1. L'affaire AZF : poursuites contre les journalistes

Point n'est besoin de présenter la catastrophe de Toulouse, avec ses dizaines de morts, de blessés, de maisons détruites et dévastées.

Deux thèses se sont immédiatement affrontées : attentat ou accident. Outre, la manifestation de la vérité, l'intérêt de connaître l'origine du sinistre est financière puisque en fonction de la cause retenue les payeurs ne sont pas les mêmes.

Les journaux font état, bien entendu, des deux hypothèses.

Toutefois, plusieurs journalistes, et l'on croit cauchemarder, sont poursuivis pour propagation de fausses nouvelles devant le tribunal correctionnel pour avoir évoqué la thèse de l'attentat.

Le délit de fausse nouvelle prévu et réprimé par l'article 27 de la loi du 29 juillet 1881 est constitué lorsque sont réunies les quatre conditions suivantes :

- la publicité,
- le caractère faux de la nouvelle,
- la possibilité de trouble à la paix publique,
- et l'intention coupable.

Le tribunal a estimé qu'il n'y avait pas de « nouvelles » puisque la thèse avait déjà été divulguée, ni de volonté de diffuser des rumeurs fausses[1].

La cour d'appel de Toulouse a confirmé cette décision le jeudi 9 janvier 2003.



1. Tribunal correctionnel, Toulouse, chambre 3 – Décision du jeudi 27 juin 2002.

### 3.1.2. Responsabilité dans le monde bancaire[1]

Un des grands pourvoyeurs d'informations est le monde bancaire.

Qui n'a pas un jour appelé son banquier pour obtenir des informations sur la situation d'un concurrent, d'un fournisseur ?

**Il convient de vérifier si les sources d'information n'ont pas de conflit d'intérêts qui les conduirait à lancer une désinformation.**

Ces banquiers sont tenus de donner une information de qualité correcte et sont condamnés lorsqu'ils n'ont pas respecté cette obligation[2].

Une étape supplémentaire vient d'être franchie après la condamnation de la banque MORGAN STANLEY, à la demande de la société LVMH.[3]

Il faudra attendre cependant une décision définitive sur ce thème.

Il est reproché à la banque de ne pas avoir « cloisonné » suffisamment les services de banque d'affaires et de banque d'investissement.

La motivation du tribunal de commerce de Paris est particulièrement éloquente :

> *« Attendu qu'il est constant que la structure de MORGAN STANLEY ne comportait pas de séparation stricte entre les services d'investissement et les services d'analyse financière ;*
>
> *Que cette situation a été relevée aux États-Unis par la SEC et par l'avocat général de l'État de New-York qui ont précisé que l'absence d'une séparation entre les services ainsi concernés a manifestement créé un manque d'objectivité des analyses de la Banque, nécessairement préjudiciable aux investisseurs ;*
>
> *Qu'une transaction a été passée entre MORGAN STANLEY et la SEC aux termes de laquelle la banque s'est engagée notamment à payer 75 millions de $ de contribution pour la création d'un service d'analyse indépendant pour ses clients ;*
>
> ...
>
> *Attendu que dans son interview au « Financial Times », le directeur responsable des activités de banque d'investissement de MORGAN STANLEY en Europe a indiqué des ratios d'endettement qui ne correspondaient plus à l'actualité et a jeté ainsi un discrédit supplémentaire sur LVMH, et ce d'autant plus que cette*

1. Sur ce thème, lire : *Business sous influence*, Éditions d'Organisation.
2. Cass. com., 22 avril 1977, bull. civ. n° 107, cass. com., 9 janvier 1978 bull. civ. n° 12, Colmar 2 oct 1981, D 1982.
3. Le tribunal de commerce de Paris 12 janvier 2004.

*déclaration obsolète s'accompagnait d'une mention brillante pour GUCCI, qu'aucun rectificatif n'a été rapporté à la déclaration de ce directeur ;*

*Que de même la référence à des notations anciennes voilait des résultats en progrès ;*

*Que la référence à la « maturité » de LVMH laissait entendre que ce groupe avait atteint son sommet et ne pouvait que décliner, et justifiait une décote de 10 %, et ce d'autant plus qu'elle s'accompagnait d'un éloge de GUCCI qui se voyait attribuer par MORGAN STANLEY une prime de 10 % ;*

*Attendu qu'une information incomplète sur les activités de LVMH au Japon et sur les ventes à des Japonais laissait planer un doute sur l'avenir du groupe, compte tenu de l'importance du marché « Japon » pour LVMH ;*

*Attendu que dans ses déclarations MORGAN STANLEY a valorisé GUCCI et émis des doutes sur le dynamisme du management de LVMH, notamment dans une interview donnée au « Corriere Della Serra » le 30 avril 2001 par Mme Claire KENT, responsable du secteur du luxe et analyste vedette chez MORGAN STANLEY, en liaison étroite avec la banque MORGAN STANLEY, opinion que les faits ne semblent pas avoir confirmée ;*

*Qu'il apparaît ainsi que MORGAN STANLEY a manqué gravement et à de multiples reprises à ses devoirs d'indépendance, d'impartialité et de rigueur et s'est rendu coupable d'un dénigrement à l'encontre de LVMH.*

## CHAPITRE 9

# Évolution à prévoir dans une stratégie de protection contractuelle du patrimoine

Les pouvoirs publics commencent à se sensibiliser aux problèmes de la protection du patrimoine des entreprises.

Des évolutions prochaines devraient voir le jour.

En effet, Monsieur Alain JUILLET, nommé par le Premier ministre « haut responsable de l'intelligence économique » a annoncé dans un long entretien au journal *Le Monde*, son intention d'élaborer une législation sur le secret des affaires.

Il s'inscrivait dans le prolongement de la proposition 17 du rapport de Monsieur Bernard CARAYON sur l'intelligence économique.

Ce dernier vient de déposer une proposition de loi sur le bureau de l'Assemblée nationale dont le principe est inspiré de celui du COHEN act aux États-Unis[1].

La problématique est simple : une même information peut être anodine pour une entreprise et avoir une valeur considérable pour une autre.

Dès lors, comment protéger une information dont la valeur varie en fonction d'un contexte subjectif ?

La législation américaine considère qu'à partir du moment où une entreprise a décidé d'investir dans des mesures de sécurité appropriées pour protéger un secret, toute personne qui tenterait de se l'approprier de manière indue serait passible de sanctions pénales.

1. Pour une bonne analyse du COHEN act, voir l'article de Monsieur DOURY dans la revue *Regards sur l'ie*, n° 1.

Toute la difficulté est de définir ce que sont des mesures appropriées.

La législation française devrait reprendre l'économie de ce système si l'on croit la proposition de Monsieur CARAYON qui est maintenant reproduite.

*« Après l'article 226-14 du code pénal, il est inséré un paragraphe ainsi rédigé :*

*« 1er bis De l'atteinte au secret d'une information à caractère économique protégée.*

*Article 226-14-1*

*Est puni d'une peine d'un an d'emprisonnement et de 15 000 euros d'amende le fait par toute personne non autorisée par le détenteur, d'appréhender, de conserver, de reproduire ou de porter à la connaissance d'un tiers non autorisé une information à caractère économique protégée.*

*Est puni du double de ces peines le fait, pour une personne autorisée, de faire d'une information à caractère économique protégée un usage non conforme à sa finalité.*

*Lorsqu'il en est résulté un profit personnel, direct ou indirect, pour l'auteur de l'infraction, les peines définies aux deux précédents alinéas sont doublées.*

*Les personnes physiques coupables des infractions prévues par le présent article encourent également une peine d'interdiction des droits prévus aux 2° et 3° de l'article 131-26 pour une durée de cinq ans au plus.*

*Les personnes morales peuvent être déclarées pénalement responsables dans les conditions prévues à l'article 121-2 des infractions définies par le présent article.*

*Les peines encourues par les personnes morales sont :*

*1° L'amende suivant les modalités prévues par l'article 131-38 du code pénal ;*

*2° Les peines mentionnées à l'article 131-39 du même code. L'interdiction mentionnée au 2° de l'article 131-39 porte sur l'activité dans l'exercice ou à l'occasion de l'exercice de laquelle l'infraction a été commise.*

*Article 226-14-2*

*Présentent le caractère d'une information à caractère économique protégée, les informations pouvant apporter directement ou indirectement une valeur économique à l'entreprise, et pour laquelle le détenteur légitime a pris pour en assurer la protection, des mesures substantielles conformes aux usages et aux pratiques en vigueur dans les entreprises et qui ne constituent pas des connaissances générales, pouvant être facilement et directement constatées par le public.*

*Présente le caractère de détenteur de l'information la personne morale ou physique qui dispose de manière légitime du droit de détenir ou d'avoir accès à cette information.*

*Article 2*

*Après l'article L. 152-7 du code du travail, il est inséré une section ainsi rédigée :*

*Section 8 : Violation de la protection d'une information à caractère économique protégée.*

*Art. L. 152-8*

*Le fait, par tout dirigeant ou salarié d'une entreprise où il est employé de révéler ou de tenter de révéler une information à caractère économique protégée au sens de l'article 226-14-2 du code pénal, est puni d'un an d'emprisonnement et de 15 000 euros d'amende.*

*Art. L. 152-9 Nonobstant l'engagement de toute action pénale, le fait par tout ou dirigeant ou salarié de ne pas avoir respecté les mesures décidées par l'employeur pour assurer la confidentialité d'une information à caractère économique protégée au sens de l'article 226-14-2 du code pénal, et dont il était dûment informé est passible d'une sanction disciplinaire telle que définie par l'article L. 122-40 du présent code ».*

TROISIÈME PARTIE

# STRATÉGIE D'ALLIANCES ET DE POUVOIR

Deux définitions ont pu être données pour cerner le terme « d'alliance ».

Certains retiennent que l'alliance « recouvre l'ensemble des rapprochements entre entreprises, et notamment les fusions et les acquisitions ».

D'autres, comme Messieurs B. GARETTE et P. DUSSAUGE[1], s'attachent à une définition plus stricte car l'alliance est une catégorie spécifique de rapprochements.

Pour eux, « *les alliances stratégiques sont des associations entre plusieurs entreprises indépendantes qui choisissent de mener à bien un projet ou une activité spécifique en coordonnant les compétences, moyens et ressources nécessaires plutôt que :*

- *de mettre en œuvre ce projet ou activité de manière autonome, en supportant seules les risques et en affrontant seules la concurrence ;*
- *de fusionner entre elles ou de procéder à des cessions ou des acquisitions d'activités* ».

Pourquoi s'allier ? Plusieurs réponses sont possibles :

- Pour faciliter l'entrée sur un marché étranger, comme par exemple la Chine ou la Russie ;
- Pour pouvoir sortir d'une activité en transférant à un tiers progressivement les compétences ;
- Pour trouver des capitaux ;
- Etc.

**Le succès d'une alliance passe bien sûr par la gestion humaine, une collaboration technique...**

**Or, l'alliance telle Nérée est protéiforme. C'est souvent la combinaison de plusieurs actions juridiques : la création d'une entité commune, complétée par exemple par un contrat de transfert de technologie, ou par des accords sur la répartition de la charge de travail, etc.**

La problématique des stratégies juridiques d'alliances est loin d'être nouvelle.

Toutefois, elle prend un nouvel aspect et une nouvelle complexité face à l'évolution de la mondialisation, la complexification des outils financiers et l'apparition de nouvelles forces sociales comme les petits porteurs pour les sociétés cotées en Bourse et l'évolution du droit de la concurrence.

Elle prend également un nouvel essor avec le développement de l'intelligence territoriale et la création des Systèmes productifs locaux (SPL). En effet, sous l'influence des pouvoirs publics sont mis en œuvre des logiques de regroupement et d'alliances dans des bassins d'emploi territoriaux.

1. Auteurs de *Industrial alliances in aerospace and defence : an empirical study of strategic and organizational patterns,* Defence Economics, vol. 4, 1993, pp. 45-62.

On peut évoquer, également la tendance à l'externalisation des métiers non stratégiques, notamment dans le domaine informatique. C'est ce que l'on appelle l'infogérance[1].

Les enjeux et les solutions ne seront pas identiques lorsque l'alliance ou le partenariat intervient entre des sociétés cotées ou de taille importante ou entre des PME.

En tout état de cause les alliances mettent en œuvre un grand nombre d'outils juridiques qui sont le plus souvent combinés entre eux.

Il y a par exemple, la constitution d'une société, d'un GIE et divers contrats comme dans le cas AIRBUS.

Dès lors, seront examinés :

- La recherche de la localisation du pouvoir ;
- Les formes sociétaires utilisées dans les alliances ;
- Les formes contractuelles ;
- Les critères de choix dans la structure juridique de l'alliance.

Le dirigeant et le juriste d'une entreprise qui procéderait à une alliance ne doivent pas oublier deux contraintes juridiques fortes ; le droit du travail et le droit de la concurrence. Chacune de ces contraintes possède sa propre stratégie à ne pas négliger : on se souvient ainsi de l'appui apporté par les salariés dans l'OPA de la BNP sur la Société Générale. De même, l'échec du rapprochement LEGRAND-SCHNEIDER restera dans les esprits pour longtemps.

**Un exemple d'alliance très pratiquée actuellement les SPL : Systèmes productifs locaux**

La création des Systèmes productifs locaux (SPL) participe du mouvement de retour de la notion de territoire économique. Les actions collectives résultant des SPL visent effectivement à contrer les comportements prédateurs de certains grands groupes qui, en s'implantant dans les régions, ont pour seul objectif de « capter la valeur » de celles-ci.

Le concept de SPL n'est pas spécifique à la France. D'autres pays européens ont également leurs propres expériences.

1. En décembre 2003, la BNP et IBM ont ainsi annoncé la constitution d'une filiale commune dédiée à l'informatique de la BNP. Source Znet.

En Angleterre, les SPL sont dénommés « Clusters » : ceux-ci renvoient à des entreprises d'un même secteur d'activité, fortement compétitives et très ancrées géographiquement.

L'Italie possède ses « districts industriels » : juridiquement reconnus par une loi de 1991 et par les dispositions d'exécution qui ont suivi, ils sont marqués par leur capacité d'adaptation aux évolutions des marchés et leur faible taux de chômage dans un même secteur d'activité.

À Timisoara, le district industriel roumain spécialisé dans le secteur textile et dans le travail du cuir, comprend plus de 1 200 entreprises !

**Qu'est ce qu'un SPL ?**

Pour la DATAR, la notion de SPL recouvre :

> « *une organisation productive particulière localisée sur un territoire correspondant généralement à un bassin d'emploi. Cette organisation fonctionne comme un réseau d'interdépendances constituées d'unités productives ayant des activités similaires ou complémentaires qui se divisent le travail (entreprises de production ou de services, centres de recherche, organismes de formation, centres de transfert et de veille technologique, etc.)*[1]. »

Les systèmes productifs locaux ou « pôles de compétitivité » désignent ainsi des groupements d'entreprises et d'institutions géographiquement proches et qui collaborent dans un même secteur d'activité.

Les petites et moyennes entreprises sont directement intéressées par ce mode d'alliance régional ou départemental.

Ainsi, le SPL se caractérise de la manière suivante :

- une concentration de PME-PMI sur un territoire géographiquement limité et défini par elles,
- spécialisées dans un secteur d'activité, autour d'un métier ou autour d'un produit,
- concurrentes et complémentaires, elles peuvent s'appuyer sur une structure d'animation et associer les autres acteurs du territoire,
- un label donné par la DATAR.

**L'intérêt de s'allier en SPL**

Lorsqu'un groupement d'entreprises obtient le label de la DATAR à la suite de l'acceptation de son projet régional, il peut dès lors bénéficier de subventions locales pour l'aider à développer son projet.

En se concentrant, en se spécialisant et en mutualisant leurs forces et leurs ressources autour d'une spécialité, d'un métier ou d'un produit d'une même filière, les entreprises ont incontestablement la volonté de :

- mieux promouvoir leurs produits sur leur territoire ou en dehors de celui-ci afin d'en vendre davantage ; par exemple, par la mise en place d'un site Internet commun sur les activités de la filière, ou bien par une sensibilisation poussée (publicité active, plaquettes, etc.) de leurs activités auprès des grands distributeurs français et étrangers ;
- résoudre à plusieurs un problème concret éprouvé par chaque entreprise individuellement ; par exemple, la constitution d'une centrale d'achats commune dans la région ;
- dynamiser l'activité économique régionale, l'innovation (par les synergies entre les entreprises et les collectivités locales) et la rentabilité de la filière ;
- etc.

1. Source : « Les systèmes productifs locaux » – Datar, La Documentation française, Paris 2002.

**Exemple de SPL : le SPL SILICON SENTIER**

Le SPL SILICON SENTIER, créé à Paris sous forme d'association, qui réunit au sein de son conseil d'administration des entreprises bénévoles et des institutionnels, a mis récemment en ligne son propre site Internet[1].

Ce SPL regroupe 62 entreprises pour 880 emplois.

Ses membres le qualifient d'« accélérateur d'échanges » entre les acteurs de la chaîne des nouvelles technologies, c'est-à-dire les développeurs, les éditeurs de logiciels et les utilisateurs finaux.

Ce SPL décrit clairement ses missions :

« 1- Animer et développer un réseau d'entreprises, c'est-à-dire : créer de nouvelles opportunités de business, faciliter les partenariats entre entreprises du réseau ; faciliter la formation dans un but d'amélioration des connaissances.

2- Donner un contenu à la notion de quartier numérique, c'est-à-dire : faciliter l'intégration des nouvelles technologies tant auprès des développeurs que des citoyens-utilisateurs ; faire émerger de nouveaux usages au sein de la communauté ; attirer de nouvelles entreprises ; attirer de nouveaux talents (stagiaires, jeunes diplômés). »

Parmi ses actions, ce SPL propose ainsi des formations gratuites au bénéfice des salariés des entreprises du réseau, dispensées par des éditeurs partenaires.

Les objectifs de ces formations sont les suivants[2] :

- L'instauration de formations continues pour les développeurs en matière de nouvelles technologies ;
- L'établissement d'une première relation d'échange entre fabricants/éditeurs et développeurs ;
- L'intégration des étudiants dans le quartier numérique ;
- La consolidation de la relation d'échange entre développeurs.



1. http://www.silicon-sentier.com.
2. Extrait du site silicon-sentier.com.

**Exemple de SPL : la vallée des alliages**

Ainsi, en Basse-Normandie, a été créé un SPL « Vallée des alliages » sous la forme d'une SARL commune[1].

Le SPL fédère 12 entreprises (1200 salariés) de la dinanderie et du travail des métaux pour l'industrie agroalimentaire.

Inquiètes de la baisse des commandes et de la fuite des marchés vers des pays à moindre coût de main-d'œuvre, 6 entreprises membres du SPL ont décidé de réagir en créant leur propre marque commune et leurs propres produits.

Ils ont constitué une société commune sous la forme d'une SARL, nommée CDAlliage. Créée en janvier 2004, cette société a pour objet de dessiner, produire et commercialiser des nouveaux ensembles de mobilier urbain pour les arts de la table. La SARL prévoit d'embaucher prochainement un représentant multicarte pour promouvoir ce catalogue collectif et démarcher de nouveaux clients.

1. SPL Infos janvier février 2004.

## CHAPITRE 10

# Logique de pouvoir et logiques d'alliances

Certaines personnes croient naïvement que détenir 51 % du capital leur confère le pouvoir dans l'entreprise.

**Il n'y a pas de stratégie juridique d'alliances sans la recherche du lien du véritable pouvoir.**

Toutefois, le pouvoir d'un actionnaire majoritaire est vite limité par nombre de facteurs dont le plus fréquemment évoqué est celui des actionnaires minoritaires surtout lorsqu'ils ont la minorité de blocage. Certaines structures en outre permettent de dissocier le pouvoir et la détention des actions, notamment les sociétés en commandite par actions.

Quels sont alors ces pouvoirs qui ne correspondent pas à la détention d'actions ?

Quels sont les critères qui vont faire d'un des partenaires de l'alliance un « mâle dominant » ?

Quelques exemples tirés de situations réelles permettent d'apporter un élément de réponse.

Il faut cependant savoir que le pouvoir est souvent composé de plusieurs « ficelles » qu'il faut savoir tirer, et que les éléments présentés ci-après peuvent se croiser et se complexifier.

- Le pouvoir d'une entreprise qui dépend économiquement d'un seul client est détenu par ce client plus que par les actionnaires de l'entreprise. Ce pouvoir va parfois très loin et peut se heurter aux règles du droit de la concurrence. Dans le domaine industriel il n'est pas rare que le donneur d'ordre demande au sous-traitant ses prix de revient et détermine lui-même les prix de vente ;

- La détention d'une technologie ou d'un savoir-faire confère également une position de puissance. Le juriste doit procéder à la classique analyse du faisceaux de contrats si la technologie n'est pas possédée par l'entreprise, ou à l'audit des brevets si l'entreprise en est propriétaire, mais en plus il lui faut absolument examiner les contrats périphériques pour savoir qui maintient la technologie, qui la fait évoluer, etc.
- Dans une entreprise présentant des fragilités de trésorerie, le pouvoir est détenu probablement par le bailleur de fonds, qu'il soit un établissement de crédit, ou un apporteur en compte courant.
- La détention du pouvoir par les salariés ou mandataires sociaux de l'entreprise doit faire également l'objet d'une recherche approfondie. La démarche à entreprendre est identique à celle qui est faite pour rechercher les hommes clés en matière d'assurance. En outre, il convient dans le domaine social d'examiner les forces qui sont susceptibles de porter un pouvoir de nuisance.
- Le rôle des actionnaires minoritaires doit être examiné avec soin. Il arrive en effet que certains d'entre eux possédant des intérêts concurrents, tentent d'affaiblir la société dont ils sont minoritaires. C'est ce qui se serait passé dans l'affaire GEM PLUS[1].

La société ASLO a été créée à l'instigation d'un cadre supérieur, Monsieur LORE, reconnu comme un des meilleurs spécialistes de l'électronique grand public.

Lors de la création, Monsieur LORE ne dispose pas des capitaux nécessaires pour développer son entreprise.

Il cherche donc un investisseur pour constituer une société en commun.

Le projet étant enthousiasmant, Il trouve sans difficulté un investisseur qui souhaite cependant conserver la majorité du capital.

Monsieur LORE accepte alors d'être minoritaire.

Sous l'impulsion de Monsieur LORE la société créée obtient rapidement des marchés en France.

L'investisseur joue correctement le jeu sociétaire et décide chaque année une distribution de dividendes importante.

Toutefois, l'investisseur se rend compte qu'après plusieurs années le chiffre d'affaires de la société stagne.

1. Voir Nicolas MOINET, « Les batailles secrètes de la science et de la technologie » [Texte imprimé] :
Gemplus et autres énigmes / Nicolas MOINET. – Panazol : Lavauzelle, 2003.

Il audite lui-même la société et constate que si Monsieur LORE est un excellent technicien, en revanche il ne sait pas manager une équipe. Une analyse plus fine montre que Monsieur LORE est un perfectionniste, qu'il fignole ses dossiers, mais qu'il refuse de déléguer par peur d'une erreur ou d'une imperfection même minime.

Occupé à ses dossiers, Monsieur LORE ne parvient pas à se libérer pour élaborer et appliquer une stratégie de développement.

L'investisseur songe alors à le remplacer ou à embaucher un directeur du développement qui le superviserait.

L'investisseur tient informé naturellement Monsieur LORE de ses projets.

Celui-ci adresse sa démission et commence à discuter avec l'investisseur qui réalise alors que le départ de son associé de l'entreprise va entraîner la perte de tous ses clients.

Monsieur LORE découvre alors sa position de force et à l'occasion des réformes imposées par la loi NRE de mai 2001 qui a modifié les attributions des présidents de conseil d'administration, il revendique la place de directeur général avec signature sur tous les comptes bancaires.

L'investisseur renonce alors à ses projets.

La détention d'une fraction majoritaire du capital ne lui apporte donc aucun pouvoir réel.

## Chapitre 11

# Les formes sociétaires d'alliance et les groupements

Sans remonter très loin dans les racines étymologiques du mot société, celui-ci vient du mot latin qui signifie s'allier.

Les grammairiens puristes se sont à cet égard émus de la création de sociétés unipersonnelles.

Les formes sociétaires sont multiples.

Certaines ont pour vocation spécifique d'organiser l'alliance entre les salariés et les apporteurs de capitaux. Ces modèles de sociétés sont peu usités, à l'exception cependant des SCOP. Qui connaît par exemple les SAPO – Société anonyme à participation ouvrière ?

D'autres formes organisent une nette distinction entre le pouvoir et la gestion comme par exemple les sociétés en commandite par actions ou simples.

Ces sociétés sont un reliquat de l'interdiction faite sous l'Ancien Régime aux nobles de gérer une entreprise. Dès lors, les juristes de l'Ancien Régime agonisant avaient imaginé une nette dissociation entre le pouvoir des actionnaires et la gestion de la société qui restait aux mains de roturiers.

Ce type de sociétés est parfois maintenant utilisé comme dispositif anti OPA pour les sociétés cotées en Bourse.

Le code des sociétés offre peu de souplesse d'organisation pour un grand nombre de sociétés comme les SARL ou les SA.

Ces formes de sociétés ne se prêtent donc que peu à l'organisation d'alliances.

C'est la raison pour laquelle ne sont examinés dans ce chapitre que les sociétés par actions simplifiées, les parts en industries et les GIE.

En revanche, les sociétés qui n'ont pas la personnalité morale sont étudiées au chapitre suivant. Ces sociétés relèvent en effet plus du contrat que du code des sociétés.

## 1. La société par actions simplifiée – SAS

Créée par la loi du 3 janvier 1994, la société par actions simplifiée a été conçue initialement pour favoriser les rapprochements entre entreprises et rendre le droit français aussi attractif que l'était le droit anglo-saxon pour les « joint-ventures ».

Toutefois, le législateur avait posé des barrières d'entrée élevées puisque le capital des sociétés actionnaires ne devait pas être inférieur à 1 500 000 francs.

Ce verrou a disparu avec la loi du 12 juillet 1999 et la SAS devrait supplanter, compte tenu de sa simplicité à terme les sociétés anonymes non cotées.

La SAS est considérée comme la « reine de l'alliance ».

Ses principales caractéristiques sont :

- Le nombre d'associés va de un à l'infini, sous réserve des dispositions sur l'appel public à l'épargne ;
- Le capital de la SAS est identique à celui de la société anonyme : un montant de 37 000 euros dont la moitié doit être libéré le jour de la constitution de la société et le solde dans un délai de cinq ans ;
- Contrairement à ce qui se passe dans les sociétés anonymes, il est possible d'acquérir un bien appartenant à l'un des associés, même si ce bien représente plus de 10 % du montant du capital social, sans avoir recours à un commissaire aux apports. Cette levée d'une interdiction est de nature à faciliter la constitution d'un patrimoine utile pour l'alliance ;
- Grande différence avec les sociétés anonymes, la SAS ne peut faire appel public à l'épargne ;
- La société est représentée par son président qui peut déléguer des pouvoirs ;
- Doivent être pris par les associés statuant collectivement les décisions suivantes : augmentation, d'amortissement ou de réduction de capital, de fusion, de scission, de dissolution, de transformation en une société d'une autre forme, de nomination de commissaires aux comptes, de comptes annuels et de bénéfices.

Par de nombreux mécanismes et possibilités, la SAS permet d'organiser au mieux l'alliance.

## 1.1. L'organisation du pouvoir dans la SAS ; la nomination des organes dirigeants

Le code de commerce prévoit simplement qu'une société par actions simplifiée est représentée par son président qui a la faculté de déléguer ses pouvoirs.

En revanche, les statuts ont totale liberté pour organiser le pouvoir dans la société.

C'est la raison pour laquelle, la SAS est la formule la plus utilisée pour les alliances.

Si les juristes ne s'appuyaient pas si souvent sur des formules types, on aurait pu écrire qu'il existe autant de modes d'organisation du pouvoir que de SAS.

### 1.1.1. Premier exemple

Imaginons une société simplifiée par actions dont le président est désigné par un conseil d'administration, ce conseil étant lui-même désigné par l'assemblée des associés.

Les parties à l'alliance voudront toutes être membres du conseil afin de peser sur la nomination du président.

Il est ainsi possible de prévoir qu'un actionnaire désigne un nombre prédéfini d'administrateurs qui pourra être proportionnel à l'importance de sa participation dans la société.

### 1.1.2. Deuxième exemple

L'organisation d'une présidence tournante où le président serait désigné les années n par un groupe d'actionnaires, et les années n+1 par un autre groupe, est également possible.

### 1.1.3. Troisième exemple

Une société veut créer une université pour dispenser un enseignement dans un domaine professionnel particulier.

Elle sait que son projet ne pourra réussir que si elle réussit à fédérer autour d'elle les principaux acteurs de la profession : syndicats professionnels, principales entreprises, leader d'opinion, qui sont, soit des anciens chefs d'entreprises, soit des professeurs d'universités.

La société doit absolument les impliquer, mais aucun d'eux ne veut participer au capital.

Dès lors, la société décide d'adopter la forme d'une SAS et de créer statutairement un comité pédagogique qui aura pour mission de décider du contenu des enseignements et du choix des professeurs.

## 1.2. Le contrôle de l'actionnariat

### 1.2.1. L'inaliénabilité possible des actions

Les statuts de la société par actions simplifiée peuvent prévoir que les actions possédées par les associés ne pourront être cédées pendant une durée n'excédant pas dix ans (C. com., art. L. 227-13[1]).

Le législateur, ainsi qu'il ressort clairement des travaux parlementaires, a adopté cette décision pour créer des « noyaux durs » conférant à l'actionnariat une grande stabilité.

Cette interdiction peut concerner l'ensemble des associés ou seulement certains d'entre eux. Les cessions entre associés peuvent être écartées de ces dispositions.

Il est possible de proroger à l'unanimité le délai pendant lequel il n'est pas possible de céder les actions[2].

Toute cession effectuée en violation de la clause d'inaliénabilité est nulle (C. com., art. L. 227-15).

### 1.2.2. Les clauses d'agrément, de préemption

Ces clauses sont des dispositions que l'on retrouve également dans les sociétés anonymes et dans les SARL.

Elles permettent aux associés ou actionnaires de donner leur consentement à l'entrée d'une nouvelle personne morale ou physique dans le « tour de table ».

Dans l'hypothèse d'un refus d'acceptation de cette personne, les autres associés ou actionnaires, ou éventuellement la société, doivent racheter les titres.

1. Article L. 227-13 :
   « Les statuts de la société peuvent prévoir l'inaliénabilité des actions pour une durée n'excédant pas dix ans. »
2. Article L. 227-14 :
   « Les statuts peuvent soumettre toute cession d'actions à l'agrément préalable de la société. »

### 1.2.3. L'information sur le contrôle du capital

Les statuts peuvent prévoir que la société associée dont le contrôle est modifié doit, dès cette modification, en informer la société par actions simplifiée. Celle-ci peut décider, dans les conditions fixées par les statuts, de suspendre l'exercice des droits non pécuniaires de cet associé et de l'exclure.

La notion de contrôle est celle définie à article L. 233-3[1] du code de commerce.

Il est ainsi possible de connaître les véritables partenaires de l'alliance.

### 1.2.4. L'exclusion d'un associé

L'article 227-17 du code de commerce prévoit que dans les conditions qu'ils déterminent, les statuts peuvent prévoir qu'un associé peut être tenu de céder ses actions.

Ils peuvent également prévoir la suspension des droits non pécuniaires de cet associé tant que celui-ci n'a pas procédé à cette cession.

Pour qu'une telle disposition statutaire soit reconnue valide, il faut déterminer les causes d'exclusion précisément. En principe, hormis le cas des sociétés cotées, il est toujours possible d'exclure un associé ou un actionnaire indélicat.

La validité d'une telle exclusion est subordonnée à trois conditions :

- Les motifs d'exclusion doivent être limitativement énumérés ;
- L'associé susceptible d'être exclu doit pouvoir présenter sa défense ;
- Une indemnisation doit être prévue.

1. « I. - Une société est considérée, pour l'application des sections 2 et 4 du présent chapitre, comme en contrôlant une autre :
   1° Lorsqu'elle détient directement ou indirectement une fraction du capital lui conférant la majorité des droits de vote dans les assemblées générales de cette société ;
   2° Lorsqu'elle dispose seule de la majorité des droits de vote dans cette société en vertu d'un accord conclu avec d'autres associés ou actionnaires et qui n'est pas contraire à l'intérêt de la société ;
   3° Lorsqu'elle détermine en fait, par les droits de vote dont elle dispose, les décisions dans les assemblées générales de cette société.
   II. - Elle est présumée exercer ce contrôle lorsqu'elle dispose directement ou indirectement, d'une fraction des droits de vote supérieure à 40 % et qu'aucun autre associé ou actionnaire ne détient directement ou indirectement une fraction supérieure à la sienne.
   III. - Pour l'application des mêmes sections du présent chapitre, deux ou plusieurs personnes agissant de concert sont considérées comme en contrôlant conjointement une autre lorsqu'elles déterminent en fait les décisions prises en assemblée générale. »

## A. Motif d'exclusion

En principe, les motifs d'exclusion, doivent être énumérés de façon limitative, être précis objectivement et limitativement. Il arrive toutefois que de larges formulations soient admises par certaines juridictions à l'exemple de la cour d'appel de Caen[1] qui a considéré comme licite une clause envisageant l'exclusion des associés ne respectant pas l'obligation de « s'abstenir de tout acte et opération susceptible de nuire à la société ».

Quels sont donc les motifs qui peuvent être invoqués ?

La loi ne fixe aucun motif, il convient donc de se reporter à ce qui est pratiqué usuellement :

- L'exercice par un associé d'une activité concurrente ;
- La violation par un associé de manière grave et répétée de dispositions des statuts ;
- L'abus de minorité ;
- Le dénigrement de la société ou d'un de ses associés ;
- La mise en examen de la société.

## B. Procédure

Le dictionnaire permanent de droit des affaires suggère la procédure suivante :

> *« Les statuts doivent déterminer l'organe compétent pour décider l'exclusion : collectivité des associés ou groupe d'associés. Ils doivent également organiser avec soin le déroulement de la procédure :*
>
> - *information de l'associé concerné par la mesure d'exclusion (délai, notification des motifs) et des autres associés ;*
> - *conditions dans lesquelles l'associé menacé d'exclusion pourra présenter sa défense ;*
> - *modes de consultation des associés et conditions d'exercice du droit de vote.* »

## C. Indemnisation

Toute expropriation ou vente forcée doit donner lieu à indemnisation.

Dès lors, la clause d'exclusion doit prévoir une valeur de rachat des actions de l'associé exclu.

1. CA, Caen, 11 avril 1927.

Toute la difficulté est de déterminer la valeur de rachat. Les parties peuvent alors décider de recourir à un expert.

Pour mieux cadrer le travail de cet expert, il est conseillé de prévoir une formule d'évaluation des titres.

## 2. Les parts d'industries

Il arrive fréquemment qu'un avocat reçoive la visite d'un client qui lui explique qu'il a décidé de constituer une société avec un apporteur de capitaux. Le client ajoute alors que lui-même ne dispose pas des fonds nécessaires pour effectuer un apport en numéraire, mais qu'il veut rester majoritaire dans la structure.

Une solution à cette problématique d'alliance est l'émission de parts en industrie.

En effet, dans certaines sociétés comme les sociétés à responsabilité limitée ou les sociétés civiles professionnelles, un associé au lieu d'apporter des biens ou une somme d'argent, peut apporter son industrie, c'est-à-dire son travail. (C. civ., art. 1843-3, al. 6[1]).

En contrepartie, l'associé reçoit des parts dites en industrie, qui sont légèrement différentes des parts sociales normales. Ces parts sociales ouvrent droit au partage des bénéfices et de l'actif net, à charge de contribuer aux pertes[2].

Jusqu'à la loi du 15 mai 2001 qui a levé les restrictions importantes qui existaient pour les SARL, les parts d'industries étaient surtout utilisées chez les professions libérales. Les parts en industrie sont interdites dans les sociétés par actions[3].

1. « L'associé qui s'est obligé à apporter son industrie à la société lui doit compte de tous les gains qu'il a réalisés par l'activité faisant l'objet de son apport. »
2. Article 1843-2 (Loi n° 82-596 du 10 juillet 1982 art. 14 Journal Officiel du 13 juillet 1982) :
   « Les droits de chaque associé dans le capital social sont proportionnels à ses apports lors de la constitution de la société ou au cours de l'existence de celle-ci.
   Les apports en industrie ne concourent pas à la formation du capital social mais donnent lieu à l'attribution de parts ouvrant droit au partage des bénéfices et de l'actif net, à charge de contribuer aux pertes. »
3. Art. L. 225-3 :
   « Le capital doit être intégralement souscrit.
   Les actions de numéraire sont libérées, lors de la souscription, de la moitié au moins de leur valeur nominale. La libération du surplus intervient en une ou plusieurs fois sur décision du conseil d'administration ou du directoire selon le cas, dans un délai qui ne peut excéder cinq ans à compter de l'immatriculation de la société au registre du commerce et des sociétés.
   Les actions d'apport sont intégralement libérées dès leur émission.
   Les actions ne peuvent représenter des apports en industrie. »

Ainsi un avocat associé dans une SCP pouvait recevoir une quote-part des bénéfices correspondant à son ancienneté et à son expérience dans la société.

L'apport en industrie se distingue du contrat de travail par la volonté de s'associer.

Les parts en industrie ne peuvent être cédées.

Lorsque l'apporteur en industrie souhaite ne plus être associé, ou lorsqu'il cesse de travailler, ses parts doivent donc être annulées. L'associé reçoit néanmoins une fraction de l'actif net et une indemnisation en fonction des réserves existantes et selon les règles définies pour sa contribution aux bénéfices et aux pertes.

Enfin, lorsqu'il y a une augmentation de capital avec incorporation de réserves, l'apporteur en industrie reçoit des parts ordinaires.

## 3. Les GIE et GEIE

La question immédiate venant à l'esprit du chef d'entreprise intéressé est de comprendre en quoi ce Groupement peut favoriser les alliances au sens précité.

**Le GEIE est la forme européenne du GIE. Le Groupement d'intérêt économique.**

- Les GIE font rarement parler d'eux mais leur présence au sein de l'économie est très ancrée.
- Le GIE carte bancaire encadre le monde bancaire.
- Le GIE AIRBUS se composait des entreprises SUD-AVIATION et DEUTSCHE AEROSPACE. Plus tard, il s'était élargi à la Grande-Bretagne et à l'Espagne. L'État a toutefois décidé de le transformer sous forme de société.
- Le GIE G2P a, quant à lui, réuni avec succès la SNPE et la SNECMA dans les activités de la propulsion des missiles balistiques et des moteurs d'appoint.
- Le GIE Wi Fi a pour objectif de régler les problèmes de réseaux et leur compatibilité ainsi que tous les aspects du « roaming ».
- Enfin, en 1993, les trois grands régimes d'assurance maladie obligatoire (régime général, régime agricole et régime des professions indépendantes) ont créé le GIE SESAM-VITALE. Depuis, plusieurs autres fédérations sont venues se joindre à ce GIE. L'objectif de cette entité est de développer un projet permettant de répondre aux attentes et aux besoins de l'ensemble des acteurs du secteur social en matière d'échange d'informations.

Les GIE ont été institués par l'ordonnance 67-821 du 23 septembre 1967 codifiée aux articles L. 251-1 à L. 251-23 du code de commerce (se reporter à l'annexe 3 à la fin de cet ouvrage), **afin de permettre aux entreprises d'unir leurs efforts là où elles ont des intérêts communs tout en conservant leur entière indépendance**.

Le GEIE a été institué par le Règlement CEE 2137-85 du 25 juillet 1985. La loi du 13 juin 1989 a complété les règles applicables aux GIE pour qu'ils ne soient pas soumis à un régime juridique plus contraignant. Le code de commerce a repris les dispositions essentielles de ce règlement (se reporter à l'annexe 4 à la fin de cet ouvrage).

L'idée de base était de permettre l'alliance entre des partenaires européens.

Ainsi, le GEIE et le GIE ont des régimes semblables à un niveau différent.

Comment le GIE fonctionne-t-il ?

## 3.1. Statut juridique du GIE

Le GIE jouit bien sûr de la personnalité morale et de la pleine capacité juridique. Il est immatriculé au registre du commerce et des sociétés. Il peut agir en justice, percevoir des fonds, etc...

## 3.2. Objet du GIE

Le GIE ne peut avoir pour objet que le prolongement de l'activité économique de ses membres. Sous cette réserve, il peut agir dans tous les secteurs de la vie économique (banque, armement, aérospatial, etc.).

Il n'a pas vocation à faire des bénéfices.

Le GIE permet de réaliser des travaux qu'une entreprise seule n'aurait pu entreprendre, tant pour des raisons financières que pour des raisons techniques. Cela est vrai pour des travaux de recherches, des études de marchés, de la publicité commune, des comptoirs d'achats ou de ventes, la mise en place de bureaux d'importation ou d'exportation, un service commun de traitement de l'information (GIE SESAM-VITALE), etc.

## 3.3. Les membres du GIE

Le GIE doit être créé par deux membres au moins et peut être composé d'un nombre infini de membres.

Toutes personnes, physiques ou morales sont admises. Ainsi, des sociétés, des associations ou même des autres GIE peuvent adhérer. Les conditions d'admission de nouveaux membres sont fixées librement dans le contrat constitutif du groupement (art L. 251-9 du code de commerce), ou lors d'une modification ultérieure de ce contrat.

Les conditions de retrait d'un membre sont également librement fixées.

À défaut de mise en place d'une procédure particulière, l'unanimité des membres est requise.

### 3.4. Organisation du GIE

L'organisation du pouvoir dans le GIE doit être négociée entre les membres. Cette remarque vaut également pour les SAS, forme sociétale de ce type d'alliance qui offre une grande souplesse d'organisation.

**Les fondateurs du groupement peuvent organiser librement les conditions dans lesquelles celui-ci sera administré.**

**Ainsi, le GIE favorise les alliances grâce à sa souplesse d'organisation et de création ainsi que le maintien de l'indépendance de chacun.** ■

Ainsi, il peut être nommé un seul administrateur ou plusieurs, choisi parmi les membres du groupement ou en dehors d'eux.

En outre, peuvent être organisées librement [1]:

- la fixation des conditions particulières de majorité pour la nomination des organes d'administration ;
- la nécessité de répondre à certaines exigences (participation minimale, compétence technique particulière) pour pouvoir être nommé administrateur ;
- les modalités de renouvellement du mandat, la révocation, la fixation de la rémunération ;
- etc.

Par ailleurs, les pouvoirs des administrateurs ne font l'objet d'aucune réglementation spéciale. Toutefois, dans les rapports avec les tiers, l'administrateur engage le groupement par tout acte entrant dans l'objet social de celui-ci (art. L. 251-11 du Code de commerce).

### 3.5. La responsabilité

Le GIE peut être constitué avec ou sans capital.

Le GIE peut réaliser des bénéfices et les partager entre ses membres.

1. Francis LEFEBVRE, *Sociétés commerciales*, 2003.

En contrepartie de ce qui précède, les membres sont solidairement responsables des dettes du Groupement. Cela rapproche évidemment les sociétés qui ont souhaité s'allier de cette manière.

Cette solidarité peut cependant être tempérée. La solidarité n'existe pas si le tiers co-contractant y renonce (C. com., art. L. 251-6).

En revanche, le GIE, ne peut-être tenu en cette seule qualité, de supporter les dettes propres de ses membres[1].

**Organisation du pouvoir au sein du GIE AIRBUS**

Le GIE AIRBUS est composé de quatre membres : AIRBUS FRANCE SAS, AIRBUS DEUTSCHLAND, AIRBUS UK, AIRBUS ESPANA.

Le pouvoir est organisé de la manière suivante :

- Un administrateur gérant dispose de tous les pouvoirs pour engager le GIE par tout acte entrant dans l'objet social. Il est responsable de la gestion du GIE.
  Il est nommé par l'assemblée des membres qui peut le révoquer pour tout motif grave.
- L'assemblée des membres est composée d'un représentant de chaque membre du GIE.
  Un président est élu à l'unanimité.
  Un secrétaire est nommé par l'assemblée des membres.
  L'assemblée des membres a pour mission de statuer à l'unanimité sur les résolutions suivantes :
  - modification du contrat constitutif et du règlement intérieur ;
  - admission de nouveaux membres ;
  - dissolution anticipée, liquidation du groupement et nomination du liquidateur ;
  - nomination, attributions et révocation de l'administrateur gérant et du contrôleur financier et de gestion ;
  - nomination des contrôleurs aux comptes ;
  - approbation des comptes annuels.
- Un contrôleur financier est nommé par l'assemblée des membres.
  Il assiste l'administrateur gérant et peut demander la réunion de l'assemblée des membres.
  Il rend compte de son rapport à l'assemblée des membres.

Par ailleurs, la cession des droits n'est admise qu'à l'unanimité de tous les membres restants.

Enfin, aucun membre ne peut se retirer avant que le Groupement ait rempli la totalité de ses obligations.



1. Cass. soc., 8 juill. 1975 : Petites affiches, 14 nov. 1975, source dictionnaire permanent.

### ORGANISATION DU POUVOIR AU SEIN DU GIE AIRBUS

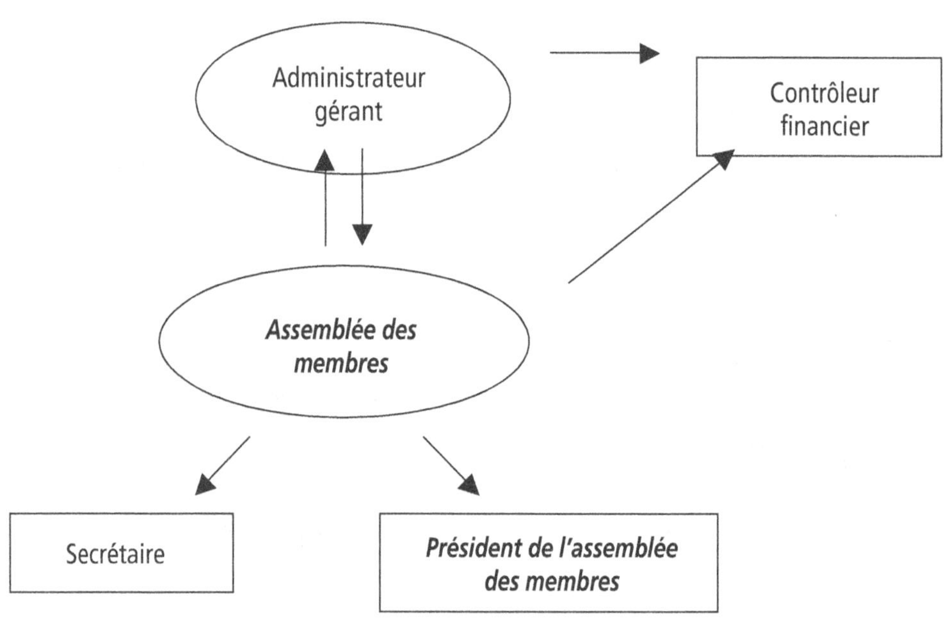

### Organisation du pouvoir au sein du GIE CARTE BLEUE

Le GIE CARTE BLEUE est composé de 194 membres.

Le pouvoir est organisé de la manière suivante :

- Un comité de direction est animé par 10 banques chefs de file (BNP PARIBAS, BFBP, GCE, CCF, CA, CIC, CN, CL, LA POSTE, SG). Chaque membre est rattaché à un chef de file.
  Il nomme son président et son vice-président.
  Il convoque l'assemblée générale extraordinaire.
  Le comité de direction est investi des pouvoirs les plus étendus pour prendre toutes les décisions définissant les grandes orientations du GIE, sous réserve des pouvoirs attribués aux assemblées générales et à l'administrateur.
  Il donne les directives à l'administrateur.
  Il détermine la politique générale du GIE, il contrôle le déroulement et la réalisation des opérations conformément aux décisions qui ont été prises ; il vérifie et contrôle les comptes du GIE.
  Il est également informé des démarches commerciales entreprises et des opérations en cours de négociation.

- Un administrateur est nommé par l'assemblée générale des membres qui peut le révoquer *ad nutum.*
  Il convoque les assemblées générales.
  Il préside l'assemblée générale ordinaire.
  Il doit se conformer aux directives du comité de direction.
  Il dispose de tous les pouvoirs pour l'administration du GIE et représente seul le GIE en agissant en son nom.
- L'assemblée générale est présidée par l'administrateur qui la convoque, ou par un membre du comité de direction ou bien par un membre de l'assemblée générale.

Les décisions sont prises à la majorité des voix (en AGO) et à la majorité des 2/3 (en AGE).

L'AGO entend les rapports de l'administrateur, du comité de direction, des contrôleurs de gestion et du commissaire aux comptes.

L'AGO nomme le commissaire aux comptes ainsi que les contrôleurs de gestion.

## Organisation du pouvoir au sein du GIE Carte Bleue

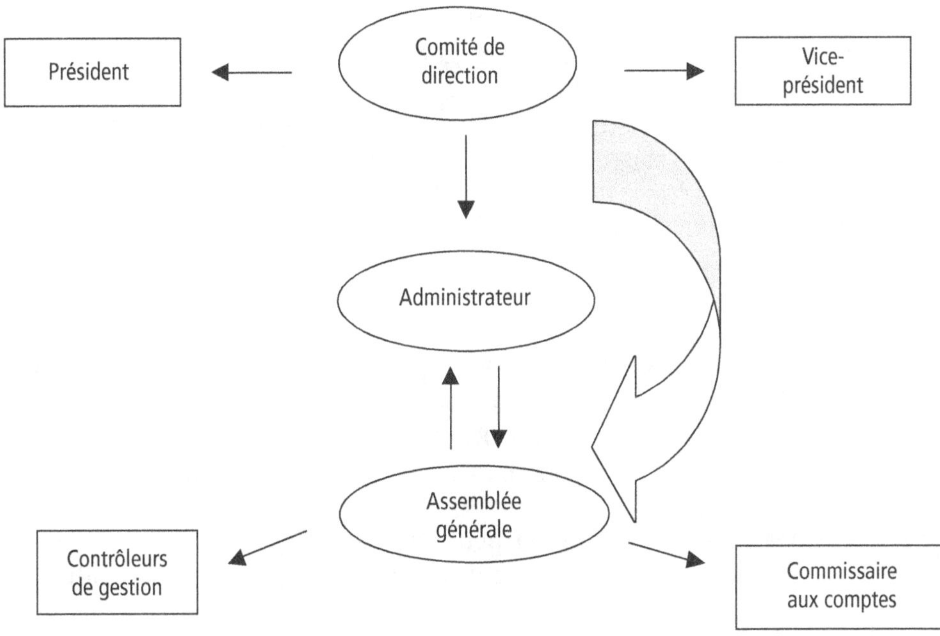

## 4. La société anonyme européenne

La SE est une SA ayant un capital minimal de 120 000 euros. Instrument de coopération transfrontalière, la SOCIÉTÉ EUROPÉENNE peut être constituée dans quatre hypothèses (art. 2 du règlement) :

- par la fusion de deux sociétés anonymes ou plus, situées dans au moins deux États membres différents ;
- par la constitution d'une société holding, à l'initiative de sociétés anonymes ou à responsabilité limitée situées dans au moins deux États membres différents ;
- par la constitution d'une filiale commune, par des sociétés situées dans au moins deux États membres différents ;
- par la transformation d'une société anonyme ayant une filiale dans un autre État membre depuis au moins deux ans.

**Les sociétés européennes pourront voir le jour à compter du 8 octobre 2004.**

**Ce régime devrait favoriser la formation d'alliances en Europe.**

La SOCIÉTÉ ANONYME EUROPÉENNE est régie :

- par les dispositions du règlement du 8 octobre 2001 (se reporter à l'annexe 5 à la fin de cet ouvrage) ;
- pour les matières non réglées ou non couvertes par le règlement, par les dispositions du droit de l'État membre dans lequel la SOCIÉTÉ EUROPÉENNE a son siège statutaire (art. 9) ;
- et enfin par les statuts de la société européenne, dans les mêmes conditions que pour une société anonyme constituée selon le droit de l'État membre dans lequel la SOCIÉTÉ EUROPÉENNE a son siège statutaire (art. 9).

Le texte européen aborde plusieurs points :

- modes de constitution (art. 15 à 37) ;
- du transfert du siège social (art. 8) ;
- et de la structure de la SOCIÉTÉ EUROPÉENNE (art. 38 à 60).

La SOCIÉTÉ ANONYME EUROPÉENNE peut être constituée sous forme de société anonyme à conseil de surveillance et à directoire ou avec un conseil d'administration.

Les statuts de la SOCIÉTÉ EUROPÉENNE doivent respecter néanmoins certaines dispositions :

- l'obligation pour l'organe de direction d'informer l'organe de surveillance au moins tous les trois mois (art. 41, 1),
- une durée des mandats sociaux limitée à six ans (art. 46, 1),

- un vote séparé pour chaque catégorie d'actionnaires aux droits spécifiques desquels la décision prise en assemblée générale porte atteinte (art. 60, 1).

## 5. L'organisation du pouvoir dans les formes sociétaires

### *5.1. Les cascades de sociétés*

Le principe d'organisation des cascades de sociétés est fort simple.

Une première société détient 51 % du capital d'une seconde société, qui détient à son tour 51 % du capital, qui détient à son tour 51 % du capital d'une autre, et ainsi de suite.

Comme on ne prête qu'aux riches (ou aux ex-riches), il a été souvent prétendu que Bernard TAPI avait assis son pouvoir sur de nombreuses sociétés de cette manière.

Avec une mise de fonds minimale, la détention du pouvoir est assurée : c'est le cas pour une société dont le capital est près de 15 fois supérieur à la mise de fonds initiale, au bout de cinq sociétés seulement.

| Mise de fonds initiale : capital de la société de tête | 10 000 |
|---|---|
| Capital de la filiale 1 | 19 607 |
| Capital de la filiale 2 | 38 446 |
| Capital de la filiale 3 | 75 385 |
| Capital de la filiale 4 | 147 815 |

### *5.2. Les pactes d'actionnaires*

Nombre de dispositions contenues dans les statuts de société par actions simplifiées se retrouvent dans des pactes d'actionnaires.

Les statuts constituent le contrat de société qui s'applique à l'ensemble des actionnaires.

Un pacte d'actionnaires est un document contractuel dont le rôle est de définir les relations entre tout ou partie des actionnaires d'une société. À l'origine, il permettait à des investisseurs minoritaires de détenir un pouvoir de décision non proportionnel à leur participation en capital.

Les actionnaires d'une société concluent donc très souvent entre eux et hors des statuts des pactes d'actionnaires.

Ils cherchent, par ce biais, à organiser, tant le contrôle de la conduite des affaires, que le contrôle de la composition du capital de leur société.

En général, cela signifie que les actionnaires mettent en œuvre des moyens d'intervention en faveur des minoritaires dans la gestion de la société, et qu'ils préparent leur sortie ou celle d'autres actionnaires.

C'est par exemple, dans l'affaire AOM-AIR LIBERTE, l'existence d'un pacte d'actionnaires, tenu secret pendant de longs mois, par lequel la société SWISSAIR s'engageait à racheter les actions de la société MARINE WENDEL à un prix convenu[1] !

Pourquoi choisir un acte annexe alors que les sociétés disposent de statuts modifiables, et pour certaines d'entre elles, d'une liberté d'organisation statutaire (la SAS par exemple) ?

Cette question s'intéresse bien sûr aux effets de l'opposabilité des statuts et des pactes extra-statutaires vis-à-vis des actionnaires et des tiers ; les statuts étant opposables à tous.

On a ainsi déclaré lors de la création de la SAS, qu'il s'agissait vraisemblablement de la fin des pactes d'actionnaires.

Or, la pratique a démontré le contraire. Les pactes d'actionnaires demeurent très actifs compte tenu de leurs avantages certains.

En effet, certaines alliances souhaitent rester discrètes et préfèrent détailler leurs engagements respectifs dans un pacte d'actionnaires, alors même que l'alliance serait constituée sous forme de SAS.

Il est donc intéressant de comprendre leur mécanisme pour relever l'intérêt du pacte d'actionnaires.

### 5.2.1. L'opposabilité restreinte du pacte : un souci de confidentialité

#### A. Le principe d'opposabilité

Le contenu des pactes d'actionnaires peut varier d'une entreprise à l'autre et d'un actionnaire à l'autre. Son avantage réside dans la personnalisation de son contenu !

1. *L'Humanité* 16 mai 2001.

Le pacte d'actionnaires apparaît principalement comme un outil d'anticipation, de prévention et de protection.

Il comprend le plus souvent des dispositions qui auraient pu faire l'objet de clauses statutaires (droit de préemption, interdiction temporaire de cession...).

Contrairement aux statuts qui sont la condition même de la création d'une société, le pacte est au contraire mis en place à tout moment de la vie d'une société selon le besoin et l'utilité des parties (au démarrage de l'activité, lors du développement de la société...).

Les statuts de la société sont opposables à tous les tiers actionnaires. Cette opposabilité générale est intéressante pour les clauses qui reprennent les termes de la loi, et pour certaines clauses liées à l'étendue de l'exercice du pouvoir par les dirigeants.

Toutefois, certains actionnaires peuvent souhaiter légitimement mettre en place un pacte d'actionnaires. Ce dernier est un accord dont la portée ne touche que les parties signataires.

Il n'est opposable qu'aux signataires du pacte, en application des règles légales sur les contrats[1].

Ceux qui n'ont pas signé le pacte ne sont pas liés par celui-ci et n'en ont en général pas connaissance, puisqu'il n'est pas non plus publié.

Son opposabilité réduite permet ainsi de régler des accords sur une période déterminée contractuellement, à la différence des statuts qui habituellement durent le temps de vie de la société (soit 99 ans en principe).

Par exemple, lors de l'entrée de nouveaux investisseurs dans le capital de la société, il sera souvent demandé aux dirigeants et aux actionnaires majoritaires de souscrire un certain nombre d'engagements en signant avec les investisseurs un pacte d'actionnaires (clause d'agrément, clause de préemption, clause de sortie privilégiée, clause d'inaliénabilité...). Les autres actionnaires, minoritaires, ne sont pas concernés.

Les juges ont admis la validité des pactes d'actionnaires comprenant des clauses de préemption et de préférence[2].



1. Effet relatif des contrats : article 1134 du code civil.
2. Cass. com., 15 février 1994.

Attention, toutefois, à ne pas constituer une action de concert, c'est-à-dire « *conclure un accord en vue d'acquérir ou de céder des droits de vote, ou en vue d'exercer des droits de vote pour mettre en œuvre une politique commune vis-à-vis de la société*[1] ». Cette disposition ne s'applique qu'aux sociétés cotées. Les actionnaires seraient alors tenus solidairement de toutes les obligations légales.

Ainsi, les pactes d'actionnaires sont destinés à infléchir ou à compléter discrètement les clauses habituelles contenues dans les statuts.

## B. Les intérêts du pacte d'actionnaires

Le recours à une clause extra-statutaire s'explique pour diverses raisons :

- limitation de l'accord à certains actionnaires seulement ;
- caractère complexe des obligations respectives des parties ;
- durée limitée de la convention ;
- sanctions particulières ;
- et souci de discrétion.

C'est ce dernier avantage qui révèle l'intérêt particulier porté aux pactes d'actionnaires.

Il n'est, en effet, pas nécessaire de mettre en œuvre une structure juridique particulière (SAS) pour abriter des clauses particulières. Le pacte résulte de l'intention des parties de restreindre volontairement sa portée.

Lors de la constitution d'alliances, sous quelque forme que ce soit, les parties souhaitent rester le plus discret possible. Les clauses extra-statutaires sont un moyen idéal puisqu'en principe aucune publicité n'est à effectuer, à la différence des statuts qui sont déposés au greffe du tribunal et auxquels le public peut avoir accès librement.

Ainsi, le contenu du pacte reste secret. Les associés non signataires n'ont donc pas connaissance de son existence.

Par exemple, dans le cas d'une opération de capital risque, il est certain que les investisseurs ne souhaitent pas que leurs arrangements avec le dirigeant, le repreneur ou les cadres d'une société, apparaissent au grand jour.

1. Article L. 233-10 I du code de commerce.

Attention, toutefois, car certains pactes d'actionnaires sont soumis à déclaration dans les sociétés cotées. La discrétion n'est plus assurée.

En effet, toute clause d'une convention prévoyant des conditions préférentielles de cession ou d'acquisition d'actions admises aux négociations sur un marché réglementé et portant sur au moins 0,5 % du capital ou des droits de vote de la société qui a émis ces actions, doit être transmise à la société et à l'Autorité des marchés financiers dans un délai de cinq jours de Bourse à compter de la signature de la convention, ou de l'avenant introduisant la clause concernée.

À défaut de transmission, les effets de cette clause sont suspendus, et les parties déliées de leurs engagements, en période d'offre publique.

La société et l'Autorité des marchés financiers doivent également être informées de la date à laquelle la clause prend fin.

Les informations mentionnées aux alinéas précédents sont portées à la connaissance du public dans les conditions fixées par le règlement général de l'Autorité des marchés financiers[1].

### 5.2.2. Les limites du pacte d'actionnaires

Le pacte d'actionnaires n'est qu'un contrat qui lie ses signataires.

Dès lors, en cas de contradiction avec les statuts de la société qui reprennent le plus souvent les termes de la loi, ce sont les statuts qui l'emporteront sur les dispositions du pacte.

Ainsi, les règles qui sont inscrites dans un pacte ne peuvent contrer des principes fondamentaux et des règles d'ordre public du droit des sociétés, comme par exemple, l'abus du droit de vote.

Par ailleurs, la sanction de l'inobservation du pacte par l'un des signataires apparaît comme relativement inefficace puisque l'exécution forcée ne peut être demandée par le bénéficiaire lésé !

En effet, le pacte est un contrat contenant des obligations de faire ou de ne pas faire.



1. Article L. 233-11 du code de commerce.

Or, la sanction de l'inexécution de ce type d'obligations se résout par le versement de dommages et intérêts et la résolution judiciaire du pacte.

Quelle utilité pour l'actionnaire lésé qui ne cherchait qu'à bénéficier des clauses du pacte ?

Par exemple, en cas de violation d'une clause de rupture, celui qui est en droit d'acheter des actions souhaite obtenir le transfert forcé de celles-ci à son profit ! Ce qui n'est pas le cas, sauf dans certaines situations où les titres n'avaient pas été cédés à un tiers[1].

La vente peut toutefois être annulée, si la loi le permet[2] ou si le bénéficiaire du pacte démontre la collusion frauduleuse des parties, c'est-à-dire *« s'il prouve la connaissance par le tiers acquéreur, non seulement de l'existence du pacte de préférence ou du droit de préemption, mais aussi de l'intention du bénéficiaire de s'en prévaloir*[3]. »

En tout état de cause, le bénéficiaire du pacte ne pourra jamais se substituer au tiers acquéreur ni demander l'exécution forcée de la cession à son profit.

## 5.3. Le rôle des petits porteurs

Le renversement de la direction d'EUROTUNNEL au printemps 2004 et la nomination de Jacques MAILLOT à la direction de l'entreprise laissera certainement des traces dans l'organisation de l'actionnariat des sociétés française.

Dès lors la politique évidente des sociétés cotées va être de tenter de fédérer d'organiser les actionnaires individuels de l'entreprise pour qu'ils puissent venir en aide à la société.

Il s'agit d'une stratégie d'influence comme c'est le cas dans d'autres domaines.

Des sociétés cotées ont ainsi visiblement constitué des comités d'actionnaires.

La société AVENTIS dépeint ainsi le rôle de son comité d'actionnaires[4] :

> *« Notre comité d'actionnaires est un organe consultatif composé d'actionnaires individuels dont la mission est :*
>
> - *De transmettre aux instances dirigeantes du Groupe la sensibilité des actionnaires individuels et faire part de leurs principaux centres d'intérêt ;*

1. Cour d'appel de Paris 21 décembre 2001 (Francis LEFEBVRE n° 18674).
2. Article L. 227-15 du code de commerce.
3. Cass. com., 27 mai 1986 et Cass. civ., 3ème 24 juin 1998.
4. http://www.aventis.com/

- *D'aider le Groupe à mieux communiquer en participant notamment : à la réflexion sur les orientations et les projets à développer, à l'élaboration des documents destinés aux actionnaires, à la préparation des assemblées générales, à des réunions d'actionnaires ;*
- *De faire, le cas échéant, des recommandations au Groupe en matière de gouvernement d'entreprise.*

## 5.4. Les valeurs mobilières

Contrairement à ce que croient beaucoup de chefs d'entreprises, l'utilisation de valeurs mobilières complexes n'est pas le fait seulement des entreprises cotées.

Aidée d'un juriste imaginatif et spécialisé, de nombreuses PME peuvent y avoir recours.

Cette technique juridique un peu particulière permet de faciliter les alliances.

**L'utilisation de valeurs mobilières comme les obligations convertibles est accessible à tout type de sociétés.**

Deux hypothèses sont simplement évoquées sachant qu'il existe de multiples autres possibilités, comme les droits de vote double, des décompositions usufruit – nue-propriété, etc.

### 5.4.1. Les obligations convertibles en actions – OCA

Le principe des obligations convertibles en actions est fort simple.

Une société, le plus souvent un établissement financier, prête d'importantes sommes d'argent à une entreprise qui, en contrepartie, emet des obligations.

Le pacte obligataire comme dans n'importe quel contrat de prêt, prévoit le versement d'intérêts et le remboursement d'annuité de capital.

Toutefois, dans le cas des OCA, il est prévu que si certaines conditions sont remplies – par exemple des résultats insuffisants, le remboursement au lieu d'être sous forme numéraire, est effectué par la création d'actions qui viennent remplacer les obligations.

Le prêteur initial se retrouve ainsi actionnaire.

Les clauses sont souvent libellées ainsi :

> « *Les obligations seront convertibles en totalité à tout moment en cas de non-paiement à la bonne date, soit des intérêts, soit du principal, et à date fixe dans l'hypothèse où le résultat moyen des dernières années serait inférieur à 2 000 000 euros.* »

Le principe des OCA, ainsi utilisé, peut sembler sain puisque l'investisseur ne devient majoritaire que si les actionnaires qui gèrent l'entreprise ne donnent pas la performance attendue.

Toutefois, d'aucuns prétendent que certains investisseurs indélicats tentent de faire baisser le résultat des entreprises dans lesquelles ils investissent.

Toujours selon les mêmes augures, les moyens utilisés pour faire baisser les résultats ne seraient pas des plus honnêtes.

**Exemple de prises de contrôle à l'aide d'obligations convertibles**

Le journal *Libération* a consacré en mars 2004 un article sur un problème d'OCA[1].

> « *Tout est parti de difficultés financières rencontrées par* OTOR, *fin 1999. Le groupe s'est lancé dans un chantier coûteux : la reconversion d'une usine sur le site de la Chapelle Darblay (Seine-Maritime) spécialisée dans le papier magazine. Le* CRÉDIT LYONNAIS, *principal banquier d'*OTOR, *le menace alors de couper les crédits, si un nouvel investisseur n'apporte pas du cash. Et lui présente* CARLYLE. *En mai 2000, un deal est signé : le fonds apporte 45 millions d'euros en échange de 21 % du holding qui contrôle le groupe. Mais les termes de la dispute à venir sont déjà présents. Le pacte d'actionnaires prévoit que, si* OTOR *ne remplit pas des objectifs précis de rentabilité,* CARLYLE *puisse en devenir propriétaire à tout moment, via un mécanisme d'obligations convertibles en actions.* »

D'après des sources proches du dossier, le mécanisme aurait été le suivant : CARLYLE prenait une participation minoritaire dans le capital de la société et souscrivait concomitamment des obligations convertibles en actions. Sa participation figure sur le schéma 1.

La conversation était de droit si la société n'atteignait pas un « Ebitda » fixé d'avance. Les conséquences étaient redoutables si l'on en croit ce qui figure sur le schéma 2.

L'Ebitda (Earning before interest, taxes, depreciation and amortisation) n'est pas défini par les autorités comptables et financières françaises, ni même anglo-saxonnes.

Un litige s'en est donc suivi qui est actuellement devant les juridictions françaises et / ou un tribunal arbitral pour savoir si le seuil de conversation était atteint.

Si le seuil est atteint, la structure capitalistique d'OTOR deviendrait celle qui figure sur le schéma 2.

On comprend maintenant l'enjeu du procès.

1. *Libération* du 9 mars 2004.

**SCHÉMA 1**
**ORGANIGRAMME DU GROUPE APRÈS L'ENTRÉE DE CARLYLE**

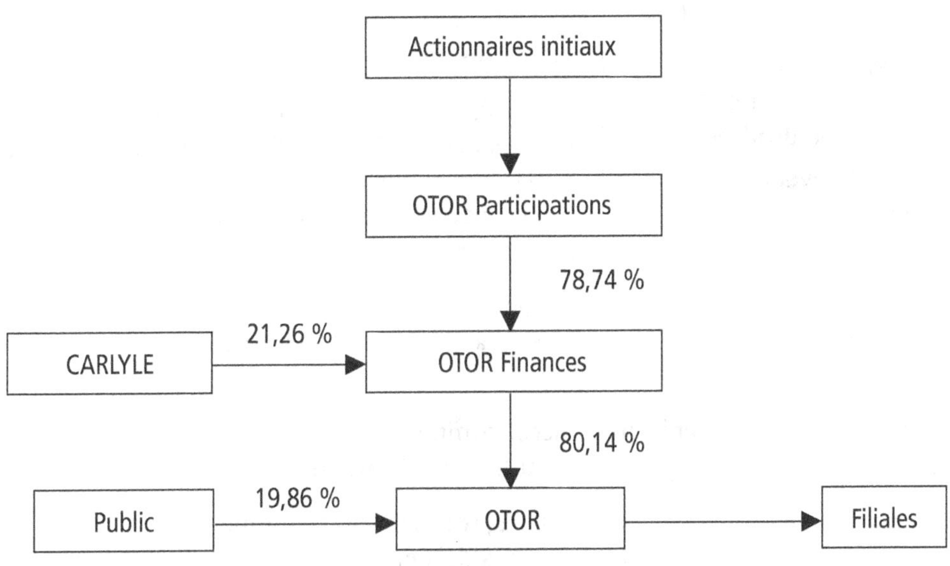


**SCHÉMA 2**
**ORGANIGRAMME DU GROUPE OTOR EN CAS DE CONVERSION DES OCA**

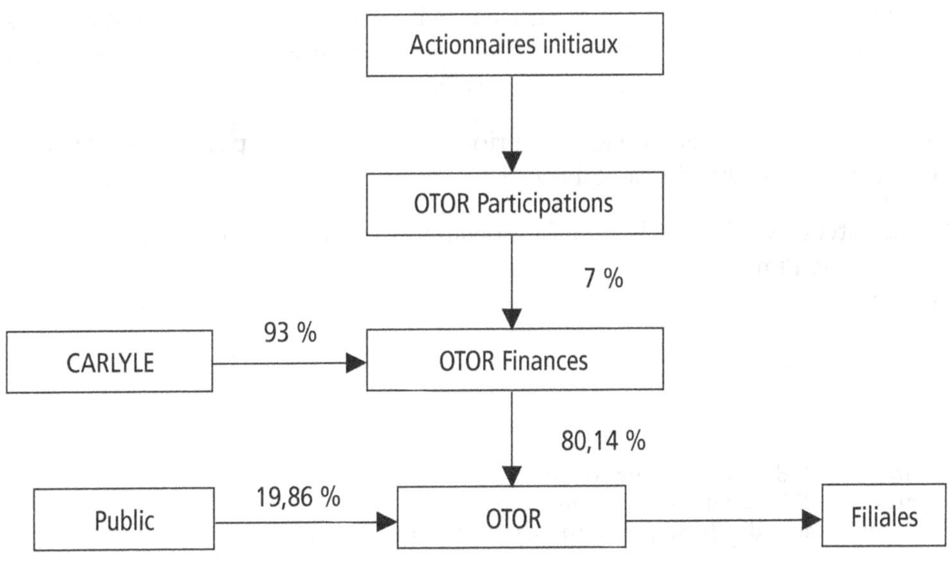

### 5.4.2. Les actions à dividendes prioritaires

Une action à dividende prioritaire est une action sans droit de vote mais touchant en contrepartie un dividende plus important. L'action se voit attribuer un droit de vote si aucun dividende n'est versé pendant trois ans.

**En cas de déficits successifs, l'action à dividendes prioritaire peut retrouver son droit de vote.**

**Des majorités peuvent ainsi basculer.** ▪

Les titulaires de telles actions sont également privilégiés lors de l'éventuelle liquidation judiciaire de la société en étant prioritaire pour le remboursement du capital par rapport aux autres actionnaires.

Les actions à dividende prioritaire sont peu pratiquées, malgré l'intérêt financier retiré ; la plupart ont été converties en actions ordinaires totalement ou partiellement.

Il reste quelques sociétés émettrices, comme le groupe CASINO GUICHARD, la société ESSILOR INTERNATIONAL ou la société SAGEM.

La création de ces actions peut se faire, soit par voie d'augmentation de capital, soit par conversion d'actions ordinaires déjà émises[1].

La création d'actions à dividende prioritaire doit être stipulée expressément dans les statuts.

Elle n'est permise qu'aux sociétés ayant réalisé des bénéfices distribuables au cours des deux derniers exercices[2].

Le bénéfice distribuable est constitué par le bénéfice de l'exercice, diminué des pertes antérieures, ainsi que des sommes à porter en réserve en application de la loi ou des statuts, et augmenté du report bénéficiaire.

Par ailleurs, les actions à dividende prioritaire ne peuvent pas représenter plus du quart du montant du capital social.

Le législateur a voulu ainsi limiter l'importance du « capital muet » dans la société, tout comme l'importance du dividende prioritaire au détriment des actionnaires ordinaires[3].

1. Article L. 228-12 du code de commerce.
2. Article L. 225-126 du code de commerce.
3. Commentaires de Ph. MERLE, Droit Commercial, 6ème édition.

Le dépassement de cette limite exposerait à une peine d'emprisonnement de six mois et à une amende de 6 000 euros[1] :

- le président,
- les administrateurs,
- les directeurs généraux,
- les directeurs généraux délégués[2],
- les membres du directoire et du conseil de surveillance,
- et les gérants, s'il s'agit d'une société en commandite par actions.

Enfin, il est interdit à ces derniers de détenir, sous quelque forme que ce soit, des actions à dividende prioritaire émises par leur société.

Il est également interdit à leur conjoint ainsi qu'à leurs enfants mineurs non émancipés, de détenir ce type d'actions[3].

Il y a effectivement incompatibilité entre la fonction de dirigeant et l'absence de droit de vote !

En plus, il est difficilement concevable qu'un dirigeant puisse cumuler les pouvoirs que lui confèrent ses fonctions et les avantages pécuniaires liés à ces actions[4].



1. Article L. 245-3 du code de commerce.
2. Article L. 248-1 du code de commerce.
3. Articles L. 228-17 et L. 245-4 du code de commerce.
4. Commentaires de Ph. MERLE, Droit Commercial, 6ème édition.

## Chapitre 12

# Les formes contractuelles d'une alliance

Le contrat a le mérite de transcrire dans le droit, l'organisation de l'alliance. Le juriste devient donc organisateur.
Sont évoqués dans cette partie, les alliances sous forme sociétaire qui n'ont pas la personnalité morale.

## 1. Les sociétés en participation

Pour des raisons qui leur sont propres, certaines personnes peuvent ne pas vouloir apparaître dans une société qui devra donc conserver un caractère occulte. Par exemple, pour des raisons commerciales, il est plus facile de ne pas faire savoir que l'on a des partenaires.

Il existe une forme de société qui peut être apparente ou occulte, au choix de ses associés.
C'est la société en participation régie par les articles 1870 à 1874 du code civil (se reporter à l'annexe 6 à la fin de cet ouvrage).

Ces sociétés ne sont pas immatriculées au registre du commerce et des sociétés. Elles n'ont pas d'extrait K-bis. « Elles n'existent qu'à travers un contrat. Celui signé entre au moins deux sociétés ou personnes physiques qui s'associent le temps d'une opération ou plus durablement », décrit Arnaud PERES.

Le contrat définit précisément les rôles des intervenants : par exemple, l'un apporte les fonds, l'autre l'expertise technique, le troisième sa créativité. Le partage des bénéfices est également libre.

Les partenaires choisissent ce statut pour sa souplesse et sa discrétion, une qualité qui est même essentielle quand les associés veulent tenir leur entente secrète.

C'est le cas, par exemple, lorsqu'une entreprise remporte un appel d'offres mais n'a pas le temps d'effectuer seule le travail, ou – pratique assez contestable – lorsque des entreprises « concurrentes » veulent se partager un marché. Quand l'une remporte un contrat, elle fait travailler l'autre dans le cadre d'une société en participation ou d'un groupement, et inversement. « C'est parfois le client lui-même qui demande à ses fournisseurs de créer une société en participation car ce montage lui permet de n'avoir qu'un interlocuteur, fait valoir Didier LARESHE, spécialiste du droit des affaires chez HSD ERNST & YOUNG. Mais dans ce cas, l'entité peut tout à fait être révélée. »

Fiscalement, ces entreprises peuvent être déclarées à l'administration fiscale.

## 1.1. Fonctionnement de la société en participation

Les associés conviennent librement du fonctionnement de la société en participation.

À moins qu'une organisation différente n'ait été prévue, les rapports entre associés sont régis, en tant que de raison, soit par les dispositions applicables aux sociétés civiles, si la société a un caractère civil, soit par celles applicables aux sociétés en nom collectif, si elle a un caractère commercial.

Le gérant est nommé par les statuts. À défaut tous les associés sont gérants.

## 1.2. Responsabilité des membres de la société en participation

Comme la société en participation n'a pas la personnalité morale, chaque associé contracte en son nom personnel et est seul engagé à l'égard des tiers. Il est néanmoins obligé à l'égard de ses co-associés !

Toutefois, si les participants agissent en qualité d'associés au vu et au su des tiers, chacun d'eux est tenu à l'égard de ceux-ci des obligations nées des actes accomplis en cette qualité par l'un des autres, avec solidarité si la société est commerciale, sans solidarité dans les autres cas.

Dans certains cas, les tribunaux ont estimé que la société en participation était le prémisse de la constitution d'une société de type classique. Ils ont alors considérés sur le fondement de l'article L. 210-6 du code de commerce[1] qu'il existait une solidarité entre tous les associés.

1. Art. L. 210-6 : « ... Les personnes qui ont agi au nom d'une société en formation avant qu'elle ait acquis la jouissance de la personnalité morale sont tenues solidairement et indéfiniment responsables des actes ainsi accomplis, à moins que la société, après avoir été régulièrement constituée et immatriculée, ne reprenne les engagements souscrits. Ces engagements sont alors réputés avoir été souscrits dès l'origine par la société. »

### 1.3. Terminaison de la société en participation

La société en participation se termine, soit à la date prévue dans les statuts, soit lorsque son objet est réalisé.

Lorsque le contrat est à durée indéterminée, sa dissolution peut résulter à tout moment d'une notification adressée par l'un d'eux à tous les associés, pourvu que cette notification soit de bonne foi et non faite à contretemps.

## 2. Le groupement momentané d'entreprises

De plus en plus, les PME tentent de s'unir pour répondre à des appels d'offre ou obtenir des marchés à l'international.

En effet, seules elles ne disposent pas de moyens suffisants. En outre, le donneur d'ordre ne veut avoir affaire qu'à un seul interlocuteur.

**Le groupement momentané d'entreprises est au droit des sociétés ce que le *Canada dry* est à l'alcool.**

À ce contexte économique viennent se greffer des considérations juridiques plus classiques. Si une entreprise, comme c'est souvent le cas dans le bâtiment sous-traite de manière apparente ou occulte un marché, elle est responsable des sommes dues au sous-traitant alors qu'elle peut ne pas être payée elle-même, et responsable envers le donneur d'ordre d'éventuelles défaillances techniques ou de malfaçons, alors qu'elle n'a pas réalisé les prestations.

En d'autres termes, elle est située entre l'enclume et le marteau.

La situation est souvent intenable.

Dès lors la pratique a mis au point une forme de groupement particulière qui répond à ce besoin : le Groupement momentané d'entreprises ou GME.

C'est le cas, par exemple, d'une filiale de la RATP, dénommée RATP FRANCE SA, qui s'est alliée à la société SAEM TRAM (Transports de l'agglomération mulhousienne) pour répondre à un appel d'offres pour le renouvellement de la délégation de service public de transport urbain de l'agglomération mulhousienne pour la période 2003-2008.

Le GME qui lie GIAT INDUSTRIES et RENAULT VI s'est constitué dans l'unique dessein de répondre positivement à l'offre faite par la DGA sur la fourniture de véhicules blindés de combat d'infanterie (en mars 2000).

Le GME constitué par les entreprises EADS MATRA DATAVISION et EADS CIMPA, soutenu par AIRBUS, a permis d'accompagner au niveau international les sous-traitants aéronautiques qui souhaitaient participer au projet de l'A380, dans le cadre d'une relation d'« entreprise étendue ».

Le principe est simple. Les entreprises se réunissent et désignent un chef de file qui sera l'unique interlocuteur du donneur d'ordre.

Elles négocient, soit directement, soit indirectement, un contrat avec le donneur d'ordre, puis elle donne **mandat** à l'entreprise chef de file d'être leur interlocuteur avec le donneur d'ordre pour assister aux diverses réunions, transmettre les factures et recevoir les paiements.

Le GME est souvent utilisé dans les travaux publics.

## 2.1. Intérêt du GME

Le Groupement momentané d'entreprises est la réunion momentanée de plusieurs entrepreneurs indépendants les uns des autres, volontairement placés sous la direction de l'un d'entre eux (mandataire commun), afin de réaliser un ouvrage commun, auquel chacun participe dans le cadre du marché qui lui a été attribué.

Cette pratique crée une co-traitance qui est issue de la pratique et qui n'est pas réglementée, contrairement à la sous-traitance, qui l'est par la loi du 31 décembre 1975.

De cette absence de cadre législatif découle une grande liberté d'organisation de gestion, que les contractants organisent dans la convention de groupement.

Par exemple, La Fédération française du bâtiment et la Fédération nationale des travaux publics ont rédigé des documents types, fort utiles aux débutants dans cette pratique.

Deux « conventions cadres » ont été établies, pour les Groupements momentanés d'entreprises conjointes et les Groupements momentanés d'entreprises solidaires.

Les avantages du groupement sont certains :

- Il permet d'éviter des achats ou des locations d'engins par les titulaires de marchés ne disposant pas d'un parc suffisamment important.
- Il évite de recourir à des concours extérieurs toujours coûteux, lorsque la trésorerie de l'entreprise est insuffisante.
- **L'alliance divise le risque inhérent à chaque marché par le nombre de participants** (par exemple, pour l'application d'éventuelles pénalités de retard).

Surtout aujourd'hui où la globalisation des marchés entraîne la constitution de groupes de taille mondiale, le groupement est peut-être le seul moyen pour les PME, de concourir et d'obtenir des marchés auxquels elles ne pourraient prétendre isolément.

En étant judicieux dans le choix de ses partenaires, en maîtrisant les termes de la convention, et en gérant avec rigueur le déroulement des contrats souscrits, les entreprises du GME doivent pouvoir éviter le risque du travail en commun et de l'éventuelle solidarité, pour profiter des opportunités découlant du groupement.

**Communiqué de presse sur la constitution d'un GME**

**Paris, le 6 mars 2001**

EADS MATRA DATAVISION et EADS CIMPA, deux sociétés du groupe EADS, signent un GME (Groupement momentané d'entreprises), soutenu par AIRBUS pour accompagner, au niveau international, les sous-traitants aéronautiques qui veulent participer au projet A380, avion civil gros porteur, dans le cadre d'une relation d'entreprise étendue.

Avec ce GME, les deux sociétés mettent en commun leurs expériences, compétences et savoir-faire, afin de présenter, dès à présent, une gamme de prestations communes autour des versions successives d'ACE (Airbus concurrent engineering).

« Ce GME est une étape importante de la coopération commerciale active menée depuis deux ans avec CIMPA. Pour nous, le soutien d'AIRBUS est une marque de confiance et de reconnaissance d'un savoir-faire acquis lors de l'accompagnement de grands projets internationaux pour la mise en œuvre de l'Ingénierie simultanée concourante » commente Alexandre PARILUSYAN, directeur des comptes stratégiques chez EADS MATRA DATAVISION.

Pour assurer l'homogénéité des prestations de tous les sous-traitants et atteindre avec succès les étapes clés du projet, AIRBUS poursuit la mise en place d'outils et de méthodes uniformément partagés, dénommés « ACE Versions » (Airbus concurrent engineering versions). Pour parvenir aux objectifs ambitieux du programme A380 et fort du succès rencontré sur les programmes A340/500 et A340/600, AIRBUS accentue sa volonté de partager ses « ACE versions » qui devront être déployées et respectées par ses sous-traitants, tout au long de l'évolution du nouveau programme. Dans ce contexte, le GME a pour mission d'accompagner la mise en œuvre des « ACE versions » et d'aider au succès de leur exploitation.

**Les prestations du GME**

Les prestations du GME ont pour objectif d'aider tous les acteurs industriels impliqués dans le projet A380, à déployer et à maintenir dans leur environnement, un niveau technique, technologique et méthodologique, propre à respecter les règles et préconisations définies par AIRBUS. « L'équipe ACE AIRBUS a mis au point un ensemble cohérent d'outils / méthodes propre à optimiser le travail dans un contexte d'entreprise étendue » explique Pierre Laurent KOCIEMBA, directeur Général EADS CIMPA. « CIMPA étant impliqué dans l'aboutissement des versions ACE depuis l'origine du projet ACE, nous travaillons aujourd'hui avec MATRA DATAVISION sur le projet A380, afin d'offrir aux sous-traitants aéronautiques la meilleure aide possible, au niveau international, pour leur intégration au cœur même du concurrent engineering. »

Les interventions du GME adressent les processus (ex : comment mettre en œuvre l'ingénierie simultanée concourante), les méthodes et l'organisation (ex : comment partager la maquette numérique), les outils (matériels et logiciels CAO/FAO, GDT...), les formations, le support et la documentation nécessaires, dans le respect des versions ACE A380 amenées à évoluer tout au long du programme.

## 2.2. Le GME pour répondre aux appels d'offre publics

La notion de groupement ou de co-traitance est seulement définie à l'article 51 du code des marchés publics (CMP)[1].

1. « I. - Les entreprises peuvent présenter leur candidature ou leur offre sous forme de groupement solidaire ou de groupement conjoint, sous réserve du respect des règles relatives à la liberté des prix et à la concurrence.
Le groupement est conjoint lorsque chacun des prestataires membres du groupement s'engage à exécuter la ou les prestations qui sont susceptibles de lui être attribuées dans le marché.
Le groupement est solidaire lorsque chacun des prestataires membres du groupement est engagé pour la totalité du marché.
II. - Dans les deux formes de groupements, l'un des prestataires membres du groupement, désigné dans l'acte d'engagement comme mandataire, représente l'ensemble des membres vis-à-vis de la personne responsable du marché, et coordonne les prestations des membres du groupement.
Si le marché le prévoit, le mandataire du groupement conjoint est solidaire de chacun des membres du groupement pour ses obligations contractuelles à l'égard de la personne publique, pour l'exécution du marché.
III. - En cas de groupement conjoint, l'acte d'engagement est un document unique qui indique le montant et la répartition détaillée des prestations que chacun des membres du groupement s'engage à exécuter.
En cas de groupement solidaire, l'acte d'engagement est un document unique qui indique le montant total du marché et l'ensemble des prestations que les membres du groupement s'engagent solidairement à réaliser.
IV. - Les candidatures et les offres sont signées, soit par l'ensemble des entreprises groupées, soit par le mandataire s'il justifie des habilitations nécessaires pour représenter ces entreprises au stade de la passation du marché. Un même prestataire ne peut pas être mandataire de plus d'un groupement pour un même marché.
V. - La composition du groupement ne peut pas être modifiée entre la remise des candidatures et la remise des offres.
VI. - Le passage d'un groupement d'une forme à une autre ne peut être exigé pour la présentation de l'offre, mais le groupement peut être contraint d'assurer cette transformation lorsque le marché lui a été attribué. Dans ce cas, la forme imposée après attribution est mentionnée dans le règlement de la consultation.
VII. - Le règlement de la consultation peut interdire aux candidats de présenter pour le marché ou un de ses lots, plusieurs offres en agissant à la fois en qualité de candidats individuels ou de membres d'un ou de plusieurs groupements. »

Il convient de préciser que s'agissant d'une co-traitance publique ou privée, la règle est la liberté contractuelle, sous réserve de quelques particularités en matière de marchés publics.

Le groupement n'a pas la personnalité morale. Ainsi le Conseil d'État (3/12/1987 « chambre d'agriculture des Deux-Sèvres c/Société Jean MIGAULT ») retient que lorsqu'un « *groupement répond à un appel d'offres, chaque entreprise est candidate et deviendra cocontractante de l'Administration, si l'offre présentée par le groupement est retenue.* »

Le marché (public) est ainsi conclu avec chaque membre du groupement, et non par le groupement comme entité.

En conséquence, la responsabilité éventuelle devra être recherchée au niveau de chaque membre maître d'œuvre (CE 24/02/1988 « groupe GERPIAM »).

Lorsqu'un juge condamne un groupement, le Conseil d'État considère qu'il s'agit d'une condamnation conjointe et solidaire des sociétés constituant le groupement (CE 16/03/1992 « SOMETRA ET SPADA »).

### *Intérêt du GME*

L'intérêt de constituer un tel groupement réside dans la présentation d'une seule candidature à un appel d'offres.

L'objectif recherché est de proposer au maître d'ouvrage des compétences techniques, une surface financière et des moyens matériels et humains, en rapport avec l'importance du projet (cf. CA Paris 05/12/2000 ci-après).

Ainsi les entreprises souhaitant se regrouper concluent un protocole, lequel définit leurs relations, dont le but est d'assembler des métiers complémentaires, de diviser les risques, et de renforcer également la puissance économique des entreprises (Ph. MERLE, *Droit commercial*, Dalloz 4$^{ème}$ édition).

### *Respect du principe de libre concurrence*

Le GME ne doit pas porter atteinte à la libre concurrence en créant une entente illicite, celle-ci est sanctionnée à l'article L. 420-1 du code de commerce et précisée à l'article 51 l du CMP.

En principe, le GME n'est pas une entente prohibée.

En effet, aux termes de l'avis de la commission technique des ententes (16/11/1973 « Université de Toulouse-Mirail »), « le GME n'est pas une entente répréhensible au sens du droit de la concurrence » ; en l'espèce, à propos d'un groupement d'étude constitué pour répondre à l'appel d'offres concernant la construction d'une université.

Le conseil de la concurrence (04/02/1992) confirme cet avis en retenant que la « constitution par des entreprises indépendantes et concurrentes, d'un groupement en vue de répondre à un appel d'offres ne constitue pas, en soi, une pratique prohibée au sens de l'article 7 de l'ordonnance du 1er décembre 1986. »

Par ailleurs, la cour d'appel de Paris (06/06/2000) retient que « l'existence d'une société en participation antérieurement à la publication de l'appel d'offres pour le marché public, et la constitution d'un groupement momentané d'entreprises pour l'exécution et la durée du chantier, ne constituent pas à eux seuls des indices d'entente illicite. »

Néanmoins, il constituera une entente prohibée s'il favorise toute entrave à la concurrence et sert à dissimuler des pratiques anticoncurrentielles ; il peut alors être constitutif d'une entente prohibée du seul fait de son objet.

Par exemple, la cour d'appel de Paris (05/12/2000) considère que « constitue une entente illicite l'offre groupée de syndicats intercommunaux, conclue par une convention de groupement momentané d'entreprises solidaires la veille de la date limite de remise des offres, et qui a pour objet la reconduction de la répartition des marchés antérieurement prévue. Cette offre groupée, qui n'est pas justifiée par des nécessités techniques, ni par la mise en commun des moyens, ou par une démarche stratégique commune des entreprises, mais a pour but de tromper le maître de l'ouvrage sur la réalité de la collaboration technique des entreprises et l'intensité de la concurrence, a un effet anticoncurrentiel de limitation de l'intensité de la concurrence. »

Il peut être également du seul fait de l'existence d'une clause d'adhésion dans le protocole de groupement !

Le principe de l'exemption introduit dans le droit français par la loi du 30 décembre 1985, s'applique-t-il pour les GME ? L'article 10 de l'ordonnance du 01/12/1986 prévoyait que les accords qui « ont pour objet d'améliorer la gestion des entreprises moyennes ou petites peuvent être exemptés de l'application des règles de concurrence ». Par assimilation, le GME a pour objet « d'améliorer la productivité, d'obtenir une qualité optimale et une meilleure répartition des risques entre les entreprises. »

Toutefois, le ministre du Commerce de l'Industrie (débats AN 19/12/1986) retenait que ce mécanisme d'exemption était fait pour les « ententes d'achat, d'organisation de vente qui existent dans le commerce, dans l'artisanat, et dont il est certain qu'elles sont bénéfiques non seulement à ces professions, mais aussi aux consommateurs. »

En conséquence, ce mécanisme est davantage fait pour des accords verticaux, et non pour des accords entre entreprises concurrentes groupées au sein d'un GME.

## 3. Les transferts de technologie

Les alliances commencent généralement avec le souhait des entreprises d'échanger leurs technologies avec des partenaires ou éventuellement des concurrents.

L'objet de ces transferts est bien entendu d'accélérer le processus de développement de l'entreprise et ainsi sa compétitivité sur un marché ciblé.

C'est d'ailleurs l'opinion du président du directoire de NIPPON STEELE, partenaire de ARCELOR, qui déclarait : *« nous avons d'abord effectué des transferts de technologie par échange de licence, puis défini une standardisation de l'acier et, en 2001, nous avons conclu un accord sur la stratégie mondiale*[1]*… »*

Pour ce faire, les parties vont rapprocher leurs savoir-faire en créant, par exemple, un pôle technologique commun, un centre de recherche, un consortium, ou encore un pool technologique.

Mais elles vont surtout contractualiser leur rapprochement afin que chacune d'elles s'y retrouve et ne se sente pas lésée aux termes des négociations relatives à ces transferts de technologie.

**Les alliances d'entreprises doivent procéder à un encadrement strict de leurs échanges technologiques par la voie contractuelle, que ces transferts soient effectués par licence ou par cession, ou que les partenaires aient créé un pôle commun, un centre de recherche ou toute autre structure de collaboration.**

Cette étape a toute son importance malgré la constatation faite par certains cabinets de propriété industrielle de la « négligence[2] » des contrats de transferts technologiques, et la sous-estimation de leur portée.

Ce fut par exemple le cas de la fusion ratée entre RENAULT et VOLVO ; cette dernière aurait par la suite protégé à son seul profit des technologies résultant des recherches de RENAULT.

1. Symposium CCIFJ-Nikkei « Cap sur les alliances » par Laure CROCHET www.ccifj.or.jp.
2. *Le contrat de transfert de technologies* par SOTIRIADIS, LEGER, ROBIC, RICHARD, avocats.

Il est vrai que dans les domaines informatique et scientifique, les parties sont plutôt méfiantes à tout arrangement contractuel en raison notamment de la rapidité des échanges des résultats, puis certainement en raison du caractère collégial et libre-échangiste des idées entre chercheurs.

En matière de nouvelles technologies, les réticences proviennent plus des difficultés à définir le bien à céder, et à délimiter les droits à transmettre.

Pour ces raisons, les parties à un transfert technologique préfèrent, à tort, conduire leurs relations de manière informelle.

Or, les risques pour l'entreprise sont importants, car le transfert d'une innovation sans encadrement contractuel peut lui faire perdre sa valeur scientifique et marchande. Si cette innovation non encore brevetée est divulguée au public par un partenaire, sa protection devient très limitée et les concurrents vont s'empresser de la copier.

## 3.1. Les types de contrat et leur contenu

Le transfert réussi entre deux parties est celui qui couvre tous les éléments essentiels de la relation, qui délimite clairement les droits et obligations de chaque partie et qui prévoit des mécanismes capables de régler des événements imprévisibles.

Les parties doivent avant tout préciser quelle sera la forme du transfert.

Diverses formes sont envisageables[1] :

- contrat de licence de droit de propriété industrielle (brevet, droit d'auteur, dessin industriel, marque, etc.) ;
- accord de communication de savoir-faire ;
- contrat d'assistance technique et de formation professionnelle ;
- contrat clef en main de réalisation d'ensemble industriel ;
- contrat de licence globale de projet ;
- contrôle d'investissement direct ou par co-entreprise ;
- contrat mixte.

En pratique, les contrats de licence de brevet, de savoir-faire ou de licence mixte, sont les plus fréquents. Il convient rapidement de décrire les intérêts des parties à un transfert par licence.

1. Les transferts de technologie et leurs clauses principales dans le cadre d'un contrat de licence, LEGER, ROBIC, RICHARD, avocats.

Le concédant qui transfère l'exploitation de sa technologie cherche en priorité à faire du profit et à bénéficier de l'échange pour développer en général un nouveau produit à moindre frais.

Par le contrat de licence, le concédant perçoit des redevances sur les ventes réalisées par le licencié.

Les parties procèdent le plus souvent à un jeu de licences croisées, ce qui réduit les investissements à supporter si le produit devait être développé seul. Tel était le cas de MICHELIN lorsqu'il avait lancé un nouveau modèle de pneu sur le marché. Il avait ainsi accordé des licences gratuites à certains de ses concurrents, qui en échange avaient concédé d'autres licences.

La licence est également un bon moyen de tester un nouveau marché en mettant à l'épreuve un licencié.

Enfin, dans un groupe de société, une licence peut être accordée par la société mère à l'une de ses filiales afin de lui apporter une assistance technique.

L'intérêt pour le licencié est également économique. Même s'il doit verser une redevance régulièrement, il limite les coûts liés à la recherche et au développement, ainsi que le temps passé à la recherche, et le risque commercial, puisqu'il connaît, ou est censé connaître, le produit.

Une entreprise peut aussi être contrainte de bénéficier d'une licence lorsque l'innovation ciblée est protégée par un brevet.

Enfin, il est fréquent qu'une entreprise souhaite obtenir une licence de marque renommée pour accroître le chiffre de ses ventes, dans un pays étranger par exemple.

### 3.2. Le contenu du contrat

La difficulté de rédaction d'un contrat de transferts de technologie réside en priorité dans la définition et la connaissance de ce qui est véritablement cédé.

Les transferts de technologie portent en général sur des biens qui sont fondés essentiellement sur le savoir et qui sont, en conséquence, immatériels.

En effet, sont des transferts de technologie les transferts de procédés industriels, de savoir-faire techniques, d'innovations technologiques, de secrets de fabrique, de logiciels, de brevets ou encore de biotechnologies.

Certains d'entre eux posent plus ou moins de problèmes quant à la limitation de leur objet contractuel. C'est par exemple le cas en matière de haute technologie.

Dès lors, tant au niveau juridique que stratégique, il est parfois difficile d'identifier quelle forme de propriété intellectuelle serait la mieux à même de protéger un secret ou un savoir-faire et, surtout, jusqu'où doit s'étendre cette protection.

Il est donc important, lorsqu'un tel contrat de transfert de technologie est mis en place, de bien comprendre ce sur quoi il porte puisque la durée de protection et l'étendue des droits qui en dérivent, sont extrêmement variables et ne requierent pas le même traitement pour en assurer la diffusion et la protection.

En effet, une technologie brevetée ne sera protégée que pour une période de 20 ans et seulement dans les territoires choisis par le déposant. Au contraire, un secret de fabrique est protégé jusqu'au jour où le secret est découvert sans limite de temps. Il est en outre protégé dans le monde entier.

Une autre difficulté doit par ailleurs être soulevée.

Le concédant ou le cédant d'un bien technologique détiendra toujours le savoir même après l'avoir transféré. C'est pourquoi il faut prévoir dans les contrats que celui qui « fait » le transfert s'engage à ne plus l'utiliser, même si en pratique nul ne pourra l'en empêcher.

Enfin, transférer une technologie nécessite d'être discret, voire secret. Aussi, expose Me Étienne DUBREUIL *« vous ne pouvez pas commencer une négociation, au niveau de la haute technologie, sans avoir acquis l'assurance que ce qui va être discuté va rester entre les partie. Et ça, c'est sûrement le plus gros problème qu'il y a en matière de transfert technologique*[1]. »

En conséquence, des accords de confidentialité et de non-divulgation devront être signés entre les parties à l'acte principal, mais également avec toutes les personnes susceptibles d'être en contact avec la technologie concernée.

Le contrat doit également prévoir le cas échéant les modalités d'assistance, tel le personnel envoyé sur place. La plupart des contrats omettent cet aspect pratique.

Après avoir identifié le bien cédé ainsi que le mode de transfert, quelques vérifications doivent être néanmoins effectuées préalablement à toute signature.

En effet, les parties vérifieront si une personne physique ou morale n'a pas déjà un droit sur la technologie transférée, ou si un concurrent n'utilise pas cette même technologie (la protection par brevet serait alors refusée).

1. Étienne DUBREUIL, de l'étude HEENAN, BLAIKIE.

**Exemples de collaborations technologiques**

Les collaborations entre partenaires de technologies peuvent se réaliser de différentes manières.

Il est possible de créer une structure juridique, joint-venture ou consortium, prévue contractuellement en vue de mettre en commun des moyens et des ressources afin de développer une activité commune.

Le consortium RENAULT NISSAN n'est ni une fusion ni une acquisition. Carlos GHOSN déclarait : *« dès le début, la décision de former une alliance était moins une décision financière que d'ordre stratégique, déterminante pour l'avenir de chacun des partenaires. Sa structure même illustre bien la relation entre les deux entreprises. NISSAN et RENAULT ont des atouts complémentaires (...) ».*

L'alliance RENAULT et NISSAN repose, en effet, sur trois grands principes dont l'un consiste à utiliser la forte complémentarité de leurs savoir-faire. RENAULT bénéficie de l'expertise de NISSAN dans les modes de production et lui apporte son expérience du marketing, du design, de la stratégie de plates-formes ou du financement des ventes et des services.

Certains groupes d'entreprises formeront un centre de recherche commun, souvent associé à des instituts et des universités.

Par exemple, en Europe, il existe le centre de recherche commun dénommé « European computer industry research center » (ECRC) qui regroupe les firmes BULL, ICL et SIEMENS autour de la recherche en intelligence artificielle.

La collaboration peut également se réaliser par l'intermédiaire de pools qui regroupent un certain nombre de titulaires de titres de propriété industrielle. Les membres s'associent afin d'offrir un guichet unique pour l'accès à une technologie. Ils s'accordent contractuellement sur les tarifs des licences proposées, sur le partage des revenus et sur la société représentante du pool.

C'est le cas du pool MPEG2 dont l'objectif est d'assurer le développement et l'interopérabilité de la vidéo digitale. Ce pool comprend environ 558 licenciés pour 525 brevets essentiels[1].

FRANCE TÉLÉCOM détient par exemple un brevet pour une technologie utilisée dans toutes les versions de MPEG Vidéo qui porte sur un codage par transformation pour la transmission d'un signal d'image.

## 4. Dangers de l'alliance

Une alliance porte parfois des conséquences juridiques qui n'avaient pas été imaginées par les parties.

**Une alliance est un mariage qui peut mal tourner ! Il faut prévoir le divorce.**

Ces dernières découvrent alors, qu'en application de la théorie des sociétés de fait, elles peuvent se retrouver responsables de pertes, ou doivent reprendre des salariés.

1. www.thomson.net.

### *4.1. La société de fait*[1]

La manière de travailler dans une alliance, les documents qui ont été échangés entre les parties, peuvent révéler l'existence d'une société de fait ou d'une société en participation.

**Il arrive que des entreprises pensent simplement recevoir une participation aux bénéfices d'une autre, et se trouvent associées aux pertes sans en avoir eu conscience dès l'origine.**

Les conséquences sont redoutables puisque les parties vont devoir notamment supporter ensemble d'éventuelles pertes.

La distinction avec la société en participation n'est pas toujours aisée, puisque cette dernière peut exister de manière ostensible sans être immatriculée. On pourra distinguer de la manière suivante : si les associés n'ont pas exprimé leur volonté de constituer une société mais que celle-ci résulte de leur simple comportement, il s'agit d'une société créée de fait ; alors qu'il s'agit d'une société en participation si la société a été créée volontairement par les associés même s'ils n'ont pas rédigé d'écrit.

Ces deux sociétés sont donc examinées simultanément.

La société créée de fait est la situation dans laquelle deux ou plusieurs personnes « *se sont comportées en fait comme des associés sans avoir exprimé la volonté de créer une société* ». Cette société est donc le fruit d'un comportement que des personnes (concubins, entreprises travaillant ensemble...) ont adopté entre elles et vis-à-vis des tiers, et qui reçoit après coup la qualification de société de la part des tribunaux ou de l'administration fiscale.

Pour reconnaître l'existence d'une société créée de fait, il faut prouver la réunion des trois éléments caractéristiques du contrat de société :

- l'existence d'apports réalisés par les associés,
- la participation aux bénéfices et aux pertes,
- et l'*affectio sociétatis.*

La qualification de la société créée de fait, c'est-à-dire la reconnaissance concrète de l'existence d'une société, intervient le plus fréquemment à l'occasion d'un litige : soit entre associés eux mêmes, soit avec des tiers.

1. Source dictionnaire JOLY de droit des sociétés.

La société créée de fait suit le même régime juridique et fiscal que la société en participation. Les associés sont indéfiniment responsables et, si l'activité de la société est commerciale, leur responsabilité est solidaire. C'est pour bénéficier de cette solidarité que les tiers invoquent l'existence d'une société de fait ; ainsi, les créanciers soutiennent souvent qu'il y a société créée de fait entre leur débiteur et une autre personne pour pouvoir réclamer paiement à cette dernière.

La société est dissoute lorsque l'un de ses éléments constitutifs disparaît. Chaque associé reprend alors ses apports. Les biens acquis pendant le fonctionnement de la société sont indivis, et peuvent être partagés ou maintenus en indivision.

Les exemples les plus fréquents de sociétés créées de fait concernent les situations entre époux ou concubins. Ainsi, en cas de divorce de deux conjoints mariés sous le régime de séparation des biens, l'un d'eux, ayant participé à l'entreprise personnelle de l'autre, demande une participation à la plus value que son travail a apporté en invoquant la dissolution d'un société créée de fait.

En principe, il appartient à celui qui invoque l'existence d'une société créée de fait de rapporter la preuve de son existence.

### 4.1.1. L'existence d'apports

Chaque associé doit réaliser un apport : il peut s'agir d'un apport en numéraire, en nature ou en industrie.

Les biens apportés en numéraire et en nature ne deviennent jamais la propriété de la société puisque, dépourvue de personnalité morale, elle n'a pas de patrimoine propre. Les associés ne concèdent donc que la jouissance des biens.

### 4.1.2. Volonté de partager les bénéfices et les pertes

Il faut que les associés aient la volonté de participer aux bénéfices et aux pertes de l'exploitation.

Il y a contrat de prêt et non contrat de société, si l'aléa concerne uniquement le remboursement des intérêts et non celui du capital, car il n'y a pas de réelle participation aux pertes. La participation aux bénéfices et aux pertes doit se faire dans le but de participer à une œuvre commune.

Ainsi, si deux professionnels acquièrent ensemble un local pour l'exercice de manière autonome de leur activité professionnelle et qu'ils prévoient une répartition des clients et des frais afférents au local, ils ne caractérisent pas la participation effective à la réalisation d'une œuvre commune.

### 4.1.3. L'affectio sociétatis

En principe, il s'agit de la volonté de collaborer, sur un pied d'égalité, à l'œuvre commune. Mais dans le cadre d'une société créée de fait, les associés n'ont pas exprimé la volonté de s'associer ; l'*affectio sociétatis* prend donc une coloration particulière, les juges recherchant plutôt la participation effective à une activité commune.

Par exemple, la collaboration donnée par une personne à une autre dans l'exercice de son commerce (Cass. com., 18 juillet 1977) peut constituer l'*affectio sociétatis.*

L'ARIANE est une association 1901 qui fonctionne comme bien d'autres associations.

Elle décide de publier une revue et de la diffuser auprès de ses adhérents qui sont au nombre d'un millier.

Toutefois, les dirigeants de l'association tous bénévoles, pris par d'autres activités professionnelles ne veulent pas gérer eux-mêmes la revue. À ce manque de disponibilité, vient s'ajouter un problème fiscal : la revue risque de générer des recettes dont le montant sera supérieur au seuil de non-assujettissement à l'impôt sur les sociétés et à la TVA qui est de 60 000 euros.

Les dirigeants de l'ARIANE décident donc de mettre « en régie », leur revue auprès d'une société spécialisée, la société de presse et de communication, désignée par son nom commercial « PRESCO ».

L'accord est simple :

> Il est convenu que l'ARIANE verse pendant les deux premières années une somme de 10 000 euros chaque année. Bien que cela ne soit pas indiqué contractuellement, cette somme est destinée à amortir les frais de lancement (élaboration de la chartre graphique, frais de publicité).
>
> En outre, l'ARIANE s'engage à fournir à la société PRESCO au moins 30 % de la matière rédactionnelle et à diffuser les offres d'abonnement auprès de ses membres, abonnements qu'elle collecte pour le compte de PRESCO.
>
> Pour sa part, PRESCO doit s'engager à éditer une revue en au moins 2 000 exemplaires.
>
> Les parties conviennent que la société PRESCO sera chargée de trouver des annonceurs dont les publicités devraient financer la revue.
>
> ***In extremis***, le président d'ARIANE obtient que si le compte d'exploitation de la revue est bénéficiaire, l'association recevrait 25 % des bénéfices. En contrepartie, PRESCO obtient une prise en charge partielle des déficits.

L'alliance semble idyllique sur le papier. La réalité montre qu'il n'en est rien. En effet, la société PRESCO engage des investissements disproportionnés par rapport à la revue qui doit être lancée. Après 18 mois d'exercice, elle est déclarée en état de liquidation judiciaire.

Le liquidateur à la lecture du contrat de partenariat avec ARIANE en déduit qu'il s'agit d'un contrat de société et qu'en conséquence l'association doit contribuer aux pertes.

Les tribunaux retiennent son hypothèse et l'association ARIANE lourdement condamnée doit, à son tour, faire l'objet d'une procédure de redressement judiciaire.

### *4.2. L'article L. 122-12 du code du travail*

La plupart des chefs d'entreprise et des dirigeants connaissent bien l'article L. 122-12 du code du travail.

Cet article stipule que « *s'il survient une modification dans la situation juridique de l'employeur, notamment par succession, vente, fusion, transformation du fonds, mise en société, tous les contrats de travail en cours au jour de la modification subsistent entre le nouvel employeur et le personnel de l'entreprise.* »

Dès lors, à supposer qu'il y ait une entité commune créée pour l'alliance, ou si une entreprise externalise un service entier, la question se pose de savoir si cet article peut s'appliquer lorsque l'entreprise se réorganisera.

**Le sort du personnel en fin d'alliance est une question majeure.**

**Il est parfois possible d'échapper à l'article 122-12, en sachant organiser convenablement le transfert d'activité.**

L'application de l'article L. 122-12 suppose ainsi la réunion de deux conditions cumulatives :

- Le transfert doit porter sur une entité économique autonome définie comme un ensemble organisé de personnes et d'éléments corporels ou incorporels permettant l'exercice d'une activité économique qui poursuit un objectif propre. Cette entité doit se maintenir après le transfert.
  Constitue une entité économique, un ensemble organisé de personnes et d'éléments corporels ou incorporels, permettant l'exercice d'une activité économique qui poursuit un objectif propre[1].
  La nature et l'importance des moyens d'exploitation peuvent différer considérablement d'un cas à l'autre, suivant l'activité sur laquelle porte le transfert.
  Il peut s'agir d'éléments corporels (bâtiments, ateliers, terrains, équipements, matériel, stock, outillage...) ou incorporels (clientèle, droits sur une marque, reprise d'un bail commercial...).
- L'entité ainsi transférée doit conserver son identité chez le nouvel exploitant.
- Si cette condition fait défaut, l'article L. 122 12 ne peut s'appliquer. Dès lors, une entreprise, qui après avoir externalisé, par exemple son service informatique, voudrait confier ce service à un autre exploitant devrait faire en sorte que ce service soit repris par plusieurs exploitants.

---

1. Cass. soc., 7 juillet 1998 n° 4069 PB, Mutuelle générale de l'Éducation nationale (MGEN) c/ CPAM de Paris et autres : RJS 11/98 n° 1346, Bull. civ. V n° 363. Cités par Francis LEFEBVRE.

## CHAPITRE 13

# Critères de choix de la forme juridique des alliances

Beaucoup de praticiens comparent une alliance avec une relation de couple.

La comparaison n'est pas fausse.

- Il y a certaines alliances qui sont conclues pour ne pas durer, un peu comme des personnes forment un couple et viennent à habiter ensemble, sans formaliser leurs liens qu'elles savent éphémères.
Dès lors, dans la plupart des cas, l'alliance se fait par le biais d'un contrat sans constitution d'une société ou d'un groupement comportant la personnalité morale.
Il y a d'autres alliances qui sont pérennes. Une forme sociétaire est alors préférable.
- Certaines structures créent ou peuvent créer entre les membres de l'alliance une solidarité financière. C'est alors une sorte de communauté universelle qui fait peur à beaucoup d'entreprises.
Les grands groupes aux assises solides, n'hésitent pas à recourir à ce type de structures (par exemple, les GIE ou GEIE). En revanche, les PME sont frileuses, de peur que ce régime de communauté ne devienne un jour un régime de communauté universelle, où l'ensemble des biens des membres peut être mis en péril.
- Enfin, tout contrat de mariage prévoit la manière dont sont répartis les biens lors de la dissolution de la communauté, soit par décès ou divorce. Les contrats d'alliances doivent faire de même en réglant dès l'origine le sort de tout ce qui est propriété intellectuelle, ou le transfert éventuel des personnels lorsque l'objet de l'alliance est accompli.

**Les critères qui permettent d'organiser juridiquement l'alliance sont : la durée, les relations de pouvoirs, les problèmes de solidarité, la sortie de l'alliance.**

# Conclusion

Après près de deux ans de recherches, rencontres et analyses, l'actualité vient, pour une des plus grandes sociétés mondiales, de souligner l'importance du droit dans la gestion des entreprises.

Début 2004, la société COCA-COLA projette de lancer une nouvelle eau minérale, « Dasani » sur un marché très encombré. Ses dirigeants rêvent « *d'une blitzkrieg fondée sur un marketing attractif puissant, susceptible de bousculer les positions détenues par les empires NESTLE et DANONE*[1]. »

Le lancement doit s'opérer à l'échelon européen, avec un démarrage de l'opération en Angleterre.

Et l'opération s'arrête brutalement pour deux raisons :

- Une raison marketing ainsi que le souligne le journal *Challenges*[2] « *Lorsqu'il allume la télévision, dans sa chambre d'hôtel à Londres, ce lundi 1er mars, Frits VAN DIJK, le patron de NESTLE WATERS, manque de s'étouffer. Le reportage de la BBC sur Dasani est ravageur. Pendant près de deux minutes, Nicola CARLSHAW, la journaliste responsable de la consommation sur la chaîne de télévision, descend méthodiquement Dasani : « COCA-COLA prétend pouvoir vendre de l'eau du robinet 3 000 % plus cher sous prétexte qu'elle est dans une bouteille en plastique ». Puis, un verre à la main, Mike MORAN, le directeur de THAMES WATER, qui fournit l'eau à l'usine de COCA-COLA dans le Kent, enfonce le clou. « La nôtre est aussi pure que Dasani, et en plus elle est bonne », lance-t-il avant d'avaler le*

**Rien ne sert d'avoir des produits innovants, une approche marketing ambitieuse, des projets qui pourraient apporter un succès commercial à l'entreprise, si le facteur juridique n'est pas pris en compte.**

**Les entreprises commencent à le savoir à leurs dépens.**

1. http://www.lexpansion.com/art/2373.74460.0.html.
2. *Challenges* avril 2004 – n° 221.

*breuvage comme si c'était une pinte de bière. Depuis la veille, les tabloïds anglais se sont emparés du sujet. Tous semblent découvrir ce que* COCA-COLA *n'a jamais caché. « Il n'y a pas d'explication réelle, analyse Bill* BRUCE, *rédacteur en chef de la revue Bottled Water World. Simplement, peut-être, l'article d'un journal professionnel, The Grocer, publié le 29 février, qui parlait pour la première fois d'eau du robinet traitée ». Évidemment, la nouvelle ne tarde pas à traverser la Channel. Amplifiée et déformée. Un reportage au JT de TF 1 montre une bouteille de Dasani remplie par un vulgaire robinet. Panique au siège de* COCA-COLA. *« On est en train de "traquer" [sic] les consommateurs pour voir quel est l'impact ici, explique un responsable. Heureusement, il nous reste six semaines avant le lancement ». Sur les ondes d'Europe 1, Éric* LAURENCIER, *le directeur adjoint de la communication, se veut rassurant : « Ce qui va être lancé en France sera effectivement une boisson à l'eau minérale naturelle [...] En provenance de la source Astrid en Belgique », explique-t-il. « Ce qui revient à dire que ce qui était de l'eau du robinet britannique pour le marché anglais est une eau de source belge pour la France ? » rétorque Yves* CALVI *».*

Compte tenu de son importance et des moyens dont elle dispose la société COCA-COLA aurait sans doute pu redresser la situation commercialement. Mais le coup de grâce lui fut porté pour ne pas avoir respecté des règles impératives.

- Une raison juridique
  La boisson contient un taux de bromates supérieur au niveau autorisé. De ce fait, elle est interdite de commercialisation...
  Nul n'est censé ignorer la loi.

Les exemples de ce type sont, hélas, nombreux.

Ils montrent que la stratégie et l'intelligence juridique doivent encore acquérir leurs lettres de noblesse.

Ce livre devrait être d'une aide pour tous les chefs d'entreprise.

# Annexes

## ANNEXE 1

# Textes sur la discrimination

**Art. L. 122-45 du code du travail – (L. n° 2001-1066, 16 nov. 2001) :** Aucune personne ne peut être écartée d'une procédure de recrutement ou de l'accès à un stage ou à une période de formation en entreprise, aucun salarié ne peut être sanctionné, licencié ou faire l'objet d'une mesure discriminatoire, directe ou indirecte, notamment en matière de rémunération, de formation, de reclassement, d'affectation, de qualification, de classification, de promotion professionnelle, de mutation ou de renouvellement de contrat en raison de son origine, de son sexe, de ses mœurs, de son orientation sexuelle, de son âge, de sa situation de famille, (L. n° 2002-303, 4 mars 2002) « de ses caractéristiques génétiques », de son appartenance ou de sa non-appartenance, vraie ou supposée, à une ethnie, une nation ou une race, de ses opinions politiques, de ses activités syndicales ou mutualistes, de ses convictions religieuses, de son apparence physique, de son patronyme ou, sauf inaptitude constatée par le médecin du travail dans le cadre du titre IV du livre II du présent code, en raison de son état de santé ou de son handicap.

Aucun salarié ne peut être sanctionné, licencié ou faire l'objet d'une mesure discriminatoire visée à l'alinéa précédent en raison de l'exercice normal du droit de grève.

Aucun salarié ne peut être sanctionné, licencié ou faire l'objet d'une mesure discriminatoire pour avoir témoigné des agissements définis aux alinéas précédents ou pour les avoir relatés.

En cas de litige relatif à l'application des alinéas précédents, le salarié concerné ou le candidat à un recrutement, à un stage ou à une période de formation en entreprise présente des éléments de fait laissant supposer l'existence d'une discrimination directe ou indirecte. Au vu de ces éléments, il incombe à la partie défenderesse de prouver que sa décision est justifiée par des éléments objectifs étrangers à toute discrimination. Le juge forme sa conviction après avoir ordonné, en cas de besoin, toutes les mesures d'instruction qu'il estime utiles.

Toute disposition ou tout acte contraire à l'égard d'un salarié est nul de plein droit.

**Art. L. 123-1 :** Sous réserve des dispositions particulières du présent code et sauf si l'appartenance à l'un ou l'autre sexe est la condition déterminante de l'exercice d'un emploi ou d'une activité professionnelle, l'employeur ou son représentant ne peut :

a) mentionner ou faire mentionner dans une offre d'emploi, quels que soient les caractères du contrat de travail envisagé, ou dans toute autre forme de publicité relative à une embauche, le sexe ou la situation de famille du candidat recherché ;
b) refuser d'embaucher une personne, prononcer une mutation, résilier ou refuser de renouveler le contrat de travail d'un salarié en considération du sexe ou de la situation de famille ou sur la base de critères de choix différents selon le sexe ou la situation de famille ;
c) prendre en considération du sexe toute mesure, notamment en matière de rémunération, de formation, d'affectation, de qualification, de classification, de promotion professionnelle ou de mutation.

**(L. n° 2001-1066, 16 nov. 2001).** En cas de litige relatif à l'application du présent article, le salarié concerné ou le candidat à un recrutement présente des éléments de fait laissant supposer l'existence d'une discrimination, directe ou indirecte, fondée sur le sexe ou la situation de famille. Au vu de ces éléments, il incombe à la partie défenderesse de prouver que sa décision est justifiée par des éléments objectifs étrangers à toute discrimination. Le juge forme sa conviction après avoir ordonné, en cas de besoin, toutes les mesures d'instruction qu'il estime utiles.

Un décret en Conseil d'État détermine, après avis des organisations d'employeurs et de salariés les plus représentatives au niveau national, la liste des emplois et des activités professionnelles pour l'exercice.

**Article 225-1 du code pénal :**
Constitue une discrimination toute distinction opérée entre les personnes physiques à raison de leur origine, de leur sexe, de leur situation de famille, de leur apparence physique, de leur patronyme, de leur état de santé, de leur handicap, de leurs caractéristiques génétiques, de leurs mœurs, de leur orientation sexuelle, de leur âge, de leurs opinions politiques, de leurs activités syndicales, de leur appartenance ou de leur non-appartenance, vraie ou supposée, à une ethnie, une nation, une race ou une religion déterminée.
Constitue également une discrimination toute distinction opérée entre les personnes morales à raison de l'origine, du sexe, de la situation de famille, de l'apparence physique, du patronyme, de l'état de santé, du handicap, des caractéristiques génétiques, des mœurs, de l'orientation sexuelle, de l'âge, des opinions politiques, des activités syndicales, de l'appartenance ou de la non-appartenance, vraie ou supposée, à une ethnie, une nation, une race ou une religion déterminée des membres ou de certains membres de ces personnes morales.

**Article 225-2 :**
La discrimination définie à l'article 225-1, commise à l'égard d'une personne physique ou morale, est punie de deux ans d'emprisonnement et de 30 000 euros d'amende lorsqu'elle consiste :

1° À refuser la fourniture d'un bien ou d'un service ;
2° À entraver l'exercice normal d'une activité économique quelconque ;

3° À refuser d'embaucher, à sanctionner ou à licencier une personne ;
4° À subordonner la fourniture d'un bien ou d'un service à une condition fondée sur l'un des éléments visés à l'article 225-1 ;
5° À subordonner une offre d'emploi, une demande de stage ou une période de formation en entreprise à une condition fondée sur l'un des éléments visés à l'article 225-1 ;
6° À refuser d'accepter une personne à l'un des stages visés par le 2° de l'article L. 412-8 du code de la sécurité sociale.

## ANNEXE 2

# Loi sur la sécurité des produits

**Article 1386-1** (inséré par loi n° 98-389 du 19 mai 1998 art. 1 et art. 2 Journal Officiel du 21 mai 1998) :

Le producteur est responsable du dommage causé par un défaut de son produit, qu'il soit ou non lié par un contrat avec la victime.

**Article 1386-2** (inséré par loi n° 98-389 du 19 mai 1998 art. 1 et art. 3 Journal Officiel du 21 mai 1998) :

Les dispositions du présent titre s'appliquent à la réparation du dommage qui résulte d'une atteinte à la personne ou à un bien autre que le produit défectueux lui-même.

**Article 1386-3** (inséré par loi n° 98-389 du 19 mai 1998 art. 1 et art. 4 Journal Officiel du 21 mai 1998) :

Est un produit tout bien meuble, même s'il est incorporé dans un immeuble, y compris les produits du sol, de l'élevage, de la chasse et de la pêche. L'électricité est considérée comme un produit.

**Article 1386-4** (inséré par loi n° 98-389 du 19 mai 1998 art. 1 et art. 5 Journal Officiel du 21 mai 1998) :

Un produit est défectueux au sens du présent titre lorsqu'il n'offre pas la sécurité à laquelle on peut légitimement s'attendre.

Dans l'appréciation de la sécurité à laquelle on peut légitimement s'attendre, il doit être tenu compte de toutes les circonstances et notamment de la présentation du produit, de l'usage qui peut en être raisonnablement attendu et du moment de sa mise en circulation.

Un produit ne peut être considéré comme défectueux par le seul fait qu'un autre, plus perfectionné, a été mis postérieurement en circulation.

**Article 1386-5** (inséré par loi n° 98-389 du 19 mai 1998 art. 1 et art. 6 Journal Officiel du 21 mai 1998) :

Un produit est mis en circulation lorsque le producteur s'en est dessaisi volontairement.
Un produit ne fait l'objet que d'une seule mise en circulation.

**Article 1386-6** (inséré par loi n° 98-389 du 19 mai 1998 art. 1 et art. 7 Journal Officiel du 21 mai 1998) :

Est producteur, lorsqu'il agit à titre professionnel, le fabricant d'un produit fini, le producteur d'une matière première, le fabricant d'une partie composante.
Est assimilée à un producteur pour l'application du présent titre toute personne agissant à titre professionnel :

1° Qui se présente comme producteur en apposant sur le produit son nom, sa marque ou un autre signe distinctif ;
2° Qui importe un produit dans la Communauté européenne en vue d'une vente, d'une location, avec ou sans promesse de vente, ou de toute autre forme de distribution.
Ne sont pas considérées comme producteurs, au sens du présent titre, les personnes dont la responsabilité peut être recherchée sur le fondement des articles 1792 à 1792-6 et 1646-1.

**Article 1386-7** (inséré par loi n° 98-389 du 19 mai 1998 art. 1 et art. 7 Journal Officiel du 21 mai 1998) :

Le vendeur, le loueur, à l'exception du crédit-bailleur ou du loueur assimilable au crédit-bailleur, ou tout autre fournisseur professionnel est responsable du défaut de sécurité du produit dans les mêmes conditions que le producteur.
Le recours du fournisseur contre le producteur obéit aux mêmes règles que la demande émanant de la victime directe du défaut. Toutefois, il doit agir dans l'année suivant la date de sa citation en justice.

**Article 1386-8** (inséré par loi n° 98-389 du 19 mai 1998 art. 1 et art. 9 Journal Officiel du 21 mai 1998) :

En cas de dommage causé par le défaut d'un produit incorporé dans un autre, le producteur de la partie composante et celui qui a réalisé l'incorporation sont solidairement responsables.

**Article 1386-9** (inséré par Loi n° 98-389 du 19 mai 1998 art. 1 et art. 10 Journal Officiel du 21 mai 1998) :

Le demandeur doit prouver le dommage, le défaut et le lien de causalité entre le défaut et le dommage.

**Article 1386-10** (inséré par loi n° 98-389 du 19 mai 1998 art. 1 et art. 11 Journal Officiel du 21 mai 1998) :

Le producteur peut être responsable du défaut alors même que le produit a été fabriqué dans le respect des règles de l'art ou de normes existantes ou qu'il a fait l'objet d'une autorisation administrative.

**Article 1386-11** (inséré par loi n° 98-389 du 19 mai 1998 art. 1 et art. 12 Journal Officiel du 21 mai 1998) :

Le producteur est responsable de plein droit à moins qu'il ne prouve :

1° Qu'il n'avait pas mis le produit en circulation ;

2° Que, compte tenu des circonstances, il y a lieu d'estimer que le défaut ayant causé le dommage n'existait pas au moment où le produit a été mis en circulation par lui ou que ce défaut est né postérieurement ;

3° Que le produit n'a pas été destiné à la vente ou à toute autre forme de distribution ;

4° Que l'état des connaissances scientifiques et techniques, au moment où il a mis le produit en circulation, n'a pas permis de déceler l'existence du défaut ;

5° Ou que le défaut est dû à la conformité du produit avec des règles impératives d'ordre législatif ou réglementaire.

Le producteur de la partie composante n'est pas non plus responsable s'il établit que le défaut est imputable à la conception du produit dans lequel cette partie a été incorporée ou aux instructions données par le producteur de ce produit.

**Article 1386-12** (inséré par loi n° 98-389 du 19 mai 1998 art. 1 et art. 13 Journal Officiel du 21 mai 1998) :

Le producteur ne peut invoquer la cause d'exonération prévue au 4° de l'article 1386-11 lorsque le dommage a été causé par un élément du corps humain ou par les produits issus de celui-ci.

Le producteur ne peut invoquer les causes d'exonération prévues aux 4° et 5° de l'article 1386-11 si, en présence d'un défaut qui s'est révélé dans un délai de dix ans après la mise en circulation du produit, il n'a pas pris les dispositions propres à en prévenir les conséquences dommageables.

**Article 1386-13** (inséré par loi n° 98-389 du 19 mai 1998 art. 1 et art. 15 Journal Officiel du 21 mai 1998) :

La responsabilité du producteur peut être réduite ou supprimée, compte tenu de toutes les circonstances, lorsque le dommage est causé conjointement par un défaut du produit et par la faute de la victime ou d'une personne dont la victime est responsable.

**Article 1386-14** (inséré par loi n° 98-389 du 19 mai 1998 art. 1 et art. 16 Journal Officiel du 21 mai 1998) :

La responsabilité du producteur envers la victime n'est pas réduite par le fait d'un tiers ayant concouru à la réalisation du dommage.

**Article 1386-15** (inséré par loi n° 98-389 du 19 mai 1998 art. 1 et art. 17 Journal Officiel du 21 mai 1998) :

Les clauses qui visent à écarter ou à limiter la responsabilité du fait des produits défectueux sont interdites et réputées non écrites.

Toutefois, pour les dommages causés aux biens qui ne sont pas utilisés par la victime principalement pour son usage ou sa consommation privée, les clauses stipulées entre professionnels sont valables.

**Article 1386-16** (inséré par loi n° 98-389 du 19 mai 1998 art. 1 et art. 18 Journal Officiel du 21 mai 1998) :

Sauf faute du producteur, la responsabilité de celui-ci, fondée sur les dispositions du présent titre, est éteinte dix ans après la mise en circulation du produit même qui a causé le dommage à moins que, durant cette période, la victime n'ait engagé une action en justice.

**Article 1386-17** (inséré par loi n° 98-389 du 19 mai 1998 art. 1 et art. 19 Journal Officiel du 21 mai 1998) :

L'action en réparation fondée sur les dispositions du présent titre se prescrit dans un délai de trois ans à compter de la date à laquelle le demandeur a eu ou aurait dû avoir connaissance du dommage, du défaut et de l'identité du producteur.

**Article 1386-18** (inséré par loi n° 98-389 du 19 mai 1998 art. 1 et art. 20 Journal Officiel du 21 mai 1998) :

Les dispositions du présent titre ne portent pas atteinte aux droits dont la victime d'un dommage peut se prévaloir au titre du droit de la responsabilité contractuelle ou extracontractuelle ou au titre d'un régime spécial de responsabilité.

Le producteur reste responsable des conséquences de sa faute et de celle des personnes dont il répond.

## ANNEXE 3

# Textes sur le GIE

### CODE DE COMMERCE
### (Partie Législative)

### *Chapitre 1er : Du groupement d'intérêt économique de droit français*

**Article L. 251-1 :**

Deux ou plusieurs personnes physiques ou morales peuvent constituer entre elles un groupement d'intérêt économique pour une durée déterminée.

Le but du groupement est de faciliter ou de développer l'activité économique de ses membres, d'améliorer ou d'accroître les résultats de cette activité. Il n'est pas de réaliser des bénéfices pour lui-même.

Son activité doit se rattacher à l'activité économique de ses membres et ne peut avoir qu'un caractère auxiliaire par rapport à celle-ci.

**Article L. 251-2 :**

Les personnes exerçant une profession libérale soumise à un statut législatif ou réglementaire ou dont le titre est protégé peuvent constituer un groupement d'intérêt économique ou y participer.

**Article L. 251-3 :**

Le groupement d'intérêt économique peut être constitué sans capital.

Les droits de ses membres ne peuvent être représentés par des titres négociables. Toute clause contraire est réputée non écrite.

**Article L. 251-4 :**

Le groupement d'intérêt économique jouit de la personnalité morale et de la pleine capacité à dater de son immatriculation au registre du commerce et des sociétés, sans que cette immatriculation emporte présomption de commercialité du groupement. Le groupement d'intérêt économique dont l'objet est commercial peut faire de

manière habituelle et à titre principal tous actes de commerce pour son propre compte. Il peut être titulaire d'un bail commercial.
Les personnes qui ont agi au nom d'un groupement d'intérêt économique en formation avant qu'il ait acquis la jouissance de la personnalité morale sont tenues, solidairement et indéfiniment, des actes ainsi accomplis, à moins que le groupement, après avoir été régulièrement constitué et immatriculé, ne reprenne les engagements souscrits. Ces engagements sont alors réputés avoir été souscrits dès l'origine par le groupement.

**Article L. 251-5** (loi n° 2003-7 du 3 janvier 2003 art. 50 II Journal Officiel du 4 janvier 2003) :

La nullité du groupement d'intérêt économique ainsi que des actes ou délibérations de celui-ci ne peut résulter que de la violation des dispositions impératives du présent chapitre, ou de l'une des causes de nullité des contrats en général.
L'action en nullité est éteinte lorsque la cause de la nullité a cessé d'exister le jour où le tribunal statue sur le fond en première instance, sauf si cette nullité est fondée sur l'illicéité de l'objet du groupement.
Les articles 1844-12 à 1844-17 du code civil sont applicables aux groupements d'intérêt économique.

**Article L251-6 :**

Les membres du groupement sont tenus des dettes de celui-ci sur leur patrimoine propre. Toutefois, un nouveau membre peut, si le contrat le permet, être exonéré des dettes nées antérieurement à son entrée dans le groupement. La décision d'exonération doit être publiée. Ils sont solidaires, sauf convention contraire avec le tiers cocontractant.
Les créanciers du groupement ne peuvent poursuivre le paiement des dettes contre un membre qu'après avoir vainement mis en demeure le groupement par acte extrajudiciaire.

**Article L251-7 :**

Le groupement d'intérêt économique peut émettre des obligations, aux conditions générales d'émission de ces titres par les sociétés, s'il est lui-même composé exclusivement de sociétés qui satisfont aux conditions prévues par le présent livre pour l'émission d'obligations.
Le groupement d'intérêt économique peut également émettre des obligations aux conditions générales d'émission de ces titres prévues par la loi n° 85-698 du 11 juillet 1985 autorisant l'émission de valeurs mobilières par certaines associations s'il est lui-même composé exclusivement d'associations qui satisfont aux conditions prévues par cette loi pour l'émission d'obligations.

**Article L251-8 :**

I. - Le contrat de groupement d'intérêt économique détermine l'organisation du groupement, sous réserve des dispositions du présent chapitre. Il est établi par écrit et publié selon les modalités fixées par décret en Conseil d'État.

II. - Le contrat contient notamment les indications suivantes :

1° La dénomination du groupement ;

2° Les nom, raison sociale ou dénomination sociale, la forme juridique, l'adresse du domicile ou du siège social et, s'il y a lieu, le numéro d'identification de chacun des membres du groupement, ainsi que, selon le cas, la ville où se situe le greffe où il est immatriculé ou la ville où se situe la chambre des métiers où il est inscrit ;

3° La durée pour laquelle le groupement est constitué ;

4° L'objet du groupement ;

5° L'adresse du siège du groupement.

III. - Toutes les modifications du contrat sont établies et publiées dans les mêmes conditions que le contrat lui-même. Elles ne sont opposables aux tiers qu'à dater de cette publicité.

**Article L. 251-9 :**

Le groupement, au cours de son existence, peut accepter de nouveaux membres dans les conditions fixées par le contrat constitutif.

Tout membre du groupement peut se retirer dans les conditions prévues par le contrat, sous réserve qu'il ait exécuté ses obligations.

**Article L. 251-10 :**

L'assemblée des membres du groupement est habilitée à prendre toute décision, y compris de dissolution anticipée ou de prorogation, dans les conditions déterminées par le contrat. Celui-ci peut prévoir que toutes les décisions ou certaines d'entre elles seront prises aux conditions de quorum et de majorité qu'il fixe. Dans le silence du contrat, les décisions sont prises à l'unanimité.

Le contrat peut aussi attribuer à chaque membre un nombre de voix différent de celui attribué aux autres. À défaut, chaque membre dispose d'une voix.

L'assemblée est obligatoirement réunie à la demande d'un quart au moins des membres du groupement.

**Article L. 251-11 :**

Le groupement est administré par une ou plusieurs personnes. Une personne morale peut être nommée administrateur du groupement sous réserve qu'elle désigne un représentant permanent, qui encourt les mêmes responsabilités civile et pénale que s'il était administrateur en son nom propre. Le ou les administrateurs du groupement, et le représentant permanent de la personne morale nommée administrateur sont responsables individuellement ou solidairement selon le cas, envers le groupement ou envers les tiers, des infractions aux dispositions législatives et réglementaires applicables aux groupements, de la violation des statuts du groupement, ainsi que de leurs fautes de gestion. Si plusieurs administrateurs ont coopéré aux mêmes faits, le tribunal détermine la part contributive de chacun dans la réparation du dommage. Sous cette réserve, le contrat de groupement ou, à défaut, l'assemblée des membres organise librement l'administration du groupement et

nomme les administrateurs dont il détermine les attributions, les pouvoirs et les conditions de révocation.
Dans les rapports avec les tiers, un administrateur engage le groupement par tout acte entrant dans l'objet de celui-ci. Toute limitation de pouvoirs est inopposable aux tiers.

**Article L. 251-12** (loi n° 2003-706 du 1 août 2003 art. 116 Journal Officiel du 2 août 2003) :

Le contrôle de la gestion, qui doit être confié à des personnes physiques, et le contrôle des comptes sont exercés dans les conditions prévues par le contrat constitutif du groupement.
Toutefois, lorsqu'un groupement émet des obligations dans les conditions prévues à l'article L. 251-7, le contrôle de la gestion doit être exercé par une ou plusieurs personnes physiques nommées par l'assemblée. La durée de leurs fonctions et leurs pouvoirs sont déterminés dans le contrat.
Le contrôle des comptes dans les groupements visés à l'alinéa précédent et dans les groupements qui comptent cent salariés ou plus à la clôture d'un exercice doit être exercé par un ou plusieurs commissaires aux comptes choisis sur la liste visée à l'article L. 822-1 et nommés par l'assemblée pour une durée de six exercices. Les dispositions du présent code concernant les incompatibilités, les pouvoirs, les fonctions, les obligations, la responsabilité, la récusation, la révocation, la rémunération du commissaire aux comptes des sociétés anonymes ainsi que les sanctions prévues par l'article L. 242-27 sont applicables aux commissaires des groupements d'intérêt économique, sous réserve des règles propres à ceux-ci.
Dans les cas prévus aux deux alinéas précédents, les dispositions des articles L. 242-25, L. 242-26 et. L. 242-28, L. 245-8 à L. 245-17 sont applicables aux dirigeants du groupement, aux personnes physiques dirigeants des sociétés membres ou représentants permanents des personnes morales dirigeants de ces sociétés.

**Article L. 251-13 :**

Dans les groupements qui répondent à l'un des critères définis à l'article L. 232-2, les administrateurs sont tenus d'établir une situation de l'actif réalisable et disponible, valeurs d'exploitation exclues, et du passif exigible, un compte de résultat prévisionnel, un tableau de financement en même temps que le bilan annuel et un plan de financement prévisionnel.
Un décret en Conseil d'État précise la périodicité, les délais et les modalités d'établissement de ces documents.

**Article L. 251-14 :**

Les documents visés à l'article L. 251-13 sont analysés dans des rapports écrits sur l'évolution du groupement établis par les administrateurs. Les documents et rapports sont communiqués au commissaire aux comptes et au comité d'entreprise.
En cas de non-observation des dispositions de l'article L. 251-13 et de l'alinéa précédent, ou si les informations données dans les rapports visés à l'alinéa précédent

appellent des observations de sa part, le commissaire aux comptes le signale dans un rapport aux administrateurs ou dans le rapport annuel. Il peut demander que son rapport soit adressé aux membres du groupement ou qu'il en soit donné connaissance à l'assemblée de ceux-ci. Ce rapport est communiqué au comité d'entreprise.

**Article L. 251-15 :**

Lorsque le commissaire aux comptes relève, à l'occasion de l'exercice de sa mission, des faits de nature à compromettre la continuité de l'exploitation du groupement, il en informe les administrateurs, dans des conditions qui sont fixées par décret en Conseil d'État. Ceux-ci sont tenus de lui répondre sous quinze jours. La réponse est communiquée au comité d'entreprise. Le commissaire aux comptes en informe le président du tribunal.

En cas d'inobservation de ces dispositions, ou s'il constate qu'en dépit des décisions prises la continuité de l'exploitation demeure compromise, le commissaire aux comptes établit un rapport spécial et invite par écrit les administrateurs à faire délibérer la prochaine assemblée générale sur les faits relevés. Ce rapport est communiqué au comité d'entreprise.

Si, à l'issue de la réunion de l'assemblée générale, le commissaire aux comptes constate que les décisions prises ne permettent pas d'assurer la continuité de l'exploitation, il informe de ses démarches le président du tribunal et lui en communique les résultats.

**Article L. 251-16 :**

Le comité d'entreprise ou, à défaut, les délégués du personnel exercent dans les groupements d'intérêt économique, les attributions prévues aux articles L. 422-4 et L. 432-5 du code du travail.

Les administrateurs communiquent au commissaire aux comptes les demandes d'explication formées par le comité d'entreprise ou les délégués du personnel, les rapports qui leur sont adressés et les réponses qu'ils ont faites en application des articles L. 422-4 et L. 432-5 du code du travail.

**Article L. 251-17** (ordonnance n° 2000-916 du 19 septembre 2000 art. 3 Journal Officiel du 22 septembre 2000 en vigueur le 1er janvier 2002) :

Les actes et documents émanant du groupement et destinés aux tiers, notamment les lettres, factures, annonces et publications diverses, doivent indiquer lisiblement la dénomination du groupement suivie des mots : « groupement d'intérêt économique » ou du sigle : « GIE ».

Toute infraction aux dispositions de l'alinéa ci-dessus est punie d'une amende de 3 750 euros.

**Article L. 251-18 :**

Toute société ou association dont l'objet correspond à la définition du groupement d'intérêt économique peut être transformée en un tel groupement sans donner lieu à dissolution ni à création d'une personne morale nouvelle.

Un groupement d'intérêt économique peut être transformé en société en nom collectif sans donner lieu à dissolution ni à création d'une personne morale nouvelle.

**Article L. 251-19 :**

Le groupement d'intérêt économique est dissous :

1° Par l'arrivée du terme ;
2° Par la réalisation ou l'extinction de son objet ;
3° Par la décision de ses membres dans les conditions prévues à l'article L. 251-10 ;
4° Par décision judiciaire, pour de justes motifs ;
5° Par le décès d'une personne physique ou par la dissolution d'une personne morale, membre du groupement, sauf stipulation contraire du contrat.

**Article L. 251-20** (loi n° 2003-7 du 3 janvier 2003 art. 50 II Journal Officiel du 4 janvier 2003) :

Si l'un des membres est frappé d'incapacité, de faillite personnelle ou de l'interdiction de diriger, gérer, administrer ou contrôler une entreprise commerciale, quelle qu'en soit la forme, ou une personne morale de droit privé non commerçante, le groupement est dissous, à moins que sa continuation ne soit prévue par le contrat ou que les autres membres ne la décident à l'unanimité.

**Article L. 251-21 :**

La dissolution du groupement d'intérêt économique entraîne sa liquidation. La personnalité du groupement subsiste pour les besoins de la liquidation.

**Article L. 251-22 :**

La liquidation s'opère conformément aux dispositions du contrat. À défaut, un liquidateur est nommé par l'assemblée des membres du groupement ou, si l'assemblée n'a pu procéder à cette nomination, par décision de justice.
Après paiement des dettes, l'excédent d'actif est réparti entre les membres dans les conditions prévues par le contrat. À défaut, la répartition est faite par parts égales.

**Article L. 251-23** (ordonnance n° 2000-916 du 19 septembre 2000 art. 3 Journal Officiel du 22 septembre 2000 en vigueur le 1er janvier 2002) (loi n° 2003-7 du 3 janvier 2003 art. 50 II Journal Officiel du 4 janvier 2003) :

L'appellation « groupement d'intérêt économique » et le sigle « GIE » ne peuvent être utilisés que par les groupements soumis aux dispositions du présent chapitre.
L'emploi illicite de cette appellation, de ce sigle ou de toute expression de nature à prêter à confusion avec ceux-ci est puni d'un emprisonnement d'un an et d'une amende de 6 000 euros.
Le tribunal peut, en outre, ordonner la publication du jugement, aux frais du condamné, dans trois journaux au maximum et son affichage dans les conditions prévues à l'article 131-35 du code pénal.

## Annexe 4

# Textes sur le GEIE

## CODE DE COMMERCE
## (Partie législative)

### *Chapitre II : Du groupement européen d'intérêt économique*

**Article L. 252-1 :**

Les groupements européens d'intérêt économique immatriculés en France au registre du commerce et des sociétés ont la personnalité juridique dès leur immatriculation.

**Article L. 252-2 :**

Les groupements européens d'intérêt économique ont un caractère civil ou commercial selon leur objet. L'immatriculation n'emporte pas présomption de commercialité d'un groupement.

**Article L. 252-3 :**

Les droits des membres du groupement ne peuvent être représentés par des titres négociables.

**Article L. 252-4 :**

Les décisions collégiales du groupement européen d'intérêt économique sont prises par l'assemblée des membres du groupement. Toutefois, les statuts peuvent stipuler que ces décisions, ou certaines d'entre elles, peuvent être prises sous forme de consultation écrite.

**Article L. 252-5 :**

Le ou les gérants d'un groupement européen d'intérêt économique sont responsables, individuellement ou solidairement selon le cas, envers le groupement ou envers les tiers, soit des infractions aux dispositions législatives ou réglementaires applicables au groupement, soit des violations des statuts, soit de leurs fautes de gestion. Si plusieurs gérants ont coopéré aux mêmes faits, le tribunal détermine la part contributive de chacun dans la réparation du dommage.

**Article L. 252-6 :**

Une personne morale peut être nommée gérant d'un groupement européen d'intérêt économique. Lors de sa nomination, elle est tenue de désigner un représentant permanent qui encourt les mêmes responsabilités civile et pénale que s'il était gérant en son nom propre, sans préjudice de la responsabilité solidaire de la personne morale qu'il représente.

**Article L. 252-7 :**

Les dispositions du chapitre précédent applicables aux groupements d'intérêt économique de droit français relatives aux obligations comptables, au contrôle des comptes et à la liquidation sont applicables aux groupements européens d'intérêt économique.

**Article L. 252-8 :**

Toute société ou association, tout groupement d'intérêt économique peut être transformé en un groupement européen d'intérêt économique sans donner lieu à dissolution ni à création d'une personne morale nouvelle.
Un groupement européen d'intérêt économique peut être transformé en un groupement d'intérêt économique de droit français ou une société en nom collectif, sans donner lieu à dissolution ni à création d'une personne morale nouvelle.

**Article L. 252-9 :**

La nullité du groupement européen d'intérêt économique ainsi que des actes ou délibérations de celui-ci ne peut résulter que de la violation des dispositions impératives du règlement n° 2137-85 du 25 juillet 1985 du Conseil des Communautés européennes, ou des dispositions du présent chapitre ou de l'une des causes de nullité des contrats en général.
L'action en nullité est éteinte lorsque la cause de la nullité a cessé d'exister le jour où le tribunal statue sur le fond en première instance, sauf si cette nullité est fondée sur l'illicéité de l'objet du groupement.
Il est fait application des articles 1844-12 à 1844-17 du code civil.

**Article L. 252-10** (ordonnance n° 2000-916 du 19 septembre 2000 art. 3 Journal Officiel du 22 septembre 2000 en vigueur le 1er janvier 2002) :

Les groupements européens d'intérêt économique ne peuvent, à peine de nullité des contrats conclus ou des titres émis, faire publiquement appel à l'épargne.
Est puni d'un emprisonnement de deux ans et d'une amende de 300 000 euros le fait, pour le ou les gérants d'un groupement européen d'intérêt économique ou le représentant permanent d'une personne morale gérant d'un groupement européen d'intérêt économique de faire appel public à l'épargne.

**Article L. 252-11 :**

L'utilisation dans les rapports avec les tiers de tous actes, lettres, notes et documents similaires ne comportant pas les mentions prescrites par l'article 25 du règlement n° 2137-85 du 25 juillet 1985 du Conseil des Communautés européennes est punie des peines prévues à l'article L. 251-17.

**Article L. 252-12 :**

L'appellation « groupement européen d'intérêt économique » et le sigle « GEIE » ne peuvent être utilisés que par les groupements soumis aux dispositions du règlement n° 2137-85 du 25 juillet 1985 du Conseil des Communautés européennes. L'emploi illicite de cette appellation ou de ce sigle ou de toute expression de nature à prêter à confusion avec ceux-ci est puni des peines prévues à l'article L. 251-23.

**Article L. 252-13 :**

Les articles L. 242-26 et L. 242-27 sont applicables aux commissaires aux comptes des groupements européens d'intérêt économique. Les articles L. 242-25 et L. 242-28 sont applicables aux dirigeants du groupement et aux personnes physiques qui dirigent des sociétés membres ou qui sont représentants permanents des personnes morales dirigeant ces sociétés.

## ANNEXE 5

# Textes sur la société européenne

Règlement (CE) n° 2157/2001 du Conseil du 8 octobre 2001 relatif au statut de la société européenne (SE).

**LE CONSEIL DE L'UNION EUROPÉENNE,**
vu le traité instituant la Communauté européenne, et notamment son article 308,
vu la proposition de la Commission (1),
vu l'avis du Parlement européen (2),
vu l'avis du Comité économique et social (3),
considérant ce qui suit :

(1) L'achèvement du marché intérieur et l'amélioration de la situation économique et sociale qu'il entraîne dans l'ensemble de la Communauté impliquent, outre l'élimination des entraves aux échanges, une adaptation des structures de production à la dimension de la Communauté. À cette fin, il est indispensable que les entreprises dont l'activité n'est pas limitée à la satisfaction de besoins purement locaux puissent concevoir et entreprendre la réorganisation de leurs activités au niveau communautaire.

(2) Une telle réorganisation suppose que les entreprises existantes d'États membres différents aient la faculté de mettre en commun leur potentiel par voie de fusion. De telles opérations ne peuvent être réalisées que dans le respect des règles de concurrence du traité.

(3) La réalisation d'opérations de restructuration et de coopération impliquant des entreprises d'États membres différents se heurte à des difficultés d'ordre juridique, psychologique et fiscal. Le rapprochement du droit des sociétés des États membres par voie de directives fondées sur l'article 44 du traité est de nature à remédier à certaines de ces difficultés. Ce rapprochement ne dispense toutefois pas les entreprises relevant de législations différentes de choisir une forme de société régie par une législation nationale déterminée.

(4) Le cadre juridique dans lequel les entreprises doivent exercer leurs activités dans la Communauté reste principalement fondé sur des législations nationa-

les et ne correspond donc plus au cadre économique dans lequel elles doivent se développer pour permettre la réalisation des objectifs énoncés à l'article 18 du traité. Cette situation entrave considérablement le regroupement entre sociétés d'États membres différents.

(5) Les États membres sont tenus de veiller à ce que les dispositions applicables aux sociétés européennes en vertu du présent règlement n'aboutissent ni à des discriminations résultant de l'application d'un traitement différent injustifié aux sociétés européennes par rapport aux sociétés anonymes, ni à des restrictions disproportionnées à la formation d'une société européenne ou au transfert de son siège statutaire.

(6) Il est essentiel de faire en sorte, dans toute la mesure du possible, que l'unité économique et l'unité juridique de l'entreprise dans la Communauté coïncident. Il convient à cet effet de prévoir la création, à côté des sociétés relevant d'un droit national donné, de sociétés dont la constitution et les activités sont régies par le droit résultant d'un règlement communautaire directement applicable dans tous les États membres.

(7) Les dispositions d'un tel règlement permettront la création et la gestion de sociétés de dimension européenne en dehors de toute entrave résultant de la disparité et de l'application territoriale limitée du droit national des sociétés.

(8) Le statut de la société anonyme européenne (ci-après dénommée « SE ») figure parmi les actes que le Conseil devait adopter avant 1992 aux termes du Livre blanc de la Commission sur l'achèvement du marché intérieur qui a été approuvé par le Conseil européen qui s'est réuni en juin 1985 à Milan. Lors de sa réunion de Bruxelles en 1987, le Conseil européen a manifesté le souhait qu'un tel statut soit rapidement mis en place.

(9) Depuis que la Commission a présenté, en 1970, une proposition, modifiée en 1975, de règlement portant un statut des sociétés anonymes européennes, les travaux portant sur le rapprochement du droit national des sociétés ont notablement progressé, de sorte que, dans des domaines où le fonctionnement d'une SE n'exige pas de règles communautaires uniformes, il peut être renvoyé à la législation régissant les sociétés anonymes de l'État membre du siège statutaire de la SE.

(10) L'objectif essentiel poursuivi par le régime juridique régissant la SE exige, au minimum, sans préjudice des nécessités économiques qui pourraient apparaître à l'avenir, qu'une SE puisse être constituée aussi bien pour permettre à des sociétés d'États membres différents de fusionner ou de créer une société holding que pour donner la possibilité à des sociétés et à d'autres personnes morales exerçant une activité économique et relevant du droit d'États membres différents de créer des filiales communes.

(11) Dans le même esprit, il convient de permettre à une société anonyme ayant son siège statutaire et son administration centrale dans la Communauté de se transformer en SE sans passer par une dissolution, à condition que cette société ait une filiale dans un État membre autre que celui de son siège statutaire.

(12) Les dispositions nationales applicables aux sociétés anonymes qui proposent leurs titres au public ainsi qu'aux transactions de titres doivent également

s'appliquer lorsque la SE est constituée par la voie d'une offre de titres au public ainsi qu'aux SE qui souhaitent faire usage de ce type d'instruments financiers.

(13) La SE elle-même doit avoir la forme d'une société de capitaux par actions, qui répond le mieux, du point de vue du financement et de la gestion, aux besoins d'une entreprise exerçant ses activités à l'échelle européenne. Pour assurer que ces sociétés ont une dimension raisonnable, il convient de fixer un capital minimum de sorte qu'elles disposent d'un patrimoine suffisant, sans pour autant entraver les constitutions de SE par des petites et moyennes entreprises.

(14) Une SE doit faire l'objet d'une gestion efficace et d'une surveillance adéquate. Il y a lieu de tenir compte du fait qu'il existe actuellement dans la Communauté deux systèmes différents pour ce qui concerne l'administration des sociétés anonymes. Il convient, tout en permettant à la SE de choisir entre les deux systèmes, d'opérer une délimitation claire entre les responsabilités des personnes chargées de la gestion et de celles chargées de la surveillance.

(15) En vertu des règles et des principes généraux du droit international privé, lorsqu'une entreprise contrôle une autre entreprise relevant d'un ordre juridique différent, ses droits et obligations en matière de protection des actionnaires minoritaires et des tiers sont régis par le droit dont relève l'entreprise contrôlée, sans préjudice des obligations auxquelles l'entreprise qui exerce le contrôle est soumise en vertu des dispositions du droit dont elle relève, par exemple en matière d'établissement de comptes consolidés.

(16) Sans préjudice des conséquences de toute coordination ultérieure du droit des États membres, une réglementation spécifique pour la SE n'est actuellement pas requise dans ce domaine. Il convient dès lors que les règles et principes généraux du droit international privé s'appliquent tant dans le cas où la SE exerce le contrôle que dans le cas où la SE est la société contrôlée.

(17) Il y a lieu de préciser le régime effectivement applicable dans le cas où la SE est contrôlée par une autre entreprise et de renvoyer à cet effet au droit applicable aux sociétés anonymes dans l'État membre du siège statutaire de la SE.

(18) Chaque État membre doit être tenu d'appliquer, pour les infractions aux dispositions du présent règlement, les sanctions applicables aux sociétés anonymes relevant de sa législation.

(19) Les règles relatives à l'implication des travailleurs dans la SE font l'objet de la directive 2001/86/CE du Conseil du 8 octobre 2001 complétant le statut de la société européenne pour ce qui concerne l'implication des travailleurs (4). Ces dispositions forment dès lors un complément indissociable du présent règlement et elles doivent être appliquées de manière concomitante.

(20) Le présent règlement ne couvre pas d'autres domaines du droit tels que la fiscalité, la concurrence, la propriété intellectuelle, ou l'insolvabilité. Par conséquent, les dispositions du droit des États membres et du droit communautaire sont applicables dans ces domaines, ainsi que dans d'autres domaines non couverts par le présent règlement.

(21) La directive 2001/86/CE vise à assurer aux travailleurs un droit d'implication en ce qui concerne les questions et décisions affectant la vie de la SE. Les autres questions relevant du droit social et du droit du travail, notamment le

droit à l'information et à la consultation des travailleurs tel qu'il est organisé dans les États membres, sont régies par les dispositions nationales applicables, dans les mêmes conditions, aux sociétés anonymes.

(22) L'entrée en vigueur du règlement doit être différée pour permettre à chaque État membre de transposer en droit national les dispositions de la directive 2001/86/CE et de mettre en place au préalable les mécanismes nécessaires pour la constitution et le fonctionnement des SE ayant leur siège statutaire sur son territoire, de sorte que le règlement et la directive puissent être appliqués de manière concomitante.

(23) Une société n'ayant pas son administration centrale dans la Communauté doit être autorisée à participer à la constitution d'une SE à condition qu'elle soit constituée selon le droit d'un État membre, qu'elle ait son siège statutaire dans cet État membre et qu'elle ait un lien effectif et continu avec l'économie d'un État membre conformément aux principes établis dans le programme général de 1962 pour la suppression des restrictions à la liberté d'établissement. Un tel lien existe notamment si la société a un établissement dans l'État membre à partir duquel elle mène des opérations.

(24) Une SE doit avoir la possibilité de transférer son siège statutaire dans un autre État membre. La protection appropriée des intérêts des actionnaires minoritaires qui s'opposent au transfert des créanciers et des titulaires d'autres droits doit s'inscrire dans des limites raisonnables. Le transfert ne doit pas affecter les droits nés avant le transfert.

(25) Le présent règlement ne préjuge pas les dispositions qui seront éventuellement insérées dans la Convention de Bruxelles de 1968 ou dans tout texte adopté par les États membres ou par le Conseil qui se substituerait à cette convention, concernant les règles de compétence applicables en cas de transfert du siège statutaire d'une société anonyme d'un État membre vers un autre.

(26) Les activités des établissements financiers sont régies par des directives spécifiques et les dispositions nationales transposant lesdites directives et les règles nationales supplémentaires régissant lesdites activités sont pleinement applicables à une SE.

(27) Compte tenu de la nature spécifique et communautaire de la SE, le régime du siège réel retenu pour la SE par le présent règlement ne porte pas préjudice aux législations des États membres et ne préjuge pas les choix qui pourront être faits pour d'autres textes communautaires en matière de droit des sociétés.

(28) Le traité ne prévoit pas, pour l'adoption du présent règlement, d'autres pouvoirs d'action que ceux de l'article 308.

(29) Étant donné que les objectifs de l'action envisagée, tels qu'esquissés ci-dessus, ne peuvent pas être réalisés de manière suffisante par les États membres dans la mesure où il s'agit d'établir la SE au niveau européen et peuvent donc, en raison de l'échelle et de l'incidence de celle-ci, être mieux réalisés au niveau communautaire, la Communauté peut prendre des mesures, conformément au principe de subsidiarité consacré à l'article 5 du traité. Conformément au principe de proportionnalité tel qu'énoncé audit article, le présent règlement n'excède pas ce qui est nécessaire pour atteindre ces objectifs.

A ARRÊTÉ LE PRÉSENT RÈGLEMENT :

## TITRE I
## DISPOSITIONS GÉNÉRALES

**Article premier :**

1. Une société peut être constituée sur le territoire de la Communauté sous la forme d'une société anonyme européenne (Societas Europaea, ci-après dénommée « SE ») dans les conditions et selon les modalités prévues par le présent règlement.
2. La SE est une société dont le capital est divisé en actions. Chaque actionnaire ne s'engage qu'à concurrence du capital qu'il a souscrit.
3. La SE a la personnalité juridique.
4. L'implication des travailleurs dans une SE est régie par les dispositions de la directive 2001/86/CE.

**Article 2 :**

1. Les sociétés anonymes qui figurent à l'annexe I, constituées selon le droit d'un État membre et ayant leur siège statutaire et leur administration centrale dans la Communauté, peuvent constituer une SE par voie de fusion si deux d'entre elles au moins relèvent du droit d'États membres différents.
2. Les sociétés anonymes et les sociétés à responsabilité limitée qui figurent à l'annexe II, constituées selon le droit d'un État membre et ayant leur siège statutaire et leur administration centrale dans la Communauté, peuvent promouvoir la constitution d'une SE holding si deux d'entre elles au moins :
   a) relèvent du droit d'États membres différents, ou
   b) ont depuis au moins deux ans une société filiale relevant du droit d'un autre État membre ou une succursale située dans un autre État membre.
3. Les sociétés, au sens de l'article 48, deuxième alinéa, du traité, ainsi que d'autres entités juridiques de droit public ou privé, constituées selon le droit d'un État membre et ayant leur siège statutaire et leur administration centrale dans la Communauté, peuvent constituer une SE filiale en souscrivant ses actions, si deux d'entre elles au moins :
   a) relèvent du droit d'États membres différents, ou
   b) ont depuis au moins deux ans une société filiale relevant du droit d'un autre État membre ou une succursale située dans un autre État membre.
4. Une société anonyme, constituée selon le droit d'un État membre et ayant son siège statutaire et son administration centrale dans la Communauté, peut se transformer en SE si elle a depuis au moins deux ans une société filiale relevant du droit d'un autre État membre.
5. Un État membre peut prévoir qu'une société n'ayant pas son administration centrale dans la Communauté peut participer à la constitution d'une SE, si elle

est constituée selon le droit d'un État membre, a son siège statutaire dans ce même État membre et a un lien effectif et continu avec l'économie d'un État membre.

**Article 3 :**

1. Aux fins de l'article 2, paragraphes 1, 2 et 3, la SE est considérée comme une société anonyme relevant du droit de l'État membre de son siège statutaire.
2. Une SE peut elle-même constituer une ou plusieurs filiales sous forme de SE. Les dispositions de l'État membre du siège statutaire de la SE filiale exigeant qu'une société anonyme ait plus d'un actionnaire ne sont pas d'application pour la SE filiale. Les dispositions nationales adoptées conformément à la douzième directive 89/667/CEE du Conseil du 21 décembre 1989 en matière de droit des sociétés concernant les sociétés à responsabilité limitée à un seul associé (5) s'appliquent mutatis mutandis aux SE.

**Article 4 :**

1. Le capital de la SE est exprimé en euros.
2. Le capital souscrit doit être d'au moins 120 000 euros.
3. La législation d'un État membre prévoyant un capital souscrit plus élevé pour les sociétés exerçant certains types d'activités s'applique aux SE ayant leur siège statutaire dans cet État membre.

**Article 5 :**

Sous réserve de l'article 4, paragraphes 1 et 2, le capital de la SE, son maintien, ses modifications ainsi que les actions, les obligations et autres titres assimilables de la SE sont régis par les dispositions qui s'appliqueraient à une société anonyme ayant son siège statutaire dans l'État membre où la SE est immatriculée.

**Article 6 :**

Aux fins du présent règlement, l'expression « statuts de la SE » désigne à la fois l'acte constitutif et, lorsqu'ils font l'objet d'un acte séparé, les statuts proprement dits de la SE.

**Article 7 :**

Le siège statutaire de la SE est situé à l'intérieur de la Communauté, dans le même État membre que l'administration centrale. Un État membre peut en outre imposer aux SE immatriculées sur son territoire l'obligation d'avoir leur administration centrale et leur siège statutaire au même endroit.

**Article 8 :**

1. Le siège statutaire de la SE peut être transféré dans un autre État membre conformément aux paragraphes 2 à 13. Ce transfert ne donne lieu ni à dissolution ni à création d'une personne morale nouvelle.

2. Un projet de transfert doit être établi par l'organe de direction ou d'administration et faire l'objet d'une publicité conformément à l'article 13, sans préjudice de formes de publicité additionnelles prévues par l'État membre du siège. Ce projet mentionne la dénomination sociale, le siège statutaire et le numéro d'immatriculation actuels de la SE et comprend :
   a) le siège statutaire envisagé pour la SE ;
   b) les statuts envisagés pour la SE, y compris, le cas échéant, sa nouvelle dénomination sociale ;
   c) les conséquences que le transfert pourrait avoir pour l'implication des travailleurs dans la SE ;
   d) le calendrier envisagé pour le transfert ;
   e) tous les droits prévus en matière de protection des actionnaires et/ou des créanciers.
3. L'organe de direction ou d'administration établit un rapport expliquant et justifiant les aspects juridiques et économiques du transfert et expliquant les conséquences du transfert pour les actionnaires, les créanciers et les travailleurs.
4. Les actionnaires et les créanciers de la SE ont, au moins un mois avant l'assemblée générale appelée à se prononcer sur le transfert, le droit d'examiner, au siège de la SE, le projet de transfert et le rapport établi en application du paragraphe 3, et d'obtenir gratuitement, à leur demande, des copies de ces documents.
5. Un État membre peut adopter, en ce qui concerne les SE immatriculées sur son territoire, des dispositions destinées à assurer une protection appropriée aux actionnaires minoritaires qui se sont prononcés contre le transfert.
6. La décision de transfert ne peut intervenir que deux mois après la publication du projet. Elle doit être prise dans les conditions prévues à l'article 59.
7. Avant que l'autorité compétente ne délivre le certificat visé au paragraphe 8, la SE doit prouver qu'en ce qui concerne les créances nées antérieurement à la publication du projet de transfert, les intérêts des créanciers et titulaires d'autres droits envers la SE (y compris ceux des entités publiques) bénéficient d'une protection adéquate conformément aux dispositions prévues par l'État membre où la SE a son siège statutaire avant le transfert.
   Un État membre peut étendre l'application du premier alinéa aux créances nées (ou susceptibles de naître) avant le transfert.
   Le premier et le deuxième alinéas sont sans préjudice de l'application aux SE de la législation nationale des États membres en ce qui concerne le désintéressement ou la garantie des paiements en faveur des entités publiques.
8. Dans l'État membre du siège statutaire de la SE, un tribunal, un notaire ou une autre autorité compétente délivre un certificat attestant d'une manière concluante l'accomplissement des actes et des formalités préalables au transfert.
9. La nouvelle immatriculation ne peut s'effectuer que sur présentation du certificat visé au paragraphe 8 ainsi que sur preuve de l'accomplissement des formalités exigées pour l'immatriculation dans le pays du nouveau siège statutaire.
10. Le transfert du siège statutaire de la SE, ainsi que la modification des statuts qui en résulte, prennent effet à la date à laquelle la SE est immatriculée, conformément à l'article 12, au registre du nouveau siège.

11. Lorsque la nouvelle immatriculation de la SE a été effectuée, le registre de la nouvelle immatriculation le notifie au registre de l'ancienne immatriculation. La radiation de l'ancienne immatriculation s'effectue dès réception de la notification, mais pas avant.
12. La nouvelle immatriculation et la radiation de l'ancienne immatriculation sont publiées dans les États membres concernés conformément à l'article 13.
13. La publication de la nouvelle immatriculation de la SE rend le nouveau siège statutaire opposable aux tiers. Toutefois, tant que la publication de la radiation de l'immatriculation au registre du précédent siège n'a pas eu lieu, les tiers peuvent continuer de se prévaloir de l'ancien siège, à moins que la SE ne prouve que ceux-ci avaient connaissance du nouveau siège.
14. La législation d'un État membre peut prévoir, en ce qui concerne les SE immatriculées dans celui-ci, qu'un transfert du siège statutaire, dont résulterait un changement du droit applicable, ne prend pas effet si, dans le délai de deux mois visé au paragraphe 6, une autorité compétente de cet État s'y oppose. Cette opposition ne peut avoir lieu que pour des raisons d'intérêt public.
Lorsqu'une SE est soumise au contrôle d'une autorité nationale de surveillance financière conformément aux directives communautaires, le droit de s'opposer au transfert du siège statutaire s'applique également à cette autorité.
L'opposition est susceptible de recours devant une autorité judiciaire.
15. Une SE à l'égard de laquelle a été entamée une procédure de dissolution, de liquidation, d'insolvabilité, de suspension de paiements ou d'autres procédures analogues ne peut transférer son siège statutaire.
16. Une SE qui a transféré son siège statutaire dans un autre État membre est considérée, aux fins de tout litige survenant avant le transfert tel qu'il est déterminé au paragraphe 10, comme ayant son siège statutaire dans l'État membre où la SE était immatriculée avant le transfert, même si une action est intentée contre la SE après le transfert.

**Article 9 :**

1. La SE est régie :
   a) par les dispositions du présent règlement ;
   b) lorsque le présent règlement l'autorise expressément, par les dispositions des statuts de la SE,

   ou

   c) pour les matières non réglées par le présent règlement ou, lorsqu'une matière l'est partiellement, pour les aspects non couverts par le présent règlement par :
      i) les dispositions de loi adoptées par les États membres en application de mesures communautaires visant spécifiquement les SE ;
      ii) les dispositions de loi des États membres qui s'appliqueraient à une société anonyme constituée selon le droit de l'État membre dans lequel la SE a son siège statutaire ;
      iii) les dispositions des statuts de la SE, dans les mêmes conditions que pour une société anonyme constituée selon le droit de l'État membre dans lequel la SE a son siège statutaire.

2. Les dispositions de loi adoptées par les États membres spécifiquement pour la SE doivent être conformes aux directives applicables aux sociétés anonymes figurant à l'annexe I.
3. Si la nature des activités exercées par une SE est régie par des dispositions spécifiques de la législation nationale, celles-ci s'appliquent intégralement à la SE.

**Article 10 :**

Sous réserve des dispositions du présent règlement, une SE est traitée dans chaque État membre comme une société anonyme constituée selon le droit de l'État membre dans lequel la SE a son siège statutaire.

**Article 11 :**

1. La SE doit faire précéder ou suivre sa dénomination sociale du sigle « SE ».
2. Seules les SE peuvent faire figurer le sigle « SE » dans leur dénomination sociale.
3. Néanmoins, les sociétés et les autres entités juridiques immatriculées dans un État membre avant la date d'entrée en vigueur du présent règlement, dans la dénomination sociale desquelles figure le sigle « SE », ne sont pas tenues de modifier leur dénomination sociale.

**Article 12 :**

1. Toute SE est immatriculée dans l'État membre de son siège statutaire dans un registre désigné par la législation de cet État membre conformément à l'article 3 de la directive 68/151/CEE du Conseil du 9 mars 1968 tendant à coordonner, pour les rendre équivalentes, les garanties qui sont exigées, dans les États membres, des sociétés au sens de l'article 58, deuxième alinéa du traité, pour protéger les intérêts tant des associés que des tiers (6).
2. Une SE ne peut être immatriculée que si un accord sur les modalités relatives à l'implication des travailleurs au sens de l'article 4 de la directive 2001/86/CE a été conclu, ou si une décision au titre de l'article 3, paragraphe 6, de ladite directive a été prise, ou encore si la période prévue à l'article 5 de ladite directive pour mener les négociations est arrivée à expiration sans qu'un accord n'ait été conclu.
3. Pour qu'une SE puisse être immatriculée dans un État membre ayant fait usage de la faculté visée à l'article 7, paragraphe 3, de la directive 2001/86/CE, il faut qu'un accord, au sens de l'article 4 de ladite directive, sur les modalités relatives à l'implication des travailleurs, y compris la participation, ait été conclu, ou qu'aucune des sociétés participantes n'ait été régie par des règles de participation avant l'immatriculation de la SE.
4. Les statuts de la SE ne doivent à aucun moment entrer en conflit avec les modalités relatives à l'implication des travailleurs qui ont été fixées. Lorsque de nouvelles modalités fixées conformément à la directive 2001/86/CE entrent en conflit avec les statuts existants, ceux-ci sont modifiés dans la mesure nécessaire. En pareil cas, un État membre peut prévoir que l'organe de direction ou l'organe d'administration de la SE a le droit d'apporter des modifications aux statuts sans nouvelle décision de l'assemblée générale des actionnaires.

**Article 13 :**

Les actes et indications concernant la SE, soumis à publicité par le présent règlement, font l'objet d'une publicité effectuée selon les modes prévus par la législation de l'État membre du siège statutaire de la SE conformément à la directive 68/151/CEE.

**Article 14 :**

1. L'immatriculation et la radiation de l'immatriculation d'une SE font l'objet d'un avis publié pour information au Journal officiel des Communautés européennes après la publication effectuée conformément à l'article 13. Cet avis comporte la dénomination sociale, le numéro, la date et le lieu d'immatriculation de la SE, la date, le lieu et le titre de la publication, ainsi que le siège statutaire et le secteur d'activité de la SE.
2. Le transfert du siège statutaire de la SE dans les conditions prévues à l'article 8 donne lieu à un avis comportant les indications prévues au paragraphe 1, ainsi que celles relatives à la nouvelle immatriculation.
3. Les indications visées au paragraphe 1 sont communiquées à l'Office des publications officielles des Communautés européennes dans le mois suivant la publication visée à l'article 13.

# TITRE II
# CONSTITUTION

## *Section 1*
## *Généralités*

**Article 15 :**

1. Sous réserve des dispositions du présent règlement, la constitution d'une SE est régie par la loi applicable aux sociétés anonymes de l'État où la SE fixe son siège statutaire.
2. L'immatriculation d'une SE fait l'objet d'une publicité conformément à l'article 13.

**Article 16 :**

1. La SE acquiert la personnalité juridique le jour de son immatriculation au registre visé à l'article 12.
2. Si des actes ont été accomplis au nom de la SE avant son immatriculation conformément à l'article 12 et si la SE ne reprend pas, après cette immatriculation, les engagements résultant de tels actes, les personnes physiques, sociétés ou autres entités juridiques qui les ont accomplis en sont solidairement et indéfiniment responsables, sauf convention contraire.

## *Section 2*
## *Constitution d'une SE par voie de fusion*

**Article 17 :**

1. Une SE peut être constituée par voie de fusion conformément à l'article 2, paragraphe 1.
2. La fusion peut être réalisée :
   a) selon la procédure de fusion par absorption conformément à l'article 3, paragraphe 1, de la directive 78/855/CEE (7), ou
   b) selon la procédure de fusion par constitution d'une nouvelle société conformément à l'article 4, paragraphe 1, de ladite directive.
   Dans le cas d'une fusion par absorption, la société absorbante prend la forme de SE simultanément à la fusion. Dans le cas d'une fusion par constitution d'une nouvelle société, la SE est la nouvelle société.

**Article 18 :**

Pour les matières non couvertes par la présente section ou, lorsqu'une matière l'est partiellement, pour les aspects non couverts par elle, chaque société participant à la constitution d'une SE par voie de fusion est soumise aux dispositions du droit de l'État membre dont elle relève qui sont applicables à la fusion de sociétés anonymes conformément à la directive 78/855/CEE.

**Article 19 :**

La législation d'un État membre peut prévoir qu'une société relevant du droit de cet État membre ne peut participer à la constitution d'une SE par voie de fusion si une autorité compétente de cet État membre s'y oppose avant la délivrance du certificat visé à l'article 25, paragraphe 2.
Cette opposition ne peut avoir lieu que pour des raisons d'intérêt public. Elle est susceptible de recours devant une autorité judiciaire.

**Article 20 :**

1. Les organes de direction ou d'administration des sociétés qui fusionnent établissent un projet de fusion. Ce projet comprend :
   a) la dénomination sociale et le siège statutaire des sociétés qui fusionnent ainsi que ceux envisagés pour la SE ;
   b) le rapport d'échange des actions et, le cas échéant, le montant de la soulte ;
   c) les modalités de remise des actions de la SE ;
   d) la date à partir de laquelle ces actions donnent le droit de participer aux bénéfices ainsi que toute modalité particulière relative à ce droit ;
   e) la date à partir de laquelle les opérations des sociétés qui fusionnent sont considérées du point de vue comptable comme accomplies pour le compte de la SE ;

f) les droits assurés par la SE aux actionnaires ayant des droits spéciaux et aux porteurs de titres autres que des actions ou les mesures envisagées à leur égard ;
g) tout avantage particulier attribué aux experts qui examinent le projet de fusion ainsi qu'aux membres des organes d'administration, de direction, de surveillance ou de contrôle des sociétés qui fusionnent ;
h) les statuts de la SE ;
i) des informations sur les procédures selon lesquelles les modalités relatives à l'implication des travailleurs sont fixées conformément à la directive 2001/86/CE.

2. Les sociétés qui fusionnent peuvent ajouter d'autres éléments au projet de fusion.

**Article 21 :**

Pour chacune des sociétés qui fusionnent et sous réserve des exigences supplémentaires imposées par l'État membre dont relève la société concernée, les indications suivantes doivent être publiées dans le bulletin national de cet État membre :

a) la forme, la dénomination sociale et le siège statutaire de chacune des sociétés qui fusionnent ;
b) le registre auprès duquel les actes visés à l'article 3, paragraphe 2, de la directive 68/151/CEE ont été déposés pour chacune des sociétés qui fusionnent, ainsi que le numéro d'inscription dans ce registre ;
c) une indication des modalités d'exercice des droits des créanciers de la société en question, fixées conformément à l'article 24, ainsi que l'adresse à laquelle peut être obtenue, gratuitement, une information exhaustive sur ces modalités ;
d) une indication des modalités d'exercice des droits des actionnaires minoritaires de la société en question, fixées conformément à l'article 24, ainsi que l'adresse à laquelle peut être obtenue, sans frais, une information exhaustive sur ces modalités ;
e) la dénomination sociale et le siège statutaire envisagés pour la SE.

**Article 22 :**

En lieu et place des experts opérant pour le compte de chacune des sociétés qui fusionnent, un ou plusieurs experts indépendants, au sens de l'article 10 de la directive 78/855/CEE, désignés à cet effet et sur demande conjointe de ces sociétés par une autorité judiciaire ou administrative de l'État membre dont relève l'une des sociétés qui fusionnent ou la future SE, peuvent examiner le projet de fusion et établir un rapport unique destiné à l'ensemble des actionnaires.
Les experts ont le droit de demander à chacune des sociétés qui fusionnent toute information qu'ils jugent nécessaire pour leur permettre de remplir leur mission.

**Article 23 :**

1. L'assemblée générale de chacune des sociétés qui fusionnent approuve le projet de fusion.

2. L'implication des travailleurs dans la SE est décidée conformément à la directive 2001/86/CE. L'assemblée générale de chacune des sociétés qui fusionnent peut subordonner le droit à l'immatriculation de la SE à la condition qu'elle entérine expressément les modalités ainsi décidées.

**Article 24 :**

1. Le droit de l'État membre dont relève chacune des sociétés qui fusionnent s'applique comme en cas de fusion de sociétés anonymes, compte tenu du caractère transfrontière de la fusion, en ce qui concerne la protection des intérêts :
   a) des créanciers des sociétés qui fusionnent;
   b) des obligataires des sociétés qui fusionnent ;
   c) des porteurs de titres, autres que des actions, auxquels sont attachés des droits spéciaux dans les sociétés qui fusionnent.
2. Un État membre peut adopter, en ce qui concerne les sociétés qui fusionnent et qui relèvent de son droit, des dispositions destinées à assurer une protection appropriée aux actionnaires minoritaires qui se sont prononcés contre la fusion.

**Article 25 :**

1. Le contrôle de la légalité de la fusion est effectué, pour la partie de la procédure relative à chaque société qui fusionne, conformément à la loi relative à la fusion des sociétés anonymes qui est applicable dans l'État membre dont elle relève.
2. Dans chaque État membre concerné, un tribunal, un notaire ou une autre autorité compétente délivre un certificat attestant d'une manière concluante l'accomplissement des actes et des formalités préalables à la fusion.
3. Si le droit d'un État membre dont relève une société qui fusionne prévoit une procédure permettant d'analyser et de modifier le rapport d'échange des actions, ou une procédure visant à indemniser les actionnaires minoritaires, sans empêcher l'immatriculation de la fusion, ces procédures ne s'appliquent que si les autres sociétés qui fusionnent et qui sont situées dans un État membre ne prévoyant pas ce type de procédures acceptent explicitement, lorsqu'elles approuvent le projet de fusion conformément à l'article 23, paragraphe 1, la possibilité offerte aux actionnaires de la société qui fusionne dont il est question d'avoir recours auxdites procédures. Dans ce cas, un tribunal, un notaire ou une autre autorité compétente peut délivrer le certificat visé au paragraphe 2, même si une procédure de ce type a été engagée. Le certificat doit cependant mentionner que la procédure est en cours. La décision prise à l'issue de la procédure lie la société absorbante et l'ensemble de ses actionnaires.

**Article 26 :**

1. Le contrôle de la légalité de la fusion est effectué, pour la partie de la procédure relative à la réalisation de la fusion et à la constitution de la SE, par un tribunal, un notaire ou une autre autorité compétente dans l'État membre du futur siège statutaire de la SE pour contrôler cet aspect de la légalité de la fusion de sociétés anonymes.

2. À cette fin, chaque société qui fusionne remet à cette autorité le certificat visé à l'article 25, paragraphe 2, dans un délai de six mois à compter de sa délivrance ainsi qu'une copie du projet de fusion, approuvé par la société.
3. L'autorité visée au paragraphe 1 contrôle en particulier que les sociétés qui fusionnent ont approuvé un projet de fusion dans les mêmes termes et que des modalités relatives à l'implication des travailleurs ont été fixées conformément à la directive 2001/86/CE.
4. Cette autorité contrôle en outre que la constitution de la SE répond aux conditions fixées par la loi de l'État membre du siège, conformément à l'article 15.

**Article 27 :**

1. La fusion et la constitution simultanée de la SE prennent effet à la date à laquelle la SE est immatriculée conformément à l'article 12.
2. La SE ne peut être immatriculée qu'après l'accomplissement de toutes les formalités prévues aux articles 25 et 26.

**Article 28 :**

Pour chacune des sociétés qui fusionnent, la réalisation de la fusion fait l'objet d'une publicité effectuée selon les modalités prévues par la loi de chaque État membre, conformément à l'article 3 de la directive 68/151/CEE.

**Article 29 :**

1. La fusion réalisée conformément à l'article 17, paragraphe 2, point a), entraîne ipso jure et simultanément les effets suivants :
   a) la transmission universelle à la société absorbante de l'ensemble du patrimoine actif et passif de chaque société absorbée ;
   b) les actionnaires de la société absorbée deviennent actionnaires de la société absorbante ;
   c) la société absorbée cesse d'exister ;
   d) la société absorbante prend la forme de SE.
2. La fusion réalisée conformément à l'article 17, paragraphe 2, point b), entraîne ipso jure et simultanément les effets suivants :
   a) la transmission universelle de l'ensemble du patrimoine actif et passif des sociétés qui fusionnent à la SE ;
   b) les actionnaires des sociétés qui fusionnent deviennent actionnaires de la SE ;
   c) les sociétés qui fusionnent cessent d'exister.
3. Lorsqu'en cas de fusion de sociétés anonymes, la loi d'un État membre requiert des formalités particulières pour l'opposabilité aux tiers du transfert de certains biens, droits et obligations apportés par les sociétés qui fusionnent, ces formalités s'appliquent et sont effectuées, soit par les sociétés qui fusionnent, soit par la SE à dater de son immatriculation.
4. Les droits et obligations des sociétés participantes en matière de conditions d'emploi résultant de la législation, de la pratique et de contrats de travail indi-

viduels ou des relations de travail au niveau national et existant à la date de l'immatriculation sont transférés à la SE au moment de l'immatriculation du fait même de celle-ci.

**Article 30 :**

La nullité d'une fusion au sens de l'article 2, paragraphe 1, ne peut être prononcée lorsque la SE a été immatriculée.
L'absence de contrôle de la légalité de la fusion conformément aux articles 25 et 26 peut constituer une cause de dissolution de la SE.

**Article 31 :**

1. Lorsqu'une fusion conformément à l'article 17, paragraphe 2, point a), est réalisée par une société qui détient toutes les actions et autres titres conférant des droits de vote dans l'assemblée générale d'une autre société, les dispositions de l'article 20, paragraphe 1, points b), c) et d), de l'article 22, et de l'article 29, paragraphe 1, point b), ne sont pas d'application. Toutefois, les dispositions nationales dont relève chacune des sociétés qui fusionnent et qui régissent les fusions de sociétés anonymes conformément à l'article 24 de la directive 78/855/CEE s'appliquent.
2. Lorsqu'une fusion par absorption est effectuée par une société qui détient 90 % ou plus mais pas la totalité des actions ou autres titres conférant un droit de vote dans l'assemblée générale d'une autre société, les rapports de l'organe de direction ou d'administration, les rapports d'un ou de plusieurs experts indépendants ainsi que les documents nécessaires pour le contrôle seront requis uniquement dans la mesure où ils sont requis par la loi nationale dont relève la société absorbante ou par la loi nationale dont relève la société absorbée.
Les États membres peuvent toutefois prévoir que le présent paragraphe peut s'appliquer lorsqu'une société détient des actions conférant 90 % ou plus mais pas la totalité des droits de vote.

## *Section 3*
## *Constitution d'une SE holding*

**Article 32 :**

1. Une SE peut être constituée conformément à l'article 2, paragraphe 2.
Les sociétés qui promeuvent la constitution d'une SE, conformément à l'article 2, paragraphe 2, subsistent.
2. Les organes de direction ou d'administration des sociétés qui promeuvent l'opération établissent dans les mêmes termes un projet de constitution de la SE. Ce projet comporte un rapport expliquant et justifiant les aspects juridiques et économiques de la constitution et indiquant les conséquences pour les actionnaires et pour les travailleurs de l'adoption de la forme de SE. Ce projet comporte en outre les indications prévues à l'article 20, paragraphe 1, points a), b), c), f), g),

h) et i), et fixe le pourcentage minimal des actions ou parts de chacune des sociétés promouvant l'opération que les actionnaires devront apporter pour que la SE soit constituée. Ce pourcentage doit consister en actions conférant plus de 50 % des droits de vote permanents.

3. Pour chacune des sociétés promouvant l'opération, le projet de constitution de SE fait l'objet d'une publicité effectuée selon les modalités prévues par la loi de chaque État membre, conformément à l'article 3 de la directive 68/151/CEE, un mois au moins avant la date de la réunion de l'assemblée générale appelée à se prononcer sur l'opération.
4. Un ou plusieurs experts indépendants des sociétés promouvant l'opération, désignés ou agréés par une autorité judiciaire ou administrative de l'État membre dont relève chaque société selon les dispositions nationales adoptées en application de la directive 78/855/CEE, examinent le projet de constitution établi conformément au paragraphe 2 et établissent un rapport écrit destiné aux actionnaires de chaque société. Par accord entre les sociétés qui promeuvent l'opération, un rapport écrit peut être établi, pour les actionnaires de l'ensemble des sociétés, par un ou plusieurs experts indépendants désignés ou agréés par une autorité judiciaire ou administrative de l'État membre dont relève l'une des sociétés promouvant l'opération ou la future SE selon les dispositions nationales adoptées en application de la directive 78/855/CEE.
5. Le rapport doit indiquer les difficultés particulières d'évaluation et déclarer si le rapport d'échange d'actions ou de parts envisagé est ou non pertinent et raisonnable, en précisant les méthodes suivies pour sa détermination et si ces méthodes sont adéquates en l'espèce.
6. L'assemblée générale de chacune des sociétés qui promeuvent l'opération approuve le projet de constitution de SE.
   L'implication des travailleurs dans la SE est décidée conformément aux dispositions de la directive 2001/86/CE. L'assemblée générale de chacune des sociétés qui promeuvent l'opération peut subordonner le droit à l'immatriculation de la SE à la condition qu'elle entérine expressément les modalités ainsi décidées.
7. Les dispositions du présent article s'appliquent, mutatis mutandis, aux sociétés à responsabilité limitée.

**Article 33 :**

1. Les actionnaires ou porteurs de parts des sociétés qui promeuvent l'opération disposent d'un délai de trois mois pendant lequel ils peuvent communiquer aux sociétés promotrices leur intention d'apporter leurs actions ou parts en vue de la constitution de la SE. Ce délai commence à courir à la date à laquelle l'acte de constitution de la SE a été établi conformément à l'article 32.
2. La SE n'est constituée que si, dans le délai visé au paragraphe 1, les actionnaires ou les porteurs de parts des sociétés qui promeuvent l'opération ont apporté le pourcentage minimal d'actions ou parts de chaque société fixé conformément au projet de constitution et si toutes les autres conditions sont remplies.
3. Si les conditions pour la constitution de la SE sont toutes remplies conformément au paragraphe 2, ceci fait l'objet, pour chacune des sociétés promotrices,

d'une publicité effectuée selon les modalités prévues par le droit national dont relève chacune de ces sociétés, qui ont été adoptées conformément à l'article 3 de la directive 68/151/CEE.
Les actionnaires ou porteurs de parts des sociétés qui promeuvent l'opération, qui n'ont pas communiqué dans le délai visé au paragraphe 1 leur intention de mettre leurs actions ou parts à la disposition des sociétés promotrices en vue de la constitution de la SE, bénéficient d'un délai supplémentaire d'un mois pour le faire.

4. Les actionnaires ou porteurs de parts ayant apporté leurs titres en vue de la constitution de la SE reçoivent des actions de celle-ci.
5. La SE ne peut être immatriculée que sur preuve de l'accomplissement des formalités visées à l'article 32 et des conditions visées au paragraphe 2.

**Article 34 :**

Un État membre peut adopter, en ce qui concerne les sociétés qui promeuvent l'opération, des dispositions destinées à assurer la protection des actionnaires minoritaires qui s'opposent à l'opération, des créanciers et des travailleurs.

## *Section 4*
## *Constitution d'une SE/filiale*

**Article 35 :**

Une SE peut être constituée conformément à l'article 2, paragraphe 3.

**Article 36 :**

Sont applicables aux sociétés ou autres entités juridiques participant à l'opération les dispositions qui régissent leur participation à la constitution d'une filiale ayant la forme d'une société anonyme en vertu du droit national.

## *Section 5*
## *Transformation d'une société anonyme en SE*

**Article 37 :**

1. Une SE peut être constituée conformément à l'article 2, paragraphe 4.
2. Sans préjudice de l'article 12, la transformation d'une société anonyme en SE ne donne lieu ni à dissolution ni à création d'une personne morale nouvelle.
3. Le siège statutaire ne peut pas être transféré d'un État membre à un autre conformément à l'article 8 à l'occasion de la transformation.
4. L'organe de direction ou d'administration de la société considérée établit un projet de transformation et un rapport expliquant et justifiant les aspects juridiques et économiques de la transformation et indiquant les conséquences pour les actionnaires et pour les travailleurs de l'adoption de la forme de la SE.

5. Le projet de transformation fait l'objet d'une publicité effectuée selon les modalités prévues par la loi de chaque État membre, conformément à l'article 3 de la directive 68/151/CEE, un mois au moins avant la date de la réunion de l'assemblée générale appelée à se prononcer sur la transformation.
6. Avant l'assemblée générale visée au paragraphe 7, un ou plusieurs experts indépendants désignés ou agréés, selon les dispositions nationales adoptées en application de l'article 10 de la directive 78/855/CEE, par une autorité judiciaire ou administrative de l'État membre dont relève la société qui se transforme en SE, attestent, conformément à la directive 77/91/CE (8), mutatis mutandis, que la société dispose d'actifs nets au moins équivalents au capital augmenté des réserves que la loi ou les statuts ne permettent pas de distribuer.
7. L'assemblée générale de la société considérée approuve le projet de transformation ainsi que les statuts de la SE. La décision de l'assemblée générale doit être prise dans les conditions prévues par les dispositions nationales adoptées en application de l'article 7 de la directive 78/855/CEE.
8. Les États membres peuvent subordonner une transformation au vote favorable d'une majorité qualifiée ou de l'unanimité des membres au sein de l'organe de la société à transformer dans lequel la participation des travailleurs est organisée.
9. Les droits et obligations de la société à transformer en matière de conditions d'emploi résultant de la législation, de la pratique et de contrats de travail individuels ou des relations de travail au niveau national et existant à la date de l'immatriculation sont transférés à la SE du fait même de cette immatriculation.

## TITRE III
## STRUCTURE DE LA SE

**Article 38 :**

La SE comporte dans les conditions prévues par le présent règlement :

a) une assemblée générale des actionnaires, et
b) soit un organe de surveillance et un organe de direction (système dualiste), soit un organe d'administration (système moniste) selon l'option retenue par les statuts.

### *Section 1*
### *Système dualiste*

**Article 39 :**

1. L'organe de direction est responsable de la gestion de la SE. Un État membre peut prévoir qu'un directeur général ou des directeurs généraux sont responsables de la gestion courante dans les mêmes conditions que pour les sociétés anonymes ayant leur siège statutaire sur son territoire.

2. Le ou les membres de l'organe de direction sont nommés et révoqués par l'organe de surveillance.
   Toutefois, un État membre peut prévoir, ou donner aux statuts la possibilité de prévoir, que le ou les membres de l'organe de direction sont nommés et révoqués par l'assemblée générale dans les mêmes conditions que pour les sociétés anonymes ayant leur siège statutaire sur son territoire.
3. Nul ne peut simultanément être membre de l'organe de direction et de l'organe de surveillance de la SE. Toutefois, l'organe de surveillance peut, en cas de vacance, désigner un de ses membres pour exercer les fonctions de membre de l'organe de direction. Au cours de cette période, les fonctions de l'intéressé en sa qualité de membre de l'organe de surveillance sont suspendues. Un État membre peut prévoir que cette période est limitée dans le temps.
4. Le nombre des membres de l'organe de direction ou les règles pour sa détermination sont fixés par les statuts de la SE. Un État membre peut toutefois fixer un nombre minimal et/ou maximal de membres.
5. En l'absence de dispositions relatives à un système dualiste en ce qui concerne les sociétés anonymes ayant un siège statutaire sur son territoire, un État membre peut adopter les mesures appropriées concernant les SE.

**Article 40 :**

1. L'organe de surveillance contrôle la gestion assurée par l'organe de direction. Il ne peut exercer lui-même le pouvoir de gestion de la SE.
2. Les membres de l'organe de surveillance sont nommés par l'assemblée générale. Toutefois, les membres du premier organe de surveillance peuvent être désignés par les statuts. La présente disposition vaut sans préjudice de l'article 47, paragraphe 4, ou, le cas échéant, des modalités de participation des travailleurs fixées conformément à la directive 2001/86/CE.
3. Le nombre des membres de l'organe de surveillance ou les règles pour sa détermination sont fixés par les statuts. Un État membre peut toutefois fixer le nombre des membres de l'organe de surveillance pour les SE immatriculées sur son territoire ou un nombre minimal et/ou maximal de membres.

**Article 41 :**

1. L'organe de direction informe l'organe de surveillance au moins tous les trois mois de la marche des affaires de la SE et de leur évolution prévisible.
2. Outre l'information périodique visée au paragraphe 1, l'organe de direction communique en temps utile à l'organe de surveillance toute information sur des événements susceptibles d'avoir des répercussions sensibles sur la situation de la SE.
3. L'organe de surveillance peut demander à l'organe de direction les informations de toute nature nécessaires au contrôle qu'il exerce conformément à l'article 40, paragraphe 1. Un État membre peut prévoir que chaque membre de l'organe de surveillance peut également bénéficier de cette faculté.
4. L'organe de surveillance peut procéder ou faire procéder aux vérifications nécessaires à l'accomplissement de sa mission.

5. Chacun des membres de l'organe de surveillance peut prendre connaissance de toutes les informations transmises à cet organe.

**Article 42 :**

L'organe de surveillance élit en son sein un président. Si la moitié des membres ont été désignés par les travailleurs, seul un membre désigné par l'assemblée générale des actionnaires peut être élu président.

## *Section 2*
## *Système moniste*

**Article 43 :**

1. L'organe d'administration gère la SE. Un État membre peut prévoir qu'un directeur général ou des directeurs généraux sont responsables de la gestion courante dans les mêmes conditions que pour les sociétés anonymes ayant un siège statutaire sur son territoire.
2. Le nombre des membres de l'organe d'administration ou les règles pour sa détermination sont fixés par les statuts de la SE. Un État membre peut toutefois fixer un nombre minimal et, le cas échéant, maximal de membres.
   Néanmoins, cet organe doit être composé de trois membres au moins, lorsque la participation des travailleurs dans la SE est organisée conformément à la directive 2001/86/CE.
3. Le ou les membres de l'organe d'administration sont nommés par l'assemblée générale. Toutefois, les membres du premier organe d'administration peuvent être désignés par les statuts. La présente disposition vaut sans préjudice de l'article 47, paragraphe 4, ou, le cas échéant, des modalités de participation des travailleurs fixées conformément à la directive 2001/86/CE.
4. En l'absence de dispositions relatives à un système moniste en ce qui concerne les sociétés anonymes ayant un siège statutaire sur son territoire, un État membre peut adopter les mesures appropriées concernant les SE.

**Article 44 :**

1. L'organe d'administration se réunit au moins tous les trois mois selon une périodicité fixée par les statuts pour délibérer de la marche des affaires de la SE et de leur évolution prévisible.
2. Chacun des membres de l'organe d'administration peut prendre connaissance de toutes les informations transmises à cet organe.

**Article 45 :**

L'organe d'administration élit en son sein un président. Si la moitié des membres ont été désignés par les travailleurs, seul un membre désigné par l'assemblée générale des actionnaires peut être élu président.

## Section 3
## Règles communes aux systèmes moniste et dualiste

**Article 46 :**

1. Les membres des organes de la société sont nommés pour une période fixée par les statuts, qui ne peut excéder six ans.
2. Sauf restrictions prévues par les statuts, les membres peuvent être renommés une ou plusieurs fois pour la période fixée en application du paragraphe 1.

**Article 47 :**

1. Les statuts de la SE peuvent prévoir qu'une société ou autre entité juridique peut être membre d'un de ses organes, à moins que la loi de l'État membre du siège de la SE applicable aux sociétés anonymes n'en dispose autrement.
   La société ou autre entité juridique désigne une personne physique pour l'exercice des pouvoirs dans l'organe concerné.
2. Ne peuvent être membres d'un organe de la SE, ni représentants d'un membre au sens du paragraphe 1, les personnes qui :
   a) ne peuvent faire partie, selon la loi de l'État membre du siège de la SE, de l'organe correspondant d'une société anonyme relevant du droit de cet État membre ;
   b) ne peuvent faire partie de l'organe correspondant d'une société anonyme relevant du droit d'un État membre en raison d'une décision judiciaire ou administrative rendue dans un État membre.
3. Les statuts de la SE peuvent fixer, à l'instar de ce qui est prévu par la loi de l'État membre du siège de la SE pour les sociétés anonymes, des conditions particulières d'éligibilité pour les membres qui représentent les actionnaires.
4. Le présent règlement ne porte pas atteinte aux législations nationales qui permettent à une minorité d'actionnaires ou à d'autres personnes ou autorités de nommer une partie des membres des organes.

**Article 48 :**

1. Les statuts de la SE énumèrent les catégories d'opérations qui donnent lieu à autorisation de l'organe de direction par l'organe de surveillance, dans le système dualiste, ou à décision expresse de l'organe d'administration, dans le système moniste.
   Toutefois, un État membre peut prévoir que, dans le système dualiste, l'organe de surveillance peut soumettre lui-même à autorisation certaines catégories d'opérations.
2. Un État membre peut déterminer les catégories d'opérations devant au minimum figurer dans les statuts des SE immatriculées sur son territoire.

**Article 49 :**

Les membres des organes de la SE sont tenus de ne pas divulguer, même après la cessation de leurs fonctions, les informations dont ils disposent sur la SE et dont la divulgation serait susceptible de porter préjudice aux intérêts de la société, à l'exclusion des cas dans lesquels une telle divulgation est exigée ou admise par les dispositions du droit national applicables aux sociétés anonymes ou dans l'intérêt public.

**Article 50 :**

1. Sauf dans les cas où le présent règlement ou les statuts en disposent autrement, les règles internes concernant le quorum et la prise de décision des organes de la SE sont les suivantes :
   a) quorum : la moitié au moins des membres doivent être présents ou représentés ;
   b) prise de décision : elle se fait à la majorité des membres présents ou représentés.
2. En l'absence de disposition statutaire en la matière, la voix du président de chaque organe est prépondérante en cas de partage des voix. Toutefois, aucune disposition statutaire contraire n'est possible lorsque l'organe de surveillance est composé pour moitié de représentants des travailleurs.
3. Lorsque la participation des travailleurs est organisée conformément à la directive 2001/86/CE, un État membre peut prévoir que le quorum et la prise de décision de l'organe de surveillance sont, par dérogation aux paragraphes 1 et 2, soumis aux règles applicables, dans les mêmes conditions, aux sociétés anonymes relevant du droit de l'État membre concerné.

**Article 51 :**

Les membres de l'organe de direction, de surveillance ou d'administration répondent, selon les dispositions de l'État membre du siège de la SE applicables aux sociétés anonymes, du préjudice subi par la SE par suite de la violation par eux des obligations légales, statutaires ou autres inhérentes à leurs fonctions.

## *Section 4*
## *L'assemblée générale*

**Article 52 :**

L'assemblée générale décide dans les matières pour lesquelles une compétence spécifique lui est conférée par :

a) le présent règlement,
b) les dispositions de la législation de l'État membre où la SE a son siège statutaire, prises en application de la directive 2001/86/CE.

En outre, l'assemblée générale décide dans les matières pour lesquelles une compétence est conférée à l'assemblée générale d'une société anonyme relevant du droit de l'État membre où la SE a son siège statutaire, soit par la loi de cet État membre, soit par les statuts conformément à cette même loi.

**Article 53 :**

Sans préjudice des règles prévues par la présente section, l'organisation et le déroulement de l'assemblée générale ainsi que les procédures de vote sont régis par la loi de l'État membre du siège statutaire de la SE applicable aux sociétés anonymes.

**Article 54 :**

1. L'assemblée générale a lieu au moins une fois par année calendrier, dans les six mois de la clôture de l'exercice, à moins que la loi de l'État membre du siège applicable aux sociétés anonymes exerçant le même type d'activité que la SE ne prévoie une fréquence supérieure. Toutefois, un État membre peut prévoir que la première assemblée générale peut avoir lieu dans les dix-huit mois suivant la constitution de la SE.
2. L'assemblée générale peut être convoquée à tout moment par l'organe de direction, par l'organe d'administration, par l'organe de surveillance, ou par tout autre organe ou autorité compétente conformément à la loi nationale de l'État membre du siège statutaire de la SE applicable aux sociétés anonymes.

**Article 55 :**

1. La convocation de l'assemblée générale et la fixation de l'ordre du jour peuvent être demandées par un ou plusieurs actionnaires disposant ensemble d'actions représentant 10 % au moins du capital souscrit, un pourcentage plus bas pouvant être prévu par les statuts ou par la loi nationale dans les mêmes conditions que celles applicables aux sociétés anonymes.
2. La demande de convocation doit préciser les points à faire figurer à l'ordre du jour.
3. Si, à la suite de la demande formulée selon le paragraphe 1, l'assemblée générale n'est pas tenue en temps utile et en tout cas dans un délai maximum de deux mois, l'autorité judiciaire ou administrative compétente du siège statutaire de la SE peut ordonner la convocation dans un délai déterminé ou donner l'autorisation de la convoquer, soit aux actionnaires qui en ont formulé la demande, soit à un mandataire de ceux-ci. Cela ne préjuge pas des dispositions nationales qui prévoient éventuellement la possibilité pour les actionnaires mêmes de procéder à la convocation de l'assemblée générale.

**Article 56 :**

Un ou plusieurs actionnaires disposant ensemble de 10 % au moins du capital souscrit peuvent demander l'inscription d'un ou plusieurs nouveaux points à l'ordre du jour de toute assemblée générale. Les procédures et délais applicables à cette demande sont fixés par la loi nationale de l'État membre du siège statutaire de la SE ou, à défaut, par les statuts de la SE. Le pourcentage visé ci-dessus peut être abaissé par les statuts ou par la loi de l'État membre du siège dans les mêmes conditions que celles applicables aux sociétés anonymes.

**Article 57 :**

Les décisions de l'assemblée générale sont prises à la majorité des voix valablement exprimées, à moins que le présent règlement ou, à défaut, la loi applicable aux sociétés anonymes dans l'État membre du siège statutaire de la SE ne requière une majorité plus élevée.

**Article 58 :**

Les voix exprimées ne comprennent pas celles attachées aux actions pour lesquelles l'actionnaire n'a pas pris part au vote ou s'est abstenu ou a voté blanc ou nul.

**Article 59 :**

1. La modification des statuts requiert une décision de l'assemblée générale prise à une majorité qui ne peut être inférieure aux deux tiers des voix exprimées, à moins que la loi applicable aux sociétés anonymes relevant du droit de l'État membre du siège statutaire de la SE ne prévoie ou ne permette une majorité plus élevée.
2. Toutefois, un État membre peut prévoir que, lorsque la moitié au moins du capital souscrit est représentée, une majorité simple des voix indiquées au paragraphe 1 est suffisante.
3. Toute modification des statuts de la SE fait l'objet d'une publicité conformément à l'article 13.

**Article 60 :**

1. Lorsqu'il existe plusieurs catégories d'actions, toute décision de l'assemblée générale est subordonnée à un vote séparé pour chaque catégorie d'actionnaires aux droits spécifiques desquels la décision porte atteinte.
2. Lorsque la décision de l'assemblée générale requiert la majorité des voix prévue à l'article 59, paragraphe 1 ou 2, cette majorité doit être également requise pour le vote séparé de chaque catégorie d'actionnaires aux droits spécifiques desquels la décision porte atteinte.

## TITRE IV
## COMPTES ANNUELS ET COMPTES CONSOLIDÉS

**Article 61 :**

Sous réserve de l'article 62, la SE est assujettie, en ce qui concerne l'établissement de ses comptes annuels et, le cas échéant, de ses comptes consolidés, y compris le rapport de gestion les accompagnant, leur contrôle et leur publicité, aux règles applicables aux sociétés anonymes relevant du droit de l'État membre de son siège statutaire.

**Article 62 :**

1. Les SE qui sont des établissements de crédit ou des établissements financiers sont assujetties, en ce qui concerne l'établissement de leurs comptes annuels et, le cas

échéant, de leurs comptes consolidés, y compris le rapport de gestion les accompagnant, leur contrôle et leur publicité, aux règles prévues dans le droit national de l'État membre du siège en application de la directive 2000/12/CE du Parlement européen et du Conseil du 20 mars 2000 concernant l'accès à l'activité des établissements de crédit et son exercice (9).

2. Les SE qui sont des entreprises d'assurances sont assujetties, en ce qui concerne l'établissement de leurs comptes annuels et, le cas échéant, de leurs comptes consolidés, y compris le rapport de gestion les accompagnant, leur contrôle et leur publicité, aux règles prévues dans le droit national de l'État membre du siège en application de la directive 91/674/CEE du Conseil, concernant les comptes annuels et les comptes consolidés des entreprises d'assurance (10).

## TITRE V
## DISSOLUTION, LIQUIDATION, INSOLVABILITÉ ET CESSATION DES PAIEMENTS

**Article 63 :**

En ce qui concerne la dissolution, la liquidation, l'insolvabilité, la cessation des paiements et les procédures analogues, la SE est soumise aux dispositions de loi qui s'appliqueraient à une société anonyme constituée selon le droit de l'État membre dans lequel la SE a son siège statutaire, y compris celles relatives à la prise de décision par l'assemblée générale.

**Article 64 :**

1. Lorsqu'une SE ne remplit plus l'obligation de l'article 7, l'État membre dans lequel la SE a son siège statutaire prend les mesures appropriées pour obliger la SE à régulariser la situation dans un délai déterminé :
   a) soit en rétablissant son administration centrale dans l'État membre du siège ;
   b) soit en procédant au transfert du siège statutaire par la procédure prévue à l'article 8.
2. L'État membre du siège prend les mesures nécessaires pour assurer qu'une SE qui ne régulariserait pas sa situation, conformément au paragraphe 1, soit mise en liquidation.
3. L'État membre du siège statutaire institue un recours juridictionnel contre tout constat d'infraction à l'article 7. Ce recours a un effet suspensif sur les procédures prévues aux paragraphes 1 et 2.
4. Lorsqu'il est constaté, soit à l'initiative des autorités, soit à l'initiative de toute partie intéressée, qu'une SE a son administration centrale sur le territoire d'un État membre en infraction à l'article 7, les autorités de cet État membre en informent sans délai l'État membre où est situé le siège statutaire de la SE.

**Article 65 :**

L'ouverture d'une procédure de dissolution, de liquidation, d'insolvabilité ou de cessation des paiements, ainsi que sa clôture et la décision de poursuite de l'activité, font l'objet d'une publicité conformément à l'article 13, sans préjudice des dispositions de droit national imposant des mesures de publicité additionnelles.

**Article 66 :**

1. La SE peut se transformer en société anonyme relevant du droit de l'État membre de son siège statutaire. La décision concernant la transformation ne peut être prise avant deux ans à partir de son immatriculation et avant que les deux premiers comptes annuels n'aient été approuvés.
2. La transformation d'une SE en société anonyme ne donne lieu ni à dissolution ni à création d'une personne morale nouvelle.
3. L'organe de direction ou d'administration de la SE établit un projet de transformation et un rapport expliquant et justifiant les aspects juridiques et économiques de la transformation et indiquant les conséquences pour les actionnaires et pour les travailleurs de l'adoption de la forme de société anonyme.
4. Le projet de transformation fait l'objet d'une publicité effectuée selon les modalités prévues par la loi de chaque État membre, conformément à l'article 3 de la directive 68/151/CEE, un mois au moins avant la date de la réunion de l'assemblée générale appelée à se prononcer sur la transformation.
5. Avant l'assemblée générale visée au paragraphe 6, un ou plusieurs experts indépendants désignés ou agréés, selon les dispositions nationales adoptées en application de l'article 10 de la directive 78/855/CEE, par une autorité judiciaire ou administrative de l'État membre dont relève la SE qui se transforme en société anonyme, attestent que la société dispose d'actifs au moins équivalents au capital.
6. L'assemblée générale de la SE approuve le projet de transformation ainsi que les statuts de la société anonyme. La décision de l'assemblée générale doit être prise dans les conditions prévues par les dispositions nationales adoptées en application de l'article 7 de la directive 78/855/CEE.

## TITRE VI
## DISPOSITIONS COMPLÉMENTAIRES ET TRANSITOIRES

**Article 67 :**

1. Chaque État membre peut, si et aussi longtemps que la troisième phase de l'Union économique et monétaire (UEM) ne lui est pas applicable, appliquer aux SE ayant leur siège statutaire sur son territoire les dispositions applicables aux sociétés anonymes relevant de son droit en ce qui concerne l'expression de leur capital. La SE peut en tout cas exprimer son capital également en euros. Dans ce cas, le taux de conversion entre la monnaie nationale et l'euro est celui du dernier jour du mois précédant la constitution de la SE.

2. Si et aussi longtemps que la troisième phase de l'UEM n'est pas applicable à l'État membre du siège statutaire de la SE, celle-ci peut cependant établir et publier ses comptes annuels et, le cas échéant, ses comptes consolidés en euros. L'État membre peut exiger que les comptes annuels et, le cas échéant, les comptes consolidés de la SE soient établis et publiés dans la monnaie nationale dans les mêmes conditions que celles prévues pour les sociétés anonymes relevant du droit de cet État membre. Ceci ne préjuge pas de la possibilité additionnelle pour la SE de publier, conformément à la directive 90/604/CEE (11), ses comptes annuels et, le cas échéant, ses comptes consolidés en euros.

## TITRE VII
## DISPOSITIONS FINALES

**Article 68 :**

1. Les États membres prennent toute disposition appropriée pour assurer la mise en œuvre effective du présent règlement.
2. Chaque État membre désigne les autorités compétentes au sens des articles 8, 25, 26, 54, 55 et 64. Il en informe la Commission et les autres États membres.

**Article 69 :**

Au plus tard cinq ans après l'entrée en vigueur du présent règlement, la Commission présente au Conseil et au Parlement européen un rapport sur l'application du règlement et, le cas échéant, des propositions de modifications. Le rapport examine en particulier s'il convient :

a) de permettre à une SE d'avoir son administration centrale et son siège statutaire dans des États membres différents ;
b) d'élargir la définition de la fusion prévue à l'article 17, paragraphe 2, afin d'inclure également des types de fusion autres que ceux définis à l'article 3, paragraphe 1, et à l'article 4, paragraphe 1, de la directive 78/855/CEE ;
c) de réviser la règle de compétence figurant à l'article 8, paragraphe 16, à la lumière de toute disposition qui aura pu être insérée dans la convention de Bruxelles de 1968 ou de tout texte remplaçant cette convention qui serait adopté par les États membres ou par le Conseil ;
d) de permettre qu'un État membre autorise, dans la législation qu'il adopte conformément aux pouvoirs conférés par le présent règlement ou pour assurer l'application effective du présent règlement à une SE, l'insertion, dans les statuts de la SE, de dispositions qui dérogent à ladite législation ou qui la complètent, alors même que des dispositions de ce type ne seraient pas autorisées dans les statuts d'une société anonyme ayant son siège dans l'État membre en question.

**Article 70 :**

Le présent règlement entre en vigueur le 8 octobre 2001.

Le présent règlement est obligatoire dans tous ses éléments et directement applicable dans tout État membre.

Fait à Luxembourg, le 8 octobre 2001.

Par le Conseil
Le président
L. Onkelinx

Annexe 6

# Textes sur la société en participation

**Article 1871 :**

Les associés peuvent convenir que la société ne sera point immatriculée. La société est dite alors « société en participation ». Elle n'est pas une personne morale et n'est pas soumise à publicité. Elle peut être prouvée par tous moyens.

Les associés conviennent librement de l'objet, du fonctionnement et des conditions de la société en participation, sous réserve de ne pas déroger aux dispositions impératives des articles 1832, 1832-1, 1833, 1836 (2ème alinéa), 1841, 1844 (1er alinéa) et 1844-1 (2ème alinéa).

**Article 1871-1 :**

À moins qu'une organisation différente n'ait été prévue, les rapports entre associés sont régis, en tant que de raison, soit par les dispositions applicables aux sociétés civiles, si la société a un caractère civil, soit, si elle a un caractère commercial, par celles applicables aux sociétés en nom collectif.

**Article 1872 :**

À l'égard des tiers, chaque associé reste propriétaire des biens qu'il met à la disposition de la société.

Sont réputés indivis entre les associés les biens acquis par emploi ou remploi de deniers indivis pendant la durée de la société et ceux qui se trouvaient indivis avant d'être mis à la disposition de la société.

Il en est de même de ceux que les associés auraient convenu de mettre en indivision.

Il peut en outre être convenu que l'un des associés est, à l'égard des tiers, propriétaire de tout ou partie des biens qu'il acquiert en vue de la réalisation de l'objet social.

**Article 1872-1 :**

Chaque associé contracte en son nom personnel et est seul engagé à l'égard des tiers.

Toutefois, si les participants agissent en qualité d'associés au vu et au su des tiers, chacun d'eux est tenu à l'égard de ceux-ci des obligations nées des actes accomplis en cette qualité par l'un des autres, avec solidarité, si la société est commerciale, sans solidarité dans les autres cas.
Il en est de même de l'associé qui, par son immixtion, a laissé croire au cocontractant qu'il entendait s'engager à son égard, ou dont il est prouvé que l'engagement a tourné à son profit.
Dans tous les cas, en ce qui concerne les biens réputés indivis en application de l'article 1872 (alinéas 2 et 3), sont applicables dans les rapports avec les tiers, soit les dispositions du chapitre VI du titre Ier du livre III du présent code, soit, si les formalités prévues à l'article 1873-2 ont été accomplies, celles du titre IX bis du présent livre, tous les associés étant alors, sauf convention contraire, réputés gérants de l'indivision.

**Article 1872-2 :**

Lorsque la société en participation est à durée indéterminée, sa dissolution peut résulter à tout moment d'une notification adressée par l'un d'eux à tous les associés, pourvu que cette notification soit de bonne foi, et non faite à contretemps.
À moins qu'il n'en soit autrement convenu, aucun associé ne peut demander le partage des biens indivis en application de l'article 1872 tant que la société n'est pas dissoute.

**Article 1873 :**

Les dispositions du présent chapitre sont applicables aux sociétés créées de fait.

# Bibliographie

AUDIGIER Marc, COULON Gérard et RASSAT Patrick, *L'intelligence économique : un nouvel outil de gestion,* Éditions Maxima, 2003.

BESSON Bernard et POSSIN Jean-Claude, *Du renseignement à l'intelligence économique,* Éditions Dunod, 1996.

BESSON Michel et LALOUM Yolaine, *Tout savoir sur vos partenaires,* Éditions d'Organisation, 2003.

BREESE Pierre, *Stratégie de propriété industrielle,* Éditions Dunod, 2002.

BRUNON-MORANGE sous la direction de M. DAGUZAN, *La PI : une arme stratégique de guerre économique,* Mémoire, 1996.

CAMPION-VINCENT Véronique et Jean-Bruno RENARD, *Rumeurs d'aujourd'hui, Légendes urbaines,* Éditions Petite bibliothèque Payot.

CHABIN Marie-Anne, *Management de l'archive,* Éditions Hermès, Sciences publication, 2000.

COME et ROUET, *Les stratégies juridiques des entreprises,* Éditions Vuibert, 1997.

CROCHET Laure, *Cap sur les alliances, Symposium CCIFJ, NIKKEI.*

BARTHELEMY Jacques, *Techniques d'organisation de l'entreprise,* Éditions Liaisons, 2003.

DETRIE Jean-Pierre, *Stratégor,* Éditions Dunod ($3^{ème}$), 1997.

FONDRAZ Ludovic, *Recours et voie d'action du citoyen face à la collectivité locale,* Éditions du Puits Fleuri, 2003.

FRANÇOIS Ludovic, *Business sous influence,* Éditions d'Organisation, 2004.

FRION Pascal, *Accompagnement à la recherche d'informations économiques,* Éditions ARN, 2001.

GUEGUEN Daniel, *Guide pratique du labyrinthe communautaire,* Éditions Apogée, 2003.

JUGLA Anne, Thèse.

KAPFERER Jean-Noël, *Rumeur, le plus vieux média en ligne,* Éditions du Seuil, 1997.

KAUFFER Remy, *L'arme de la désinformation,* Éditions Grasset, 1999.

LEFEBVRE Francis, *Sociétés commerciales,* 2003.

LEGER ROBIC Richard, *Les transferts de technologie et leurs clauses principales dans le cadre d'un contrat de licence.*

LEVEQUE et MENIERE, *Analyse économique de la propriété intellectuelle (extrait).*

MERLE Philippe, *Droit commercial,* 6ème édition.

MOINET Nicolas, *Les batailles secrètes de la science et de la technologie,* Éditions Lavauzelle, 2003.

MONTANIER Jean-Claude, *Les produits défectueux,* Éditions LITEC, 2000.

PASCAUD et PIOTRAUT, *Protéger et valoriser l'innovation industrielle,* Éditions Tech. et doc/Lavoisier.

PICARD Olivier, ADLER Jean-Ch. et BOUVIER Nicolas, *Lobbying, les règles du jeu,* Éditions d'Organisation, 2000.

POMMIER Paulette, *Les systèmes productifs locaux – Datar,* La Documentation française, Paris, 2002.

INSTITUT DE LA BOETIE, *Quel cadre juridique pour le lobbying en France ?* Les cahiers, 1992.

DICTIONNAIRE PERMANENT, *Droit des affaires, Droit social, Droit européen.*

JURISCLASSEUR, *Marques, brevets, dossiers et modèles.*

JURISCLASSEUR, *Communication.*

www.ingramcontent.com/pod-product-compliance
Lightning Source LLC
Chambersburg PA
CBHW071959220326
41599CB00034BA/6834

* 9 7 8 2 7 0 8 1 3 1 9 1 0 *